赢在校园

YING ZAI XIAOYUAN
DAXUESHENG ZHIYE SHENGYA
GUIHUA SHIYONG JIAOCHENG

大学生职业生涯规划实用教程

（第二版）

主　编　傅　赟
副主编　黄　峻　黄　滔　王　林
主　审　罗共和　黄元文

重庆大学出版社

图书在版编目（CIP）数据

赢在校园：大学生职业生涯规划实用教程 / 傅赟主编. -- 2版. -- 重庆：重庆大学出版社，2021.9

ISBN 978-7-5689-1382-9

Ⅰ.①赢… Ⅱ.①傅… Ⅲ.①大学生—职业选择—教材 Ⅳ.①G647.38

中国版本图书馆CIP数据核字（2021）第162387号

赢在校园——大学生职业生涯规划实用教程

（第二版）

主 编 傅赟

责任编辑：李桂英　　　　版式设计：李桂英
责任校对：刘志刚　　　　责任印制：邱 瑶

＊

重庆大学出版社出版发行

出版人：饶帮华

社址：重庆市沙坪坝区大学城西路21号

邮编：401331

电话：（023）88617190　88617185（中小学）

传真：（023）88617186　88617166

网址：http://www.cqup.com.cn

邮箱：fxk@cqup.com.cn（营销中心）

全国新华书店经销

重庆华林天美印务有限公司印刷

＊

开本：787mm×1092mm　1/16　印张：19.25　字数：305千

2018年10月第1版　2021年9月第2版　2021年9月第7次印刷

ISBN 978-7-5689-1382-9　定价：54.00元

# PREFACE / 前言

随着我国高等教育事业的快速发展，高校毕业生在推动经济社会发展的过程中，发挥着越来越重要的作用。然而，我国社会结构的变化、经济发展模式的转型，对高校学子来说既是历史的机遇，更是严峻的挑战。

如何有效地规划职业生涯，参与市场竞争，摆脱就业困境，明确目标，提高择业能力，是每一个大学生都应该认真思考的问题。

为了让大学生提前做好进入社会的准备，增强求职竞争力，提高持续发展能力和职场适应力，本书在习近平新时代中国特色社会主义思想的指导下，落实学科建设新要求，以大学生为主体进行编写。我们希望大学生们既能够理解大学生活对他们一生的重要影响，也能深切感受到在巨大的就业压力面前，在校期间提高自身的综合素质，建立起自信乐观、积极向上的心态，完善就业心理准备，做好职业能力的储备是十分重要的；更希望大学生们高瞻远瞩，把就业与职业发展理念相结合，规划好将来的职业发展路径，并为远大的理想和抱负付出相应的努力。

基于以上想法，我们结合多年职业生涯规划教学、辅导和管理工作的经验与体会，整理了大量教学、辅导案例，编写了本书。全书包括认识职业生涯规划、自我探索、职业世界探索、职业选择与目标设定、职业规划的行动与调整、职业道德与职业素养、自我管理与职业发展等内容。在教材编写过程中，我们注重突出和强化科学性、先进性、实践性、应用性，每个章节都从贴近大学生职业生涯规划的案例切入，提出问题，以知识点的形式逐步解惑，在大学生对职业生涯发展的困惑、思考、体验中，实现整个教学过程中学生的成长。

本书自 2018 年初次出版以来，得到了多所兄弟院校师生的认可，同时，大家也对本书提出了诸多宝贵的意见和建议，因此我们梳理总结近几年的教材使用和教学实际情况，结合读者的建议，对本书进行了修订。

本次修订主要集中在以下几个方面：（1）优化、更新了教材中的案例，以求让教材内容与时俱进，紧跟时代发展的步伐；（2）为了便于学生理解，采用了图片、表格的表现形式，以期让教材内容更加生动可读。本次修订工作是我们教学改革的一次尝试，也是我们近年教学工作的一次总结，希望能对读者有所帮助。

我们在编写和修订过程中，参考了大量海内外专家、学者的观点和论据，并引用了大量报纸杂志的相关材料，因篇幅有限，恕未一一注明出处，在此，谨向本书所有参考文献的作者表示衷心的感谢。

由于经验和水平所限，难免存在不足之处，殷切希望广大读者、专家、同行不吝赐教，以便我们不断进步。

编　者

2021 年 5 月

第四章　大学生职业生涯规划的第三步：决策——职业选择与目标设定

第七章　自我管理与职业发展

第一章　认识职业生涯规划

【学习目标】

1. 了解职业、职业生涯、职业生涯规划的概念。
2. 掌握职业选择和职业生涯规划的相关理论。
3. 了解影响职业规划的因素。
4. 掌握职业生涯规划的内容、步骤。

　　当代大学生必须充分利用大学时光，认识自己、社会与职业，做好职业生涯规划。要做好职业生涯规划，必须清晰地认识职业生涯规划的相关概念，了解职业选择和职业决策的相关理论，认清职业、专业对大学生职业生涯规划的影响和它们之间的相互关系，把握影响职业规划的因素，掌握职业生涯规划的要素、内容和步骤，为制订既科学合理又符合自身特色的职业生涯规划提供保障。（图1-1）

图1-1　人生生涯发展

第一节　职业生涯规划的相关概念

一、职业、职业生涯与职业生涯规划

(一) 职业

职业是指人们在社会生活中所从事的以获得物质报酬作为自己主要生活来源并能满足自己精神需求的，在社会分工中具有专门技能的工作，是对特征相同或相似的一类工作的统称。因此，职业问题不是简单的工作问题，就职业一词而言，它包括四个层面：

第一，社会发展层面，同人类的实际要求和职业发展的结构相关，强调社会分工。

第二，职业发展层面，同职业的内在属性相关，强调利用专门的知识和技能。

第三，社会伦理层面，同社会伦理相关，强调创造物质财富和精神财富，获得合理报酬。

第四，个人发展层面，同个人生活相关，强调物质生活来源，并涉及满足精神生活。

(二) 职业生涯

1. 生涯

美国国家生涯发展协会（National Career Development Association）将生涯定义为：个人通过从事工作所创造出的一个有目的的、延续一定时间的生活模式。由该定义可知，生涯不是个人随意的、短暂的行为，也并不是简单的一份工作，它是人们通过规划、思考、权衡而创造出来的，具有独特的个性，是人们的一种生活模式。

美国哥伦比亚大学心理学家、生涯辅导理论大师唐纳德·E. 舒伯提出生涯即生活的观点：生涯是生活中各种事件的演进方向和历程，生涯整合了人的一生中依次发展的各种职业和生活的角色，不仅包括职业角色，也包括和工作有关的其他角色，如学生、家长、配偶、公民、休闲者等。

每个人从出生到死亡，大约 80 年光景，每一个阶段的求学、工作、休闲生活及健康，都与未来的人生规划密不可分。人的生命是有限的，如何在有限的生命中寻找人生的快乐源泉，达到自我了解与自我实现的目的，让人生更加精彩，这其实就是一系列选择的过程。每个人都应该针对自己的人格特质、兴趣、能力等，规划出适合自己、属于自己的生涯。

2. 职业生涯

职业生涯是指个体从正式进入职场开始直到退出职场这段时间内的与工作有关的经历、态度、需求、行为等过程，是一个人的终身职业经历。一个人一生中连续从事的职业，不仅包括过去、现在和未来那些可以实际观察到的职业发展过程，而且还包括个人对职业生涯发展的见解和期望。职业生涯是人一生中最重要的历程，是追求自我实现的重要人生阶段，对人生价值起着决定性作用。同时，职业生涯又是一个动态过程，一个人一生在职业岗位上所度过的、与工作活动相关的连续经历，并不包含职业上成功与失败或进步快与慢的含义，不论职位高低、成功与否，每个工作着的人都有自己的职业生涯。

一个人的职业生涯是一个漫长的过程。他可能遵循传统，一生只从事一种职业，持续而稳定地在此职业岗位上晋升、增值；也可能由于个人兴趣、能力、价值观以及工作环境的变化而经历不同的岗位、职业甚至行业。

（三）职业生涯规划

职业生涯规划又称为职业生涯设计，是指个人与组织相结合，在对一个人职业生涯的主客观条件进行测定、分析、总结的基础上，对自己的兴趣、爱好、能力、特点进行综合分析与权衡，结合时代特点，根据自己的职业倾向，确定其最佳的职业奋斗目标，并为实现这一目标作出行之有效的安排（即行动计划）。

职业生涯规划既包括个人对自己进行的个体生涯规划，也包括组织对员工进行的职业规划管理体系。职业生涯规划的目的不仅是帮助个人按照自己的条件找到一份合适的工作，实现个人目标，更重要的是帮助个人真正了解自己，为自己定下事业大计，筹划未来，拟订一生的发展方向，根据主客观条件设计出合理且可行的职业生涯发展方向。（图 1-2）

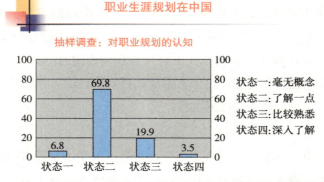

图 1-2　职业生涯规划在中国

二、内职业生涯与外职业生涯

许多人认为职业生涯发展就是找到一份好工作，或是换更好的工作，或是提升职位、增加工资，但这只是职业生涯发展的一部分表现。为了更好地理解职业生涯，有必要厘清两个重要概念：内职业生涯和外职业生涯。（图 1-3）

生涯规划理念

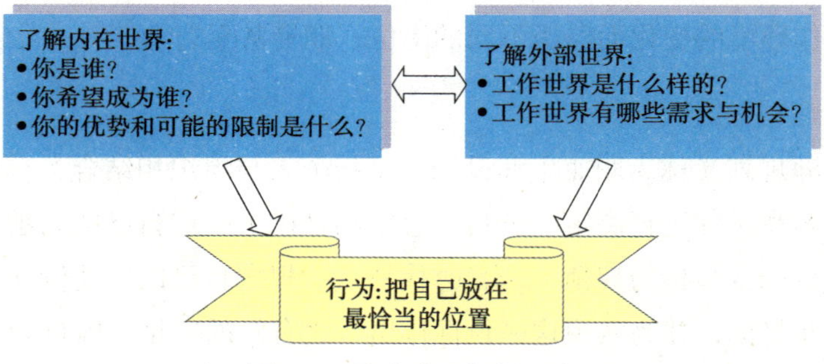

了解内在世界：
• 你是谁?
• 你希望成为谁?
• 你的优势和可能的限制是什么?

了解外部世界：
• 工作世界是什么样的?
• 工作世界有哪些需求与机会?

行为:把自己放在
最恰当的位置

图 1-3　职业生涯规划理念

(一)内职业生涯

内职业生涯是指在职业生涯发展中所具备的知识、能力、心理素质、经验、健康状况、内心感受等因素的组合及其变化过程。

内职业生涯的各项因素可以通过别人的帮助而取得，但主要是依靠自己的努力追求而得以实现。且内职业生涯的构成因素一旦获得，别人便不能收回或剥夺。内职业生涯是真正的人力资本所在，通过提高内职业生涯而取得的工作成绩，会转化为外职业生涯。

内职业生涯因素匮乏的人总是担心自己找不到好工作，找到工作后又担心会下岗，担心自己工作的企业会被别人吞并，担心自己无法得到晋升，担心未来没有保障，担心自己不能胜任该职业。相反，内职业生涯丰富的人会抓住每一次发展的机会，甚至能主动地为自己、为他人创造发展机会。

内职业生涯的特点：（1）主要靠自己的不断探索才能获得；（2）不随外职业生涯的获得而自动具备；（3）不因外职业生涯的失去而自动丧失。

（二）外职业生涯

外职业生涯是指从事职业时的工作单位、工作地点、工作内容、工作职务与职称、工作环境和工资待遇等因素的组合及其变化过程。

外职业生涯的构成因素通常是由别人认可和给予的，也容易被别人否认和收回。外职业生涯因素往往可能与付出相差很大，尤其是在职业生涯初期。有的人一生疲于追求外职业生涯的成功，但内心却极为痛苦，这样的人往往不了解外职业生涯的发展是以内职业生涯的发展为前提条件的。

（三）内职业生涯与外职业生涯的关系

内职业生涯的发展是外职业生涯发展的前提，内职业生涯发展能带动外职业生涯的发展，内职业生涯在人的职业生涯成功甚至人生成功中具有关键作用。因而在职业生涯的各个阶段，都应重视内职业生涯的发展。在职业生涯早期和中前期，尚未毕业的大学生或刚参加工作的新员工，一定要重视内职业生涯各因素的获得。

内职业生涯是职业生涯辉煌的密码。同时，由于人的潜能开发是无穷的，因此内职业生涯的发展是无限的，这一点与外职业生涯发展的有限性恰恰相反。（表1-1）

表 1-1　内职业生涯与外职业生涯的比较

外职业生涯比内职业生涯	内职业生涯比外职业生涯
超前恰当时有动力	超前恰当时很舒心
超前较多时有压力	超前较多时很烦心
超前太多时有毁灭力	超前太多时要变心

第二节　职业、专业与大学生职业生涯规划的关系

一、职业对个体生活的重要意义

职业决定个体的生活方式。因为生活方式是由工作性质决定的，所以选择不同的职业，通常意味着选择了不同的发展机会与空间以及特定的生活方式。例如，地质队员的工作场所主要是在野外，其自然长期生活在野外；学校老师虽然工资不高，但由于职业的关系，生活一般比较稳定，生活质量较高。因此，选择了一个职业，也就选择了相应的生活方式。

职业影响个体的人生成功与否。一个人所从事职业的内容十分广泛，包括行业、加盟的企业、个人的具体专业和岗位。职业是人生成功的关键因素。

职业还直接决定个人的人生观。农民每天都在亲近大自然，他们感到的或许不是回归自然的喜悦，而是土里刨食的艰辛。城市人看见大自然则更多的是兴奋、舒服和愉快。

职业影响个体的个性发展。人们通过参加职业活动，在职业岗位上发挥才能，并使个人特长得到发展，逐步形成并不断发展与完善自己的个性。随着从业时间的增长，个人的智力、体力、知识与技能水平都得到了充分的发挥和提高，从而满足自我实现的需要。

职业是个体进入社会生活，实现自身价值的一个重要条件，职业本身就是个体生活的一部分。对于初入社会的毕业生而言，职业选择的正确与否，关系着他们事业的成功与否，因此，职业在职业生涯规划中占据着重要地位。

二、专业选择与未来职业的关系

关于专业与职业的关系，主要有两种观点：一种认为专业是职业的起点，即现在学什么专业，将来就可能从事什么职业，甚至将其作为终身职业；另一种观点则认为专业只是为将来所从事的职业打下良好的基础，拓展出更广阔的发展空间。

近年来对毕业生的跟踪调查分析，发现专业和从事职业主要有以下五种关系：

(一)专业包容职业

1.含义

专业包容职业是指在专业领域内发展职业，一生的职业发展基本限制在所学专业领域内。

2.特点

个人选择的职业与所学的专业高度一致。

3.建议

将所选专业学精、学专。

(二)以专业为核心

1.含义

以专业为核心发展职业，是指个体一生的职业发展都以专业为核心，但有较大的扩展空间。

2.特点

个人选择的职业与所学的专业较为一致，但是职业发展明显超越专业领域。

3.建议

在学好专业的基础上选修与职业发展一致的课程。

(三)专业与职业部分重合

1.含义

专业与职业部分重合，是指以专业为基础发展职业，个体一生的职业发展是在专业基础上进行的，并有重点地沿某个方向拓展。

2. 特点

个人选择的职业与所修的专业部分一致，在重点掌握某些专业技能的同时，注重其他专业技能的学习。

3. 建议

学好专业的同时辅修其他喜欢的专业。

(四) 专业与职业有关系但不重合

1. 含义

专业与职业有关系但不重合，是指个体一生的职业发展与专业基本无关或在专业边缘发展职业。

2. 特点

一个人选择的职业与所修的专业基本不一致。

3. 建议

保证专业合格的同时辅修其他合适的专业，可作专业调整。

(五) 专业与职业分离

1. 含义

专业与职业分离，是指个体一生的职业发展与所学专业完全无关。

2. 特点

一个人选择的职业与所修的专业完全不符合。

3. 建议

尽量调整专业，若不能，则辅修其他专业。

三、职业角色与学生角色的转换

(一) 职业角色与学生角色

1. 学生角色

大学生大多处在 18 ～ 24 岁这一年龄阶段，是人生中增长知识、发展智力、求学成才的关键阶段。大学生的中心任务是努力学习以专业知识为主的多方面知识，培养以专业能力为主的各种能力。因此，这是一个接受教育、储备知识、培养能力的重要阶段。另外，大学生属于非职业人，无经济来源，其经济主要依靠家庭，所以，可以这样定义学生角色：在社会教育环境的保证下和家庭经济的资助下，学习知识，培养能力，全面提高自身素质，努力使自己成长为社会的合格人才，属于消费者和一定程度上的被动者与无责任者。

2. 职业角色

职业角色是指社会和职业规范对从事相应职业活动的人所形成的一种期望行为模式，简言之就是人们在一定的工作单位和工作活动中所扮演的角色。职业角色的个性表现得非常具体，但是千差万别的职业角色也有共性的因素：职业角色扮演者具有自己的社会职位和一定职权；相应的职业规范；一定的基础知识和业务能力；履行一定的义务；经济独立。因此，可以这样定义职业角色：在行使职权、履行义务为社会做出贡献的同时取得相应的报酬，属于创造者、主动者和有责任者。

(二) 学生角色与职业角色的区别 (表1-2)

表1-2　学生角色与职业角色的区别

区　别	学生角色	职业角色
社会责任不同	学好科学文化知识，掌握为人民服务的本领，使自己德、智、体等全面发展。大学生以学习、探索为主要任务，整个角色过程是一个受教育、储备知识、锻炼能力的过程	以特定的身份履行自己的职责，依靠自己的本领或技能为社会和他人服务、完成某项工作，是通过对工作对象的履行情况来体现的。作为职业人必须适应社会，服从领导和管理，适应上级的管理风格，在工作中犯了错误，必须承担相应的成本、风险、社会责任
社会规范不同	主要反映在国家制定的《大学生行为准则》和各学校制定的《大学生手册》中，告诉学生应该怎样做人、如何发展等。因为学生是受教育者，所以在违反角色规范时，还是以教育帮助为主	对职业角色的规范因职业的不同而不同，但肯定更严格，违背了就要承担一定的责任，甚至法律责任

续表

区　别	学生角色	职业角色
社会权利 不同	接受外界的给予，即接受和输入，主要是要求理解，其角色的权利主要是依法接受教育，并取得经济生活的保证或资助	依法行使职权，开展工作，运用自己的知识和能力，向外界提供自己的劳动，即运用和输出，要求结合实际创造性地发挥水平，并在履行义务的同时取得报酬
面对的 环境不同	寝室—教室—图书馆—食堂四点一线简单而安静的生活方式，单纯而简单的校园文化气氛。学习时间可弹性安排，有较长的节假休息日，教学大纲提供清晰的学习目标，学术上多鼓励师生讨论甚至争论；布置作业或工作，并规定完成时间	面临的社会环境是快速的生活节奏、紧张的工作，在单位里，有规定的上下班时间，不能迟到早退，经常加班，节假日少，工作任务又急又重；老板通常对讨论不感兴趣，有些老板比较独断；对待职工不一定很公平；一切以经济利益为导向；要完成上司或老板交给的具体工作；等等

四、大学生涯与职业生涯发展的关系

大学生涯是整个人生的重要阶段，是职业发展的准备期。在大学选择某一专业进行学习，是为今后做职业准备，因而大学生涯可称为职业准备阶段，是职业准备期，这是个人职业生涯的起步阶段，是决定能否赢在起点的重要阶段。

(一) 专业学习与职业生涯发展

学习既是未来事业的准备，也是未来事业的开端，社会主义现代化建设需要知识面广、业务能力强、精通专业技术的人才。大学生必须勤奋学习、刻苦钻研，不断提高专业知识和技能水平，培养科学地认识问题、分析问题和解决问题的能力；全面提高自身素质，才可能在未来的事业中有所建树。

1. 构建合理的知识智能结构

构建合理的知识智能结构，需要广博与精深相结合、理论与实践相结合、静态与动态相结合、个人爱好与社会需要相结合。不但要对自己所从事的专业知识和技术有一定的了解，而且要通晓和熟悉相关基础知识，要在教师的指导下，广泛涉猎其他学科或某些边缘学科的知识，才能把自己培养成为复合型人才，适应社会主义现代化建设的需要。

2. 加强基本技能训练

基本技能包括专业技能、语言技能、综合技能等。无论将来从事哪种职业，不仅要具有本专业比较深厚扎实的科学知识，还应具备比较宽泛全面的有关环境、法律、经济、管理、艺术、历史等多方面的科学文化知识，只有这样才能适应环境，求得自身的发展。

（二）社会活动与职业生涯发展

大学生要全面发展，除学习外，还应根据个人爱好、自身特点，有针对性地参加各种内容丰富、形式多样的政治、学术、科技、文体、社团和社会实践活动；从图书馆大众传播媒介和对社会的广泛接触中，获取大量信息，汲取知识，增进对社会的了解，增添生活乐趣，培养和锻炼自己的实际工作能力和适应社会的能力，全面提高自身综合素质，培养适应时代发展的基本能力。

通过参与各种社会活动，培养自身知识更新能力、开拓创新能力、应变适应能力、团结协调能力等，为职业生涯发展打下坚实基础。

面对知识经济时代职业内涵的发展与变化，大学生要时刻关注就业市场，了解社会对职业的需求，参照社会对人才的素质要求，不断修订自己的职业生涯规划内容，调整自己的发展目标，在动态和多样性中实现发展目标。

（三）大学生职业生涯规划的四个阶段

大学期间，职业生涯规划可以分成四个阶段：生涯探索期、生涯规划期、生涯能力提升期和职业选择期。（图1-4）

大学生职业生涯规划四个阶段

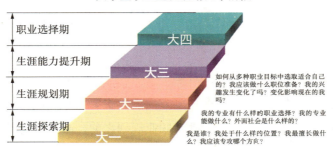

图 1-4　大学生职业规划的四个阶段

大学生职业生涯规划的四个阶段分别都有哪些特点，在此阶段应该完成什么规划任务，应该采用何种实施策略和方法，表1-3给出了参考。

表 1-3　大学期间职业规划四阶段实施方案

时间	阶段	特征	规划任务	策略指导
大一	生涯探索期	● 新环境的冲击 ● 学习和生活方式的改变 ● 人际关系的复杂化	● 尽快熟悉新环境 ● 适应新的学习和生活方式 ● 融入新的集体中	● 向老师和学长学姐请教 ● 有选择性地参加社团活动 ● 尽快熟悉本专业的相关情况 ● 开始接触、进行职业规划
大二	生涯规划期	● 环境已经熟悉，但对未来依然迷茫 ● 有了相对稳定的交际圈子	● 探寻自我最佳道路，确定合适的定位 ● 制订能力提升计划	● 全面分析自身特点 ● 明确自己的兴趣和目标 ● 学会放弃，专注于目标
大三	生涯能力提升期	● 开始专注于自己的目标 ● 专业课的学习进入深化阶段 ● 开始反思自己的道路，并进行调整	● 在不断实践中深化对自己的认识 ● 有意识地进行能力和经验积累 ● 进一步思考自己的人生道路	● 主动积极地投入学习和生活 ● 学会科学合理地安排时间 ● 在行动中反思 ● 抓住突破性机会
大四	职业选择期	● 面对抉择的时刻，既有憧憬又有担心 ● 对未来的思考更加现实而理性化	● 实现自己一直为之努力的目标 ● 进一步明确自己的人生选择	● 充分利用各种渠道收集信息 ● 学习各种技巧（面试、简历） ● 调整心态，以开朗而积极的心态去迎接挑战

第三节　影响职业生涯规划的因素

一、影响职业生涯规划的内在因素

影响职业生涯规划的内在因素是多方面的，主要包括个体的气质、性格、兴趣、能力和职业价值观。因此，在制订职业规划之前，必须对自己的气质、性格等相关因素进行系统的分析。

(一) 性格与气质

性格是个人稳定的态度，以及与这种态度相应的、习惯化了的行为方式中表现出来的人格特征。可以说，性格是气质和其他心理特征的外在表现形式，与气质的稳定性不同，性格具有更大的可塑性，更容易因为经历和遭遇的不同而发生改变。同时，虽然气质可以影响性格的形成和发展，但是性格也可以在一定程度上掩盖和改造气质。

气质是人的个性心理特征之一，一般分为胆汁质、多血质、黏液质和抑郁质四种。胆汁质的人适合做开拓性的工作；多血质的人对事业有浓厚的兴趣，并能够持续很长的时间；黏液质的人是最佳的合作者，也是最容易得到上司认同的下属；抑郁质的人具有细心谨慎、感情细腻、善于思考等特点。

这四种气质在工作中各有利弊，关键要认识到自己的优缺点，适当地扬长避短。大多数人都是好几种气质的混合，只是在这几种气质中，更倾向于其中的一种，在选择职业时，也要根据自己的气质特点来选择合适的职业。

(二) 兴趣

职业兴趣决定了你是否喜欢这个职业。理想在客观上确定了你要做什么，而兴趣则在主观上确定了你喜欢什么、不喜欢什么。兴趣是影响择业最主观的因素之一，也是判别一个职业是否适合自己的关键因素，因此大学生在择业时一定要充分考虑自己的兴趣。职业兴趣应有新体现，可以通过职业测评来认知。

(三) 能力

能力是完成一项目标或者任务所体现出来的综合素质。能力包括职业能力和非职业能力。职业能力是人们从事某项职业的多种能力的综合，影响你是否能够做好这项工作。职业能力是由具体的一个个职业所客观要求的，就是说如果你要做好这项工作，必须要具备最起码的职业能力（专项职业能力），如团队协作能力、商务写作能力等。大学生在择业时要更多地考虑自己具备的通用职业能力，只有当要在多个职业中作出具体选择时，专项职业能力才会派上用场。

(四) 职业价值观

职业价值观是指人生目标和人生态度在职业选择方面的具体表现，即一个人对职业的认识和态度以及他对职业目标的追求和向往。它使人的行为带有稳定的倾向性。

价值观是一种内心尺度。它支配着人的行为、态度、观察、信念、理解等，支配着人认识世界、明白事物对自己的意义和自我了解、自我定向、自我设计等，因而直接影响个人的职业选择与职业生源规划。

（五）职业理想

职业理想是人们在职业上依据社会要求和个人条件，借助想象而确立的奋斗目标，即个人渴望达到的职业境界，它是人们实现个人生活理想、道德理想和社会理想的手段，并受社会理想的制约。职业理想直接影响你选择一个具体职业，生活理想、社会理想等只能左右你选择的行业。

二、影响职业生涯规划的外在因素

人是社会的人，不能脱离社会而存在。也就是说，每一个人都处在一定的环境中，离开了这个环境，便无法生存与成长。因此，在制订个人职业生涯规划时，要分析环境条件的特点、环境的发展变化情况、自己与环境的关系、自己在这个环境中的地位、环境对自己提出的要求以及环境对自己的利弊条件等。只有对这些环境因素充分了解，才能做到在复杂的环境中趋利避害，个体的职业生涯规划才具有实际意义。总体上说，影响个体职业生涯规划的外在因素不外乎个体成长环境和社会环境两方面。

（一）个体成长环境

个体成长环境包括家庭环境、校园环境和就业工作环境、城市环境。

1. 家庭环境

个体的生长环境如家庭气氛、家人关系、父母管教态度以及和亲友、邻居交往的亲疏程度等都会影响我们的个性、需求、人际关系和喜好。大学生进入大学后仍与家庭保持着联系，家长的价值观、世界观仍会对他们产生一定影响。

2. 校园环境和就业工作环境

（1）校园环境：校园空间，包括学习空间（如教室、图书馆、阅览室、实验室等）和生活空间（如宿舍、厨房、道路、运动场、绿化区等），还包括校园文化、校园资源、班级寝室风气、社团精神等方面。

（2）就业工作环境：包括单位的企业文化、管理制度、领导素质和价值观、自己的收入和发展空间等。

3. 城市环境

这里所说的城市环境既包括家庭所在地的环境，也包括学校所在地的环境，甚至包括未来即将工作地区的环境。城市环境不仅指大城市，而且指与你生活、学习、工作有关的环境。城市规模、所处地域、产业结构、行业发展、生活便利度、休闲度等都影响你是否决定在这座城市工作与生活。如何选择适合自己发展的城市呢？身在城市中的高校学子如何最大化地利用好这座城市的资源呢？是留在大城市工作还是响应党和国家的号召到广阔的基层去大展宏图呢？这些都将影响你的职业生涯规划。

（二）社会环境

社会环境不仅包括政治环境、经济环境，还包括社会文化环境、科技发展水平、相关行业的发展趋势等。对大学生来说，还包含所学的专业与未来职业的关系等。通过对环境的分析，自己了解所在国家、地区的政治和经济发展趋势，了解毕业后打算选择的行业和职业在未来社会中的地位以及发展趋势，了解自己所学的专业与未来职业的关系等，从而可以帮助自己利用大学的宝贵时光努力学习文化知识，提升职业能力和职业素养，为将来更好地报效祖国充实和完善自己。

1. 政治环境

政治环境，是指一国的政治制度与氛围。一国的政治环境是和经济相互影响的。政治环境不仅影响一国的经济体制，而且影响国家的兴衰，影响着企业的组织体制，从而直接影响个人的职业发展，还会潜移默化地影响个人的追求，最终对职业生涯产生影响。因此，了解政府鼓励和提倡的发展信息，掌握政府优先发展什么产业、行业是很有必要的，很多行业的未来发展趋势和政府导向是密切相关的。

2. 经济环境

经济环境会对人的职业生涯规划产生重要影响。当经济发展非常景气时，百业兴旺，就业渠道、薪资提升和职业发展的机会就会大增。反之，就会使人的职业发展受阻。大学生可以通过了解社会经济发展水平、经济改革状况、通货膨胀率、国际贸易状况等获得对经济环境的了解。

3. 其他因素

除政治环境、经济环境外，还包括社会文化环境、科技发展水平和相关行业的发展趋势等。这些因素对个体的职业生涯规划也有十分重要的意义。

第四节　职业生涯规划的要素、原则、内容与步骤

一、职业生涯规划的要素

大学生的职业生涯规划属于个人职业生涯规划的范畴，因而具有明显的个性化特征，不同的人由于具有不同的个性特征，其职业规划的侧重点会有所不同，所要考虑的要素也不尽相同。但每个人在制订自己的职业生涯规划时还是有规律可循的。其中，影响职业生涯规划的一些决定性要素是每个制订职业生涯规划的人必须考虑的。我国知名职业规划专家罗双平曾用一个精辟的"公式"总结出职业生涯规划的三大要素，即：

$$职业生涯规划 = 知己 + 知彼 + 抉择$$

"知己"是对自身条件的充分认识和全面了解，包括性格、兴趣、特长、智能、情商、气质、价值观等；"知彼"是对自己的职业发展有关的外部环境的探索和相关信息的有效掌握，包括组织环境、组织发展战略、人力资源需求、晋升发展机会、政治环境、社会环境、经济环境等；"抉择"是在知己知彼的基础上，再来确定既是自己有浓厚兴趣的、能充分发挥自己专长的，又是符合现实，与组织环境、社会环境相适应的职业目标，从而做到择己所长、择世所需，并达到效益最大化的效果。

只有做到充分认识自我、了解自我，熟悉职业环境状况及其对人才的需求情况，才能作出正确的选择。

每个人都渴望事业的成功，但如果一味地好高骛远，反而会适得其反。因此，在制订个人职业生涯规划时既要具有挑战性，又要避免目标脱离实际缺乏可

行性，同时还应注意适时调整。

二、职业生涯规划的原则

原则是方法与内容的抽象。大学阶段只是职业的准备期，大学生进行职业生涯规划的主要目的是为进入工作环境做好各种准备。职业生涯规划具有很强的导向作用，如果大学生的职业生涯目标定位准确，职业路线选择正确，且措施得当、方案科学，就能够引导其走向成功。否则，就是一个失败的规划。为了使大学生的职业生涯规划科学合理、切实可行，在制订职业生涯规划时，应把握以下几个原则：

(一) 清晰性原则

无论是目标、措施，还是规划本身，都要清晰、明确，各阶段的划分、路线及具体实施一定要切实可行。

(二) 长期性原则

规划一定要从长远考虑，明确个人职业发展的大方向。大方向如果定位不准确，阶段性目标和措施制订得再好，也不会产生好的效果。

(三) 挑战性原则

所确定的目标要有一定的高度，一个能够轻易实现的目标不能反映出一个人的真实能力，也不能充分体现其人生价值。因此，目标要具有一定的挑战性，在每一个阶段性目标实现时，都能有一种成就感，从而激励自己向新的更高目标迈进，直到到达最终目标。

(四) 可行性原则

目标或措施应充分考虑个人、社会和企业环境的特点与需要，从实际出发。各阶段的路线划分与措施安排要脚踏实地、切实可行，不搞花架子、不搞形式主义。

(五) 阶段性原则

职业生涯目标的实现并不是一蹴而就的，而是要对整个职业生涯目标进行分解，制订每一时期的阶段性目标以及计划完成的时间和具体实施措施。这一点对大学生来说尤为重要，只有充分注意到这一点，才能意识到对大学阶段进行科学规划的重要性。

(六) 可持续性原则

拟订职业生涯规划方案时要考虑到职业生涯发展的整个历程，需持续连贯。要确保总目标与分目标相一致、目标与措施相一致、个人目标与组织发展目标相一致。

(七) 可评估原则

目标要明确，措施要具体，完成时间要有限定，以便检查和评估，方便自己随时掌握执行情况，为规划的修正和调整提供参考依据。

三、职业生涯规划的内容

职业生涯规划的内容主要包括可行性研究（包括审视自我、职业分析与选择、外部环境分析）、确立职业生涯目标及其分解和组合、职业生涯策略（目标实施计划）以及职业生涯规划评估与反馈。我们所讨论的主要是后 3 项内容。著名职业生涯研究专家程社明曾提出，职业生涯规划必须包括以下 10 项内容。

(一) 题目

题目包括姓名、年限、年龄跨度、起止时间。

(二) 职业方向及总体目标

职业方向及总体目标主要指从业方向、职业类别、职业岗位和长远目标。

(三) 社会环境分析

社会环境分析包括对政治环境、经济环境、法律环境、职业环境等的分析。

(四) 企业分析

企业分析包括行业分析，对企业制度、企业文化、企业领导人、企业的产品和服务、企业效益、发展领域等的分析。

（五）自身条件及潜力测评

自身条件及潜力测评是指了解自己的目前状况和发展潜能。

（六）角色建议

角色建议是指记录对自己职业生涯影响最大的一些人的建议。

（七）目标分解及目标组合

目标分解即目标的展开，就是将目标按目标管理的原则进行自上而下的层层分解、落实。目标组合是处理不同目标之间相互关系的有效措施，主要着眼于各目标之间的因果和互补关系。通过分析实现目标的主要影响因素，采用目标分解和目标组合的方法作出果断明确的目标选择。

（八）成功的标准

成功的标准对职业生涯策划者是一种积极参照。

（九）差距

差距，即要清楚自身现实状况与实现目标要求之间的差距。

（十）缩小差距的方法及实施方案

明白自身现实状况与实现目标要求之间的差距后，就要根据差距制订出相应的缩小差距的方法及实施方案。

四、职业生涯规划的步骤

（一）自我评估

自我评估即全面了解自己。一个有效的职业生涯设计必须是在充分且正确认识自身条件与相关环境的基础上进行的。要审视自己、认清自己、了解自己，做好自我评估，包括自己的兴趣、特长、性格、学识、技能、智商、情商、思维方式等。要弄清我想干什么、我应该干什么、在众多的职业面前我会选择什么等问题。在此基础上，我们便可以确定自己的职业志向。

确定志向可以成为追求成功的驱动力，古人云："志不立，天下无可成之事。"志向是事业成功的基本前提，没有志向，事业成功也就无从谈起。立志是人生的起跑点，反映着一个人的理想、胸怀、情趣和价值观，影响着一个人的奋斗目标及成就的大小。因此，在进行职业生涯规划时首先要确立志向，这是制订职业生涯规划的关键。

在确立职业志向时，应根据社会发展的趋势，用发展的眼光、长远的观点来指导择业。服从社会需要是职业选择的前提条件，劳动者要从事生产劳动的先决条件是社会对劳动力的需求。只有社会客观存在着劳动就业的可能性，才谈得上对职业的选择。因此，大学生应以社会利益为重，从社会需要出发来确定自己的职业志向。

（二）环境分析

环境因素对个人职业生涯规划的影响非常大。个人作为社会中的一员，只有顺应外部环境的需要，熟悉外部环境，趋利避害，因势利导，最大限度地发挥个人优势，才能实现个人目标。外部环境分析包括对社会政治环境、经济环境、行业环境、职业环境、企业环境等的分析，找出自己与上述环境的关系以及环境中对自己的利弊条件等，以便相应地调整自己的目标，并适应环境的要求，制订出有效的、切实可行的职业生涯规划来。

（三）制订规划

在认识自己、了解环境之后，我们就要对自己的职业生涯方向作出完整、清晰的规划。规划可以是长期的，但必须有中期目标和短期目标，这样才能确保整体目标的实现。

（四）实施方案

要制订实现职业生涯目标的行动方案，要有具体的行动措施来保证。没有行动，职业目标只能是一种梦想。要制订周详的行动方案，更要注意去落实这一行动方案。

（五）评估与反馈

在人生的发展阶段，由于社会环境的巨大变化和一些不确定因素的存在，会使我们和原来制订的职业生涯规划产生偏差，这时需要对职业生涯目标与规划进行评估并作出适当的调整，以更好地符合自身发展和社会发展的需要。职业生涯规划的评估与反馈过程是个人对自己不断认识的过程，也是对社会不断认识的过程，是使职业生涯规划更加有效的手段。（图1-5、图1-6）

图1-5　系统化生涯规划

简而言之，职业生涯规划就是：知己知彼，择优选择职业目标和路径，并以最优策略、高效行动去达成职业目标。

图1-6　职业规划实战指南

五、职业生涯目标对人生的影响

职业生涯目标是个人职业生涯规划的重要内容，是人生的指向标，犹如大海中的灯塔。没有目标的人如同航行在茫茫大海中的孤舟，没有方向，不知何方为岸，何行可至。

哈佛大学有一个非常著名的关于目标对人生影响的跟踪调查，其调查对象是一群智力、学历、环境等条件都非常相似的年轻人，其调查结果如图1-7所示。

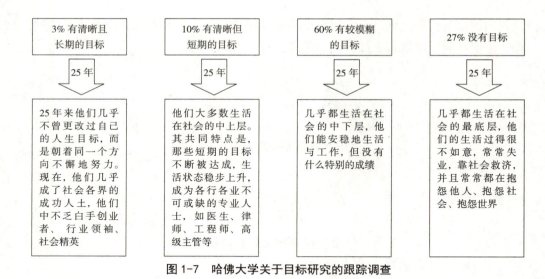

图 1-7　哈佛大学关于目标研究的跟踪调查

调查者得出的结论是目标对人生有巨大的导向性作用，成功在一开始仅仅是一种选择。对职业生涯规划而言，最重要的就是目标。这也是大学生制订自己的职业生涯规划的目的所在。

第五节　职业生涯目标的设定、分解与组合、反馈与修正

一、职业生涯目标的设定

个人职业的成败，很大程度上取决于是否确立了适当的职业生涯目标。基于自我觉醒基础上的目标的设定至关重要，"没有目标就永远不能实现目标"。就个人的事业发展而言，要在分析个人特点、组织环境和社会环境的基础上确立职业生涯目标；要在明确职业生涯方向的前提下，确定个人的事业奋斗目标，并根据所处的职业生涯阶段，掌握目标分解、组合的方法。

职业生涯目标的设定可以是多层次的，根据不同时期的特点，分层次制订职业生涯目标是比较明智和可行的做法。职业生涯目标可以分为多项并不互相排斥的目标，包括职务目标、能力目标、成果目标、经济目标等。一个多层次的目标设定可以使我们更快地摆脱窘境，保持开放、灵活的心境。因此，对大学生来

说，有针对性地制订分年级的学业、生活和社会活动目标以及分层次的职业生涯目标显得更为重要。

职业生涯目标的设定要遵循能级匹配的原则。一方面，职业生涯目标应该是切实可行的，即通过自己的努力可以达到的；另一方面，职业生涯目标应该是具有挑战性和激励性的，即职业生涯目标应该是立足于现状，同时又高于现状的，是付出不懈的努力才能达到的，能够激励个体不断发展和提高自己的能力，总体体现出能级匹配的原则。

另外，对职业生涯的每一个发展目标都应标记两个时间：开始执行行动方案的时间和目标实现的时间。没有明确的时间规定，就会失去开发、管理的意义。大学生职业生涯目标的实现就是其潜能充分发挥的过程，个人职业生涯的成功，不仅是职务的提升，更是工作内容的转换或增加、责任范围的扩大、创造性增强等内在质量的变化。因此，对自己的职业生涯进行全过程和多角度评价，必然会激起强烈的使个人不断成长的精神力量，进而形成职业发展的巨大推动力。

二、职业生涯目标的分解与组合

(一) 职业生涯目标的分解

职业生涯目标的实现不可能一蹴而就，因此需要将目标分解实施。目标分解的方法一般有两种，即按时间分解和按性质分解，如图1-8所示。

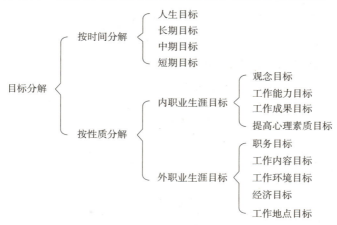

图 1-8　目标分解示意图

1. 按时间分解

其具体方法是将最终目标即人生目标（40年）分解为若干个长期目标（5年以上），每一个长期目标都有一个具体目标，然后再将每一个长期目标继续分解成各个中期目标（3~5年），最后，继续将中期目标分解为短期目标（1~2年）。通常情况下，短期目标服从和服务于中期目标，中期目标服从和服务于长期目标，长期目标服从和服务于人生目标。

2. 按性质分解

按性质分解，可将职业生涯目标分为外职业生涯目标和内职业生涯目标。

（1）外职业生涯目标

外职业生涯目标侧重于职业过程的外在标记，包括职务的升降、工作内容的重要与否、工作环境的优劣、经济收入的多少、工作地点的远近等。

（2）内职业生涯目标

内职业生涯目标指从事一项职业时所具备的知识、观念、能力、心理素质、成功的内心感受等因素的组合及其变化过程。这些因素不是靠别人赐予的，而是通过自己努力获得和掌握的。一旦取得，就是别人拿不走、收不回的。个人制订外职业生涯目标与内职业生涯目标是同时进行的，内职业生涯的发展是外职业生涯发展的前提，内职业生涯发展了，外职业生涯自然会得到提升。

（二）职业生涯目标的组合

目标组合是处理目标之间相互关系的有效措施。如果只看到目标之间的排斥性，就只能在不同目标之间作出排他性的选择。而如果能着眼于各目标之间的因果和互补关系，就能积极地进行不同目标的组合。目标组合有三种方法：时间组合、功能组合和全方位组合，如图1-9所示。

图1-9　目标组合示意图

1. 时间组合

（1）并进组合

并进组合是指同时着手两个现行职业目标或指同时实现与目前内容不相关的职业准备目标。如一个秘书为了今后的发展，在做好本职工作的同时，业余时间学习新闻专业课程，有利于发挥个体的更大潜能。

（2）连接组合

连接组合是指将各个目标按照时间先后连接起来，实现一个目标后再进行下一个，连续而有序地实现各个目标。如一个土建工程师计划念完MBA（工商管理硕士）后，当三年建筑设计室主任，再去创建建筑装饰公司，各个目标分阶段逐个地实现。

2. 功能组合

（1）因果关系

通常情况下，内职业生涯的发展是外职业生涯发展的前提，内职业生涯带动外职业生涯的发展。内职业生涯是原因，外职业生涯是结果。如能力目标的实现会促进职务目标的实现，而职务目标的实现又会带来经济收入的提高。

（2）互补关系

互补关系即把存在互补关系的目标进行组合。如一位高校行政管理人员希望成为某一个部门处长的同时获得教育硕士学位证书，二者存在着互补关系。

3. 全方位组合

全方位组合是指个人、职业和家庭均衡发展，相互促进。这要求大学生在制订职业生涯目标时，考虑个人事业发展、家庭生活和职业生涯中的各种愿望，统筹协调，获得全方位的发展。

三、职业生涯目标的反馈与修正

职业生涯目标的反馈与修正涉及一个概念，即生涯评估。生涯评估是指在达到职业目标的过程中自觉地总结经验和教训，修正自我认知和最终职业目标。一个人对职业目标的描述和界定，在最初大多是模糊的、抽象的，有的甚至是错误的。在经过一段时间的努力工作之后，有意识地回顾自身的言行得失和工作感受，可以检查验证自我觉醒的结论是否贴切，不仅可以衡量目标是偏高还是偏低，更可以证明自己对职业目标的设想方向是否正确。

　　不少人是经过一段时间的尝试和寻找之后，才知道自己到底适合在哪个领域哪个层面工作。在缺乏反馈与修正的情况下，这段时间可能长达十几年，或需要经历较大的挫折才能使人猛然醒悟，厘清自己的职业瓶颈；或是通过继续学习，才能更清醒地发现自己的潜能、长处和短处。当一个人自我觉醒且目标设定正确时，反馈与修正同样可以纠正各阶段目标中出现的偏差，同时能极大地增强实现目标的信心。职业目标的反馈与修正，是职业生涯中不能回避的问题，也是保证职业生涯成功和职业目标实现的重要手段之一。职业生涯发展模型如图1-10所示。

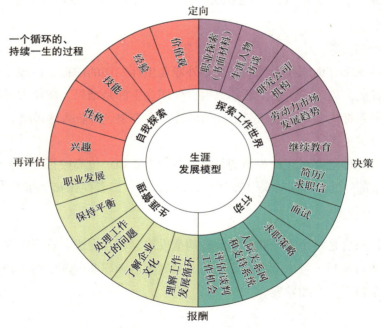

图 1-10　职业生涯发展模型

第六节　职业生涯的成功标准

一、什么是职业生涯成功

　　职业生涯成功是个人职业生涯所追求目标的实现。职业生涯成功的含义因人而异,具有很强的相对性。同一人在不同的人生阶段有不同的含义。每个人都可以也应该对自己的职业生涯成功进行明确界定,包括成功意味着什么、成功时发生的事和一定要拥有的东西、成功的时间、成功的范围、成功与健康、被承认的方式、想拥有的权势和社会地位等。职业成功的定义不止一个,对不同的人来说,职业需求不同,职业目标各异,成功标准也不一样。

二、职业生涯成功的因素

总的来说,个人职业生涯成功有以下几种情况:

①个人的价值取向、能力、个人特质与其所选择的职业相适合,且在这一职业岗位上工作得心应手、顺心、顺利,就是职业生涯成功。

②个人有自我职业目标,无论是刚就业就一直在某职业岗位上,还是历经坎坷,发生职业流动或转移,最终才得以实现个人既定职业目标,也是一种职业生涯成功。

③在所从事的职业工作岗位上,尽心尽力、尽职尽责,做出突出成绩,使个人产生一种自我满意感、成就感,或得到组织、同事的认同,也是一种职业生涯成功。

④勇于创新,敢于另辟蹊径,"不要总是沿着老路走,在没有路的地方去踏出一行新的脚印"。大凡这样的人,必是有所建树、有所成就者,这也是职业生涯成功。

职业生涯成功因素的三驾马车如图 1-11 所示。

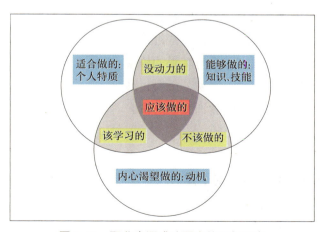

图 1-11 职业生涯成功因素的三驾马车

三、职业生涯成功的标准

职业生涯成功能使人产生自我实现感，从而促进个人素质的提高和潜能的发挥。职业生涯成功与否，个人、家庭、企业、社会的判定标准都存在一定的差异。从现实来看，职业生涯成功的标准具有明显的多样性。目前，大家公认的职业生涯成功方向有以下五种：

一是进取型——达到集团和系统的最高地位；

二是安全型——追求认可、工作安全、受人尊敬和成为"圈内人"；

三是自由型——在工作过程中得到最大的控制而不是被控制；

四是攀登型——得到刺激、挑战、冒险和"擦边"的机会；

五是平衡型——在工作、家庭关系和自我发展之间取得有意义的平衡，使工作不至于变得太耗精力或太乏味。

实际上，最关键的是从自己设立的职业生涯目标（包括内职业生涯目标和外职业生涯目标）是否实现来确定职业生涯的成功标准。任何脱离目标的成功都是毫无意义的。

四、实现职业生涯成功的七个步骤

①强烈的愿望——我要成为什么样的人。

②明确的方向——我要选择哪种职业。

③具体的目标——我要完成的阶段目标。

④积极的心态——我从中获得哪些价值。

⑤有效的方法——建立动机与结果的桥梁。

⑥大胆地实践——心动、脑动，更要行动。

⑦及时地总结——将经验教训变成财富。

【思考与讨论】

1. 什么是职业生涯规划？对个体的人生发展有何意义？

2. 如何理解专业与职业的关系？

第二章　大学生职业生涯规划的第一步：
知己——自我探索

【学习目标】

1. 理解个性的有关概念，了解自己的个性，掌握个性与职业生涯相匹配的方法。
2. 理解个人特质与职业生涯的关系。
3. 了解大学生活与中学生活的区别，主动促进个人角色转变。
4. 了解大学生活与职业生涯的关系，理解大学生活对职业生涯的影响。

　　自我认知是职业生涯规划的基础，它使你将注意力放在自己——决策者的身上。在这个提倡个性的时代，每个人都有自己独特的个性。当我们对自己的个性有足够的了解后，就能够缩小需要寻找的信息范围，帮助你不必浪费时间和精力在对你而言不重要的职业、那些未来可能不复存在的职业或者与你的兴趣和技能不相符合的职业上。

第一节　自我认知

一、兴趣与职业兴趣

(一) 兴趣的概念

　　兴趣是人们力求认识和掌握某种事物或经常从事某项活动的心理倾向。兴趣包括物质兴趣、精神兴趣和社会兴趣。兴趣是最好的老师，可以充分调动人的潜能，提高工作效率，发挥自己的才干；是保证职业稳定性和工作满意度的重要因素；是职业选择的一个最重要的依据。

　　职业兴趣是指人们对某种职业或工作所持态度的积极性，是有关职业偏好的认识倾向。通俗地说，就是喜欢什么职业，不喜欢什么职业。人们对某项职业有兴趣，可以是对职业工作过程本身有兴趣，也可以是对由这种职业带来的某种功利感兴趣。如有人只是对医生这个职业社会声望高且收入不错感兴趣。但如果是对后者感兴趣，这种兴趣是短暂的。

（二）兴趣与职业生涯的关系

对兴趣和职业生涯的关系，可以从以下三个方面来说明：

1. 兴趣有利于提高工作绩效

个体依靠专业知识和技能参与职业活动，由于兴趣是最好的老师，它可以促使个体不断学习，从而提高职业技能；同时又由于兴趣属于个性心理倾向，它有利于推动人们的工作动机，调动人的潜能，提高积极性，从而充分发挥自己的才干。兴趣在"能力"与"活力"两个方面的改善有利于提高个体的工作绩效。

2. 兴趣有利于提高职业满意度

兴趣代表了个体的某种心理偏好，职业兴趣表明了个体对职业的偏好。从事自己感兴趣的职业，本身就可以获得更高的职业满足感。这种职业满足感是保证职业稳定性和职业满意度的重要因素。

3. 兴趣给个体职业生涯规划指引方向

个性本身就具有整体性，我们很难设想一个人不具备某种能力，或者说性格跟某个职业格格不入的人会喜欢这个职业。由于个性的其他因素的测评相对复杂，而兴趣比较容易把握，因此兴趣为个体的职业生涯规划指引了方向。必须提醒大学生的是，个人职业生涯规划所说到的兴趣，是"我"的兴趣，而不是其他人的兴趣。由于职业生涯规划对个体来说是一个战略规划，因此大学生可能会征求家长的意见、寻求老师的帮助。但别人的意见仅可作为参考，别人的兴趣不等于"我"的兴趣。做自己喜欢的事，这样才有可能获得更大的职业满足，以及更持久的职业热情。

案例

小李是学化学专业的，毕业后辗转到了档案馆工作。他曾因"专业不对口，学非所用"而苦恼，也想过一走了之。但有一天，他偶然发现档案馆里有些伟人的墨迹已褪色，无法辨认，觉得很可惜，于是产生了利用所学知识拯救历史档案的念头。小李的细致使他找到了化学知识与档案保护工作之间的联系，激发了他的兴趣，这个兴趣从而升华为对工作的热爱。他先后发明了扩散、褪色圆珠笔、复印纸字迹恢复剂、多功能珍贵书画保护剂等，并获得国家发明三等奖、国家部级科技进步奖等。

（三）霍兰德职业兴趣的测试理论与方法

霍兰德职业兴趣自测（Self-Directed Search）是由美国职业指导专家霍兰德根据他本人大量的职业咨询经验及其职业类型理论编制的测评工具。

霍兰德认为，个人职业兴趣特性与职业之间应有一种内在的对应关系。根据兴趣的不同，人格可分为社会型（S）、企业型（E）、常规型（C）、现实型（R）、研究型（I）、艺术型（A）六个维度，每个人的性格都是这六个维度的不同程度组合。

（1）社会型（S）

社会型人格的人喜欢与人交往、不断结交新的朋友、善言谈、愿意教导别人。该类型的人关心社会问题、渴望发挥自己的社会作用，寻求广泛的人际关系，比较看重社会义务和社会道德。

此类人格的人喜欢要求与人打交道的工作，能够不断结交新朋友，从事提供信息、启迪、帮助、培训、开发或治疗等事务，并具备相应能力。如教育工作者（教师、教育行政人员）、社会工作者（咨询人员、公关人员）。

（2）企业型（E）

企业型人格的人追求权力、权威和物质财富，具有领导才能。喜欢竞争、敢冒风险、有野心、抱负。为人务实，习惯以利益得失、权力、地位、金钱等来衡量做事的价值，做事有较强的目的性。

此类人格的人喜欢要求具备经营、管理、劝服、监督和领导才能，以实现机构、政治、社会及经济目标的工作，并具备相应的能力。如项目经理、销售人员、营销管理人员、政府官员、企业领导、法官、律师。

（3）常规型（C）

常规型人格的人尊重权威和规章制度，喜欢按计划办事，细心、有条理，习惯接受他人的指挥和领导，自己不谋求领导职务。喜欢关注实际和细节情况，通常较为谨慎和保守，缺乏创造性，不喜欢冒险和竞争，富有自我牺牲精神。

（4）现实型（R）

现实型人格的人愿意使用工具从事操作性工作，动手能力强，做事手脚灵活，动作协调。偏好于具体任务，不善言辞，做事保守，较为谦虚。缺乏社交能力，通常喜欢独立做事。

（5）研究型（I）

研究型人格的人是思想家而非实干家，抽象思维能力强，求知欲强，肯动脑，善思考，不愿动手。喜欢独立和富有创造性的工作。知识渊博，有学识才能，不善于领导他人。考虑问题理性，做事喜欢精确，喜欢逻辑分析和推理，不断探讨未知的领域。

（6）艺术型（A）

艺术型人格的人有创造力，乐于创造新颖、与众不同的成果，渴望表现自己的个性，实现自身的价值。其做事理想化，追求完美，不切实际，具有一定的艺术才能和个性，善于表达、怀旧，心态较为复杂。

【趣味测试】测出你的职业兴趣（仅供参考）

如果给你一个机会让你到以下六个岛屿旅游，不用考虑费用等问题，你最想去的是哪个？（图2-1）

R：自然原始的岛屿　岛上自然生态保持得很好，有各种野生动物。居民以手工见长，自己种植花果蔬菜、修缮房屋、打造器物、制作工具，喜欢户外运动。

I：深思冥想的岛屿　有多处天文馆、科技博览馆及图书馆。居民喜好观察、学习，崇尚和追求真知，常有机会和来自各地的哲学家、科学家、心理学家等交换心得。

A：美丽浪漫的岛屿　充满了美术馆、音乐厅，有街头雕塑和街边艺人，弥漫着浓厚的艺术文化气息。居民保留了传统的舞蹈、音乐与绘画，许多文艺界的朋友都喜欢来这里找寻灵感。

C：现代、井然的岛屿　岛上建筑十分现代化，是进步的都市形态，以完善的户政管理、地政管理、金融管理见长。岛民个性冷静保守，处事有条不紊，善于组织规划，细心高效。

E：显赫富庶的岛屿　居民善于企业经营和贸易，能言善道。经济高度发展，处处是高级饭店、俱乐部、高尔夫球场。来往者多是企业家、经理人、政治家、律师等。

S：友善亲切的岛屿　居民个性温和、友善、乐于助人，社区均自成一个密切互动的服务网络，人们重视互助合作，重视教育，关怀他人，充满人文气息。

图2-1　"六个岛屿"

解释：

选择 A

你喜欢的活动：创造、自我表达、写作、音乐、艺术和戏剧。比较适合你的职业：作家、艺术家、音乐家、诗人、漫画家、演员、戏剧导演、作曲家、乐队指挥和室内装潢人员。

选择 I

你喜欢的活动：处理信息（观点、理论），探索和理解、研究那些需要分析、思考的抽象问题，喜欢独立工作。比较适合你的职业：实验室工作人员、生物学家、社会学家、工程师和程序设计员。

选择 C

你喜欢的活动：组织和处理数据，固定的、有秩序的工作或活动，希望确切地知道工作的要求和标准，愿意在一个大的机构中处于从属地位。比较适合你的职业：会计师、银行出纳、簿记员、行政助理、秘书、档案文书、税务专家和计算机操作员。

选择 R

你喜欢的活动：愿意从事事务性的工作，喜欢户外活动或操作机器，而不喜欢在办公室工作。比较适合你的职业：制造业、技术贸易业、机械业、农业、林业、特种工程师和军事工作。

选择 S

你喜欢的活动：帮助别人，喜欢与人合作，热情关心他人的幸福，愿意帮助别人解决困难。比较适合你的职业：教师、社会工作者、心理咨询员、服务行业人员。

选择 E

你喜欢的活动：领导和影响别人，善于说服别人。比较适合你的职业：商业管理、律师、营销人员、市场或销售经理、公关人员、采购员、投资商、电视制片人和保险代理人员。

二、性格

(一) 性格的概念

性格是一个人对现实的态度和习惯性的行为方式中所表现出来的较为稳定的

心理特征。简单地说，性格是人对现实的稳定态度和习惯化的行为方式。

（二）性格的测试理论及方法

MBTI 人格理论是国际最为流行的职业性格评估工具，在本书中，我们就以此种理论为例，向大家介绍职业性格测试的理论及方法。

MBTI 人格理论是一种对个性的判断和分析理论，它是从纷繁复杂的个性特征中，归纳提炼出 4 个关键要素——动力、信息收集、决策方式、生活方式，进行分析判断，从而把不同个性的人区别开来的一种理论模型。

1. MBTI 人格理论简介

从古希腊、古印度的哲学家，远至公元前 450 年的希普克里兹，到中世纪的帕拉萨尔斯，早已注意到所有的人可以归纳为四种：概念主义者、经验主义者、理想主义者和传统主义者。同一种类型的人的性情具有惊人的相似之处。

MBTI 理论提出者是荣格和伊莎贝尔母女。

1921 年，心理学家荣格，弗洛伊德的门徒，发表了他经典的心理学类型学说。他在书中设计了一套性格差异理论，他相信性格差异同时会决定并限制一个人的判断。他把这种差异分为内向性/外向性，直觉性/感受性和思考型/感觉型。同时，他认为这些差异是与生俱来的，并且在一个人的一生中相对固定。

荣格把感知和判断列为脑的两大基本功能，前者帮助我们从外部世界获取信息，后者则使我们以特定的方式作出决定。它们在大脑活动中的作用受到各人生活方式和精力来源的节制，从而对人的外部行为和态度产生各不相同的影响。正是在这个意义上，性格被视为一种人与生俱来的天性。

20 世纪 40 年代，美国一对母女在荣格的心理学类型理论的基础上提出了一套个性测验模型。伊莎贝尔·迈尔斯（Isabel Myers）和凯瑟琳·布里格斯（Katharine Briggs）把这套理论模型以她们的名字命名，叫作 Myers-Briggs 类型指标 MBTI。该指标作为一种对个性的判断和分析，是一个理论模型，从纷繁复杂的个性特征中，归纳提炼出 4 个关键要素——动力、信息收集、决策方式、生活方式，进行分析判断，从而把不同个性的人区别开来。MBTI 人格分类模型和理论的意义在于"解释人与人之间的差异现象"以及优化决策，对决策流程进行"理性的干预"。

心理学家大卫·凯尔西（David Keirsey）发现，这些由不同文化背景和不同历史时期的人各自独立研究得出的 4 种不同性情的划分，对性格的描绘有着惊人的相似。同时他发现，MBTI 性格类型系统中的 4 种性格倾向组合与古老智慧所归纳的 4 种性情正好吻合。这 4 种组合是：

直觉 (N) + 思维 (T) = 概念主义者

触觉 (S) + 知觉 (P) = 经验主义者

直觉 (N) + 情感 (F) = 理想主义者

触觉 (S) + 判断 (J) = 传统主义者

MBTI 人格理论可以帮助解释为什么不同的人对不同的事物感兴趣、擅长不同的工作，并且有时不能互相理解。这个工具已经在世界上运用了将近 30 年的时间，夫妻利用它融洽关系，老师利用它提高学生学习、自身授课效率，青年人利用它选择职业，组织利用它改善人际关系、团队沟通、组织建设、组织诊断等。

2. MBTI 人格理论的重要指标

MBTI 人格共有 4 个维度，每个维度有两个方向，共计 8 个方面。分别是：

外向（E）和内向（I）、感觉（S）和直觉（N）、思考（T）和情感（F）、判断（J）和知觉（P）。如：

我们与世界的相互作用是怎样的？

外向（E）和内向（I）。

我们自然留意的信息类型？

感觉（S）和直觉（N）。

如何作决定？

思考（T）和情感（F）。

做事方式？

判断（J）和知觉（P）。

每个人的性格都落足于 4 个维度每一种中点的这一边或那一边，我们把每种维度的两端称作"偏好"。例如，如果你落在外向的那一边，那么就可以说你具有外向的偏好。如果你落在内向的那一边，那么就可以说你具有内向的偏好。（图 2-2）

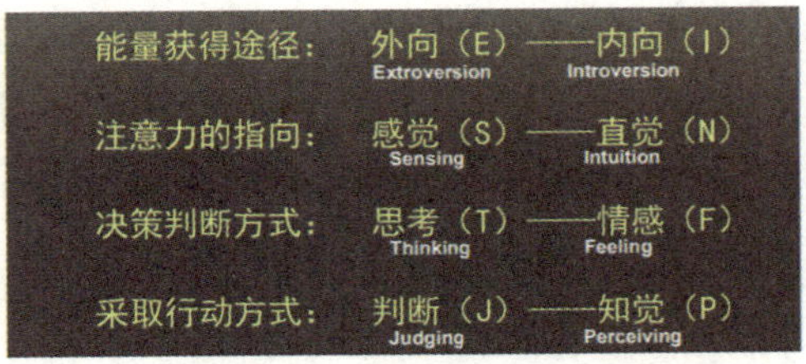

图 2-2　MBTI 性格理论的四个维度

（1）外向 — 内向（EI）

外向：从人际交往中获得能量、喜欢外出，表情丰富、外露，喜欢交互作用，合群、喜行动、多样性（不能长期坚持），不怕打扰、喜自由沟通，喜欢先讲后想，冲动、易后悔、易受他人影响。

内向：从时间中获得能量，喜静、多思、冥想（离群、与外界相互误解），谨慎、不露表情，社会行为的反射性（会失去机会），独立、负责、细致、周到、不蛮干，不怕长时间做事、勤奋，怕打扰，先想后讲。（表2-1）

表 2-1　外向型（E）、内向型（I）的特点

外向型（E）	内向型（I）
与他人相处时精力充沛	独处时精力充沛
行动先于思考	思考先于行动
喜欢边想边说出声	在心中思考问题
易于"读"和了解，随意地分享个人情况	更封闭、更愿意在经挑选的小群体中分享个人的情况
说的多于听的	听的比说的多
高度热情地社交	不把兴奋说出来
反应快，喜欢快节奏	仔细考虑后，才有所反应

（2）感觉 — 直觉（SN）

感觉：通过五官感受世界，注重真实的存在、实际，用已有的技能解决问题，喜欢具体明确，重细节（少全面性），脚踏实地，能忍耐、小心，可做重复工作（不喜新），不喜展望。

直觉：通过第六感洞察世界，注重应该如何，比较笼统，喜学新技能，不重准确，喜抽象和理论，重可能性，讨厌细节，好高骛远，喜欢新问题，凭爱好做事，对事情的态度易变。（图2-2）

图2-2　感觉型（S）、直觉型（N）的特点

感觉型（S）	直觉型（N）
相信确定和有形的东西	相信灵感或推理
对概念和理论兴趣不大，除非它们有着实际效用	对概念和理论感兴趣
重视现实性和常情	重视可能性和独创性
喜欢使用和琢磨已知的技能	喜欢学习新技能，但掌握之后很容易就厌倦了
留意具体的、特定的事物，进行细节描述	留意事物的整体概况、普遍规律及象征含义，用概括、隐喻等方式进行表述
循序渐进地讲述有关情况	跳跃性地展现事实
着眼于现实	着眼于未来，留意事物的变化趋势，惯于从长远角度看待事物

（3）思考—情感（TF）

思考：善于分析，用逻辑客观方式决策，坚信自己的观点正确，不考虑他人意见，清醒、正义，不喜欢调和主义，工作中少表现出情感，也不喜欢他人感情用事。

情感：主观和综合，用个人化的、价值导向的方式决策；考虑决策对他人的影响，和谐，宽容，喜欢调解，不按照逻辑思考，考虑环境，喜欢工作场景中的情感，从赞美中得到享受，也希望得到他人的赞美。（表2-3）

表2-3　思考型（T）、情感型（F）的特点

思考型（T）	情感型（F）
退一步思考，对问题进行客观的、非个人立场的分析	超前思考，考虑行为对他人的影响
重视符合逻辑、公正、公平的价值，一视同仁	重视同情与和睦，重视准则的例外性

续表

思考型（T）	情感型（F）
被认为冷酷、麻木、漠不关心	被认为感情过多，缺少逻辑性，软弱
认为坦率比圆滑更重要	认为圆滑比坦率更重要
只有当情感符合逻辑时，才认为它可取	无论是否有意义，认为任何感情都可取
被"获取成就"所激励	被"获得欣赏"所激励
很自然地看到缺点，倾向于批评	惯于迎合他人，着重维护人脉资源

（4）判断—知觉（JP）

判断：封闭定向，结构化和组织化，时间导向决断，事情都有正误之分，喜命令，反应迅速，喜欢完成任务，不善适应。

知觉：开放定向，弹性化和自发化，探索和开放结局，好奇，喜欢收集新信息而不是作结论，喜欢观望，喜欢开始许多新项目，但不完成，优柔寡断，易分散注意力。（表2-4、图2-3）

表2-4　判断型（J）、知觉型（P）的特点

判断型（J）	知觉型（P）
作了决定后最高兴	当各种选择都存在时，感到高兴
有"工作原则"：工作第一，玩是其次（如果有时间的话）	"玩的原则"：现在享受，然后再完成工作（如果有时间的话）
建立目标，准时地完成	随着新信息的获取，不断改变目标
愿意知道他们将面对的情况	喜欢适应新情况
着重结果（重点在于完成任务）	着重过程（重点在于如何完成工作）
满足感来源于完成计划	满足感来源于计划的开始
把时间看作有限的资源，认真地对待最后期限	认为时间是可更新的资源，而且最后期限也是有收缩的

图 2-3　MBTI 的 4 种性格类型

3. 人格类型

4 个维度，两两组合，共有 16 种类型。以各个维度的字母表示类型，如下：

ESFP、ISFP、ENFJ、ENFP

ESTP、ISTP、INFJ、INFP

ESFJ、ISFJ、ENTP、INTP

ESTJ、ISTJ、ENTJ、INTJ

4 个维度在每个人身上会有不同的比重，不同的比重会导致不同的表现，关键在于各个维度上的人均指数和相对指数的大小。

16 种人格类型

ISTJ

（1）严肃、安静，借由集中心志与全力投入及可被信赖获致成功。

（2）行事务实、有序、实际、逻辑、真实及可信赖。

（3）十分留意且乐于任何事（工作、居家、生活均有良好组织及有序）。

（4）负责任。

（5）按照设定成效来作出决策且不畏阻挠与闲言会坚定为之。

（6）重视传统与忠诚。

（7）传统性的思考者或经理。

ISFJ

（1）安静、和善、负责任且有良心。

（2）行事尽责投入。

（3）安定性高，常居项目工作或团体之安定力量。

（4）愿投入、吃苦及力求精确。

（5）兴趣通常不在于科技方面。对细节事务有耐心。

（6）忠诚、考虑周到、知性且会关心他人感受。

（7）致力于创造有序及和谐的工作与家庭环境。

INFJ

（1）因为坚忍、创意及必须达成的意图而能成功。

（2）会在工作中投入最大的努力。

（3）默默强力地、诚挚地及用心地关切他人。

（4）因坚守原则而受敬重。

（5）提出造福大众利益的明确远景而为人所尊敬与追随。

（6）追求创见、关系及物质财物的意义及关联。

（7）想了解什么能激励别人及对他人具洞察力。

（8）光明正大且坚信其价值观。

（9）有组织且果断地履行其愿景。

INTJ

（1）具强大动力与本意来达成目的与创意——固执顽固者。

（2）有宏大的愿景且能快速在众多外界事件中找出有意义的模范。

（3）对所承担职务，具良好能力，善于策划工作并完成。

（4）具怀疑心、挑剔性、独立性、果决，对专业水准及绩效要求高。

ISTP

（1）冷静旁观者——安静、预留余地、弹性、好奇心、善于观察与分析。

（2）有兴趣探索原因及效果，技术事件是为何及如何运作且使用逻辑的原理组构事实、重视效能。

（3）擅长掌握问题核心及找出解决方式。

（4）分析成事的缘由且能实时从大量资料中找出实际问题的核心。

ISFP

（1）羞怯的、安宁和善的、敏感的、亲切的且行事谦虚。

（2）喜于避开争论，不对他人强加己见或价值观。

（3）无意于领导却常是忠诚的追随者。

（4）办事不急躁，安于现状，无意于以过度的急切或努力破坏现况，且非成果导向。

（5）喜欢有自己的空间及照自订的时程办事。

INFP

（1）安静观察者，具理想性与对其价值观及重要之人具忠诚心。

（2）希望生活形态与内在价值观相吻合。

（3）具好奇心且很快能看出机会所在。常担负开发创意的触媒者。

（4）除非价值观受侵犯，行事具弹性，适应力高且承受力强。

（5）具想了解及发展他人潜能的企图。做事全神贯注。

（6）对所处境遇及拥有不太在意。

（7）具适应力、有弹性，除非价值观受到威胁。

INTP

（1）安静、自持、弹性及具适应力。

（2）特别喜爱追求理论与科学事理。

（3）惯于以逻辑及分析来解决问题——问题解决者。

（4）最有兴趣于创意事务及特定工作，对聚会与闲聊无大兴趣。

（5）追求可发挥个人强烈兴趣的生涯。

（6）追求发展对有兴趣事务之逻辑解释。

ESTP

（1）擅长现场实时解决问题——解决问题者。

（2）喜欢办事并乐于其中及过程。

（3）倾向于技术事务及运动，交结同好友人。

（4）具适应性、容忍度、务实性；投注心力于会很快见成效的工作。

（5）不喜欢冗长概念的解释及理论。

（6）专精于可操作、处理、分解或组合的真实事务。

ESFP

（1）外向、和善、接受性、乐于分享喜乐给他人。

（2）喜欢与他人一起行动且促成事件发生，在学习时亦然。

（3）知晓事件未来的发展并会热烈参与。

（4）擅长处理人际关系，具备完备常识，很有弹性，能立即适应他人与环境。

ENFP

（1）充满热忱、精力充沛、聪明、富有想象力，生命中充满机会且能很快得到他人的肯定与支持。

（2）几乎能达成所有有兴趣的事。

（3）对难题很快就有对策并能对有困难的人施予援手。

（4）依赖能改善的能力而无须预作规划准备。

（5）为达目的常能找出强制自己为之的理由。

（6）即兴执行者。

ENTP

（1）反应快、聪明、长于多样事务。

（2）具激励伙伴、敏捷及直言讳专长。

（3）会为了有趣对问题的两面加予争辩。

（4）对解决挑战性的问题富有策略，但会轻视或厌烦经常的任务与细节。

（5）兴趣多元，易倾向于转移至新生的兴趣。

（6）对所想要的会有技巧地找出逻辑的理由。

（7）长于看清楚他人，有能力解决有挑战性的问题。

ESTJ

（1）务实、真实，具企业或技术天分。

（2）不喜欢抽象理论，喜欢学习可立即运用的事理。

（3）喜好组织与管理活动且专注以最有效率方式行事以达成效。

（4）具决断力、关注细节且很快作出决策——优秀行政者。

（5）会忽略他人感受。

（6）喜作领导者或企业主管。

（7）做事风格偏向于权威指挥性。

ESFJ

（1）诚挚、爱说话、合作性高、受欢迎、光明正大——天生的合作者及活跃的组织成员。

（2）重和谐且长于创造和谐。

（3）常做对他人有益的事务。

（4）给予鼓励及称许则会有更佳工作成效。

（5）有兴趣于会直接及明显影响人们生活的事务。

（6）喜欢与他人共事去精确且准时地完成工作。

ENFJ

（1）热忱、易感应及负责任的、具有能鼓励他人的领导风格。

（2）对别人所想或希求会表达真正关切且切实用心去处理。

（3）能怡然且技巧性地带领团体讨论或演示文稿提案。

（4）爱交际、受欢迎及富同情心。

（5）对称许及批评很在意。

（6）喜欢带引别人且能使别人或团体发挥潜能。

ENTJ

（1）坦诚、具决策力的活动领导者。

（2）长于发展与实施广泛的系统以解决组织的问题。

（3）专精于具内涵与智能的谈话，如对公众演讲。

（4）乐于吸收新知且能广开信息通道。

（5）易过度自信，会强于表达自己的创见。

（6）喜欢策划及目标设定。（图2-4）

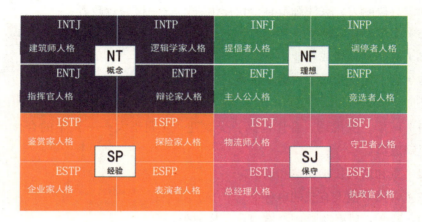

图 2-4　MBTI 的 16 种心理类型

(三) 性格与职业

对性格的理解，可以分为以下几个方面：

（1）每种性格类型本身没有优劣之分。

（2）了解自己的性格类型，能够更好地扬长避短。

（3）了解他人的性格类型，更好地达成一致。

（4）重要的在于理解和完善，而非改变和对抗。

（5）对你性格类型的最终判定者，就是你自己。

（6）你可以通过性格类型来理解和原谅自己，但是不能以此作为逃避现实的借口。

（7）性格中的态度和行为倾向可以发生改变，但那是一个"能量消耗"的过程。

（8）性格决定了你跟别人沟通的方式、讲话的方法、工作的风格。

（9）性格类型与工作要求的最佳匹配，使我们成为更有效的工作者。

(四) 性格与生涯发展

"我的性格是什么？"在认真回答了这个问题的基础上，然后再去思考"我适合什么样的职业"。

因此，职业生涯的规划不仅要认识自己的性格到底属于哪种类型，还要了解不同职业对从业人员的性格有些什么要求，最后通过职业生涯规划来达到个人的性格和职业的相互匹配。比如科学研究需要理智型和独立型的性格，如果自己不具有这种性格，最好不要把它作为自己的目标职业。当然性格并非完全不能改变，因此性格与职业相互匹配还可以通过培养职业性格这个途径来获得；但是由于性格毕竟是一个人稳定的态度和习惯化的行为方式，性格的形成又是在先天的生理基础之上，经后天的长期实践慢慢形成的，大学生的性格基本已经定型，要想改变非常困难，因此大学生进行职业生涯规划时，最好是让职业去适应性格。

三、能力与职业能力

(一) 能力的概念

能力是完成一项目标或者任务所体现出来的综合素质，是指直接影响活动效率，并使活动顺利完成的个性心理特征。从心理学的角度来看，能力是人们得以从事某项活动的前提条件。这里的能力不同于技能。技能是从事某项活动时的操作技巧，是通过训练获得的；而能力仅指与完成活动相联系的心理特征。换句话说，技能是在能力的基础之上发展起来的；而能力如果不通过训练变成技能，那就只能以潜能的形式存在。

(二) 能力的构成

一般情况下，能力可分为一般能力和特殊能力，通常也把与职业相关的能力称为职业能力。

1. 一般能力

一般能力指个体完成一切活动都必须具备的基本能力，主要包括以下 6 个方面：

①思维能力，指对事物进行分析、综合、抽象和概括的能力。其中抽象思维能力在一般能力中起核心作用。

②观察能力，指对事物进行全面细致的审视能力，主要指知觉能力。

③语言能力，指个体描述客观事物的语言表达能力。

④想象能力，包括再造想象和创造想象，它往往可以升华为特殊能力。

⑤记忆能力，主要指个体积累经验、知识、技能的能力，是形成个性心理的重要心理条件，被称为理性的基础。

⑥操作能力，指通过人的各种器官，主要是手、脚、脑等并用完成操作活动的能力。

这些一般能力稳定、有机的综合就是通常所说的智力，智力的核心是抽象概括能力，创造能力是智力的高级表现。

2. 特殊能力

特殊能力又称专门能力，是指个体顺利完成某种专门活动所必备的能力，如教学能力、管理能力、音乐能力、计算能力、绘画能力、运动能力等。它往往是几种一般能力有机结合形成的，并在从事某种特殊工作时表现出来。

3. 职业能力

职业能力是人们从事其职业的多种能力的综合。同一件事情由不同的人去做，可以得出完全不同的结果，这是什么原因呢？因为每个人的职业能力不同，对岗位的适应性也就不一样，所以产生的结果也不完全一样。

所谓职业能力，重点考查以下 6 项内容：外向性格、干劲、情绪性、亲和性、结构性、对新经验的开放程度。这 6 项内容中，包含 25 项职业性格特质，通过特定的测评手段或方法，可以得出每个人的职业能力结果。这对大学生更好地制订自己的职业生涯规划和提升自己的职业能力有极大的帮助。

(三) 能力的测试理论——以多元智力理论为例

多元智力理论是美国哈佛大学"零点项目"的研究成果之一。"零点项目"创立于 1967 年，创始人是哈佛大学教育研究生院的著名哲学家和美学家纳尔逊·古德曼教授。1973 年，纳尔逊·古德曼教授退休。"零点项目"开始由研究人工智能的大卫·帕金斯教授以及霍华德·加德纳教授负责。1983 年，加德纳教授在《心智的结构》一书中明确提出了"多元智力"这一概念，这标志着多元智力理论的正式诞生。

加德纳认为智力的基本性质是多元的，不是一种能力而是一组能力，其基本结构也是多元的，各种能力不是以整合的形式存在，而是以相对独立的形式存在。在《心智的结构》一书中，加德纳首次提出并重点论述了多元智力理论的基本结构。加德纳认为，支撑多元智力的是个体身上相对独立存在着的、与特定的认知领域或知识范畴相联系的8种智能。这8种智能分别是语言智能、音乐智能、逻辑数理智能、视觉空间智能、身体运动智能、自我认识智能、人际智能和自然观察智能。（图 2-5）

1.每一个个体的智能各具特点
2.个体智能的发展方向和程度受环境和教育的影响和制约
3.智能强调的是个体解决实际问题的能力和生产及创造出社会需要的有效产品的能力
4.多元智能理论重视的是多维地看待智能问题的视角

图 2-5　多元智能

结构特点：

1. 言语—语言智能

指个体听、说、读、写的能力，表现为个人能够顺利而高效地利用语言描述事件，表达思想并与人交流的能力，在记者、编辑、作家、演讲家等人身上有比较突出的表现。（表 2-5）

表 2-5　语言—语言智能

定义	有效运用口头语言或书写文字的能力
优异之处	阅读、写作、说故事、记乙数据、思考文字
喜欢的事	阅读、写作、说故事、记忆、猜谜题
适合的工作	诗人、作家、编辑、记者、政治家、律师、演说家
教学方法	讲故事、脑力激荡、录音、写日记、出版、讨论

2. 音乐—节奏智能

指个体感受、辨别、记忆、改变和表达音乐的能力，表现为个人对节奏、音调、音色和旋律的敏感以及通过作曲、演奏和歌唱等表达自己思想和情感的能力，在作曲家、指挥家、歌唱家、演奏家、乐器制造者和乐器调音师等人身上有比较突出的表现。（表2-6）

表2-6　音乐—节奏智能

定义	察觉、辨别、改变和表达音乐的能力
优异之处	唱歌、捕捉声音、回忆旋律、节奏感
喜欢的事	唱歌、演奏、听音乐
适合的工作	作曲家、音乐家、演奏家
教学方法	透过音乐与旋律学习、强调节奏感、善用各种乐器、音乐带、唱游游戏

3. 逻辑—数理智能

指个体运算和推理的能力，表现为个人对事物间各种关系如类比、对比、因果和逻辑等关系的敏感以及通过数理运算和逻辑推理等进行思维的能力，在侦探、律师、工程师、科学家和数学家等人身上有比较突出的表现。（表2-7）

表2-7　逻辑—数理智能

定义	具有辨识逻辑或数字形式的敏感与能力，而且能应付一长串的推理
优异之处	数学、推理、解决问题、分类
喜欢的事	解决问题、发问、实验、从事和数字有关的工作
适合的工作	数学家、税务人员、会计人员、统计学家、科学家、计算机工程师
教学方法	计算与定量、分类与分等、对话法、启发式教学、科学思考

4. 视觉—空间智能

指个体感受、辨别、记忆、改变物体的空间关系并借此表达自己思想和情感的能力，表现为个人对线条、形状、结构、色彩和空间关系的敏感以及通过平面图

形和立体造型将它们表现出来的能力，在画家、雕塑家、建筑师、航海家、博物学家等人身上有比较突出的表现。（表2-8）

表2-8　视觉—空间智能

定义	准确地感觉视觉空间，并把所知觉到的感受表现出来的能力
优异之处	阅读地图、图表、画图、想象、可视化
喜欢的事	设计、画图、建筑、创造、白日梦、看图
适合的工作	猎人、侦察员、向导、室内装潢师、建筑师、艺术家、发明家
教学方法	可视化、彩色记号、图画比喻、图解符号、思维速写

5. 身体—动觉智能

指个体运用四肢和躯干的能力，表现为个人能够较好地控制自己的身体，对事件能够做出恰当的身体反应以及善于利用身体语言来表达自己思想和情感的能力，在运动员、舞蹈家、外科医生、赛车手和发明家等人身上有比较突出的表现。（表2-9）

表2-9　身体—动觉智能

定义	善于以技巧控制自身的动作，善于以技巧控制自身以外的物体
优异之处	运动、舞蹈、演戏、技艺、使用工具
喜欢的事	动手操作、触摸、肢体语言
适合的工作	运动员、舞蹈家、演员、雕塑家、工匠、裁缝、外科医生
教学方法	使用肢体回答问题、课堂剧场、概念动作化、操作学习

6. 自知—自省智能

指个体认识、洞察和反省自身的能力，表现为个人能够正确地意识和评价自身的情绪、动机、欲望、个性、意志，并在正确的自我意识和自我评价的基础上形成自尊、自律和自制的能力，在哲学家、小说家、律师等人身上有比较突出的表现。（表2-10）

表 2-10　自知—内省智能

定义	有自知之明，能意识自己的内在情绪、意向、动机、脾气和欲求，以及有自律、自知和自尊的能力
优异之处	了解自己、明了自己的优缺点、设定目标
喜欢的事	独自工作、反省、梦想、计划、追求兴趣
适合的工作	神职人员、心理辅导
教学方法	独立研究、个人学习空间、一分钟内省时间、个人经验的联系、自由选择时间、制订目标、写日记

7.　交往—交流智能

指个体与人相处和交往的能力，表现为个人觉察、体验他人情绪、情感和意图并据此作出适宜反应的能力，在教师、律师、推销员、公关人员、谈话节目主持人、管理者和政治家等人身上有比较突出的表现。（表 2-11）

表 2-11　交往—交流智能

定义	察觉并区分他人的情绪、意向、动机及感觉能力
优异之处	了解人们、领导、组织、沟通、解决冲突
喜欢的事	交朋友、和他人谈话、参加团体
适合的工作	领导者、政治家、推销员、公关
教学方法	同伴分享、人群雕像、合作小组、图板游戏、模拟情境

8. 自然观察智能

这种智力主要指认识动物、植物和自然环境其他部分的（比如云或者岩石）能力。在猎人、植物学家或者解剖学家等人身上有比较突出的表现。（表 2-12）

表 2-12　自然观察智能（加德纳在 1995 年补充）

定义	能够辨识动植物，对自然万物分门别类，并能运用这些能力从事生产
优异之处	理解自然、区分和辨别动植物

续表

喜欢的事	接近大自然、做分类的活动
适合的工作	植物学家、科学家、园艺工作者、海洋学家、国家公园巡逻员、地质学者、动物园管理员
教学方法	在大自然中工作、探索生活中的事物、学习有关的植物及自然事件

多元智力理论克服了传统智力观念在认识上的褊狭，提出了更加科学的关于智力本质的认识。在大量科学实验和研究的基础上，加德纳重新定义了智力，提出了智力的新衡量标准。基于对智力本质的新认识，加德纳提出了人的智力构成的基本框架，并且对智力的性质以及各种智力之间的相互关系进行了充分的论述。多元智力理论的这些观点为我们科学认识智力的本质提供了新的思想和方法。

（四）能力差异与职业生涯选择

个体能力的不同决定了其职业生涯选择的不同，因此在进行职业生涯选择时，每个个体都需注意以下两点：①人的能力有水平差异，如有的人观察力很强，能很快把握事物的本质，而有的人却半天找不到头绪；②人的能力有类型差异，如诸葛亮善于运筹帷幄，张飞则长于冲锋陷阵。大学生必须充分认识自己的能力水平和能力类型，知道自己的优势和不足，根据自己的能力水平和能力类型，选择适合自己的职业（表2-13），以达到真正的"能岗匹配"，从而帮助自己更快地实现职业生涯目标。为此，大学生在作职业生涯发展规划时，应该多了解行业的信息，以企业招聘标准和流程为导向来进行规划。

表2-13 职业能力类型与职业适宜性对照表

操作型职业能力	以操作能力为主 运用专业知识或经验，掌握特定技艺或工艺，并形成相应职业技能与技巧的能力	打字、驾驶、种植、操纵机床、控制仪表
艺术型职业能力	以想象能力为核心 运用艺术手段再现现实生活和塑造某种艺术形象的能力	写作、绘画、演艺、美工

续表

教育型职业能力	运用各种教育手段传授知识、思想，或组织受教育者进行学习的能力	教育、宣传、思想政治工作
科研型职业能力	以人的创造性思维为核心 通过实验研究、社会调查和资料检索等手段进行新的综合、发明和发现的能力	研究、技术革新与发明、理论研究
服务型职业能力	以敏锐的社会知觉能力与人际关系的协调能力为主借助人际交往或直接沟通使他人获得心理满足的能力	旅游业、服务业等
经营型或管理型职业能力	以决策能力为核心 能够广泛地获得信息，并以此独立地作出应变、决策或形成谋略的能力	经理、厂长、主任等管理领域以及各个行业负责人
社交型职业能力	以人际关系协调能力为核心 指深谙人情世故，能够掌握人际吸引规律，善于周旋、协调，且能使各方通力合作的能力	联络、洽谈、调解、采购

（五）能力测试方法

通过职业能力测评，大学生可以发掘自己的职业潜能，也可以了解自己的现有能力与自己的目标职业的匹配程度，并通过进一步分析，了解现有能力与目标职业的差距，从而在职业指导专家的指导下，对自身的弱点进行专门训练，有针对性地提升自己的职业能力，获得一张宝贵的职场通行证。

职场通行证是一份独特而全面的大学生人才评估报告，该证书集合了大学生所参加的 KENEXA 测评、职业英语能力测试、在线行为风格测评、核心能力面试等多项测评结果，包括大学生所有核心能力和职业技能，对大学生进行职业生涯规划和顺利求职都具有非常重要的作用。

目前，大多数国际知名企业使用的测评工具有 KENEXA、SHL、DISC 等。

案例

张凯，北京某理工类大学本科毕业生，因其所在学校并非名校，他又看到学长学姐毕业之后就待业的情况，张凯从大一开始就担心自己的就业问题：企业会不会因自己不是出自名校而拒绝自己呢？正彷徨之时，一场"的卢在线"的校园"理才"巡讲让张凯改变了之前的错误想法，原来企业最看重的是人才的 3A（Attitude 态度、Aptituce 才能、Attribute 性格特质）核心能力，只要通过合理的方式让企业看到自己的 3A 核心能力，人才就不会被埋没。

几次咨询后，张凯于大一下学期在"的卢在线"评估中心进行了 KENEXA 测评。评估报告显示：张凯有着良好的沟通能力和情感控制力、超高的商业睿智和团队合作精神，而在创变精神、领导能力和社交胆量方面的得分却偏低。

张凯一直希望进入外企工作，根据"的卢在线"为其介绍的部分外企的用人标准，他开始有意识地培养自己所欠缺的能力。大二、大三期间，张凯每逢周末就去兼职，去接触不同的人、解决不同的问题。他还加入了学校的外联部，经常联系全国各地的企业，为学校的各种活动拉赞助，到毕业时，张凯的社交能力得到了很大的提升。此外，"的卢在线"还建议张凯报名参加了英语和计算机技能的几项认证考试，让他的语言能力和职业技能更加突出。

机会总是青睐有准备的人。张凯从大一就开始进行知识储备和有针对性的能力培养，到了大四，"的卢在线"将张凯的能力与企业需求进行能岗匹配，能岗匹配结果表明张凯最适合的工作是 IT 业和制造业，他便有重点地进行职位申请，加上"的卢在线"出具的"职场通行证"，他的求职过程格外顺利，多家企业向张凯抛出了橄榄枝。最后，张凯选择进入一家知名的 IT 公司的客服部门任职，至今工作状态良好。

（六）能力的管理

能力的管理，目前使用最多的是四象限法则，其核心观点是：应该有重点地把主要的精力和时间集中放在处理那些重要但不紧急的工作上，这样可以做到未雨绸缪，防患于未然。

在人们的日常工作中，很多时候往往有机会去很好地计划和完成一件事，但常常没有及时去做，随着时间的推移，工作质量下降。因此，把主要精力有重点地放在重要但不紧急这个"象限"的事务上是必要的。而这就需要很好地安排时间。一个好方法是建立预约。建立了预约，自己的时间才不会被别人所占据，从而有效地开展工作。

把要做的事情按照紧急、不紧急、重要、不重要的排列组合分成四个象限，这四个象限的划分有利于我们对时间进行深刻的认识及有效的管理。

第一象限

这个象限包含的是一些紧急而重要的事情，这一类事情具有时间的紧迫性和影响的重要性，无法回避也不能拖延，必须首先处理，优先解决。它表现为重大项目的谈判、重要的会议工作等。

第二象限

第二象限包含的事件是那些紧急但不重要的事情，这些事情很紧急但并不重要，因此这一象限的事件具有很大的欺骗性。很多人在认识上有误区，认为紧急的事情都重要，实际上，像无谓的电话、附和别人期望的事、打麻将三缺一等事件并不重要。这些不重要的事件往往因为它紧急，会占据很多宝贵时间。

第三象限

第三象限的事件大多是些琐碎的杂事，没有时间的紧迫性，没有任何的重要性，这种事件与时间的结合纯粹是在扼杀时间，浪费生命。

第四象限

第四象限不同于第一象限，这一象限的事件不具有时间上的紧迫性，但是，它具有重大的影响，对个人或者企业的存在和发展以及周围环境的建立维护，都具有重大的意义。

案例

未雨绸缪，这是我国古代的一个成语，它的意思是说在下雨之前或者是不下雨的时候要先修缮房屋门窗，以防下雨的时候被雨淋。

不下雨的时候并不需要急于修缮房屋门窗，修缮房屋门窗是不紧急的事情。不漏雨的屋子对于雨天来说绝对重要，这件事在不下雨的时候准备，才能够保证在下雨天也不影响工作的进行。

案例分析：未雨绸缪是对第四象限事件管理的形象描述。生活工作中好多重要的工作，都需要在事件出现之前做好准备，这就是制订计划的原因。

制订计划的目的是把那些重要而不紧急的事情按部就班地高效完成。因此要学会制订计划、作准备。计划、准备、学习、培训等事情都是重要的预防或者是重要的储备工作。

四、职业价值观

(一) 价值观

1. 价值观的概念

价值观是人们用来区分好坏标准并指导行为的心理倾向系统。价值观往往容易被看作仅属于认知的范畴，其实它通常是充满着情感和意志的。价值观为自认为正当的行为提供充分的理由，是浸透于整个个性中支配着人的行为、态度、观点、信念、理想的一种内心尺度。

价值观是人用于区别好坏、分辨是非及其重要性的心理倾向体系。

价值观反映人对客观事物的是非及重要性的评价。

价值观是人们在作选择和判断时最看重的原则、标准和品质。

2. 价值观的形成

价值观受制于人生观和世界观，一个人的价值观是从出生开始，在家庭和社会的影响下逐渐形成的，一个人价值观的形成受其所处的社会生产方式及经济地位的影响，在一定程度上是不可逆的。具有不同价值观的人会产生不同的态度和行为。

世界观、人生观、价值观三者统一，有什么样的世界观就有什么样的人生观，有什么样的人生观就有什么样的价值观。

3. 价值观的作用

价值观对人们自身行为的定向和调节起着非常重要的作用。价值观决定人的自我认识，它直接影响和决定一个人的理想、信念、生活目标和追求方向的性质。价值观反映人们的认知和需求状况。价值观对动机有导向作用。

4. 职业价值观

每个人无论干什么事情，总在追求快乐和满足，但究竟什么东西令自己快乐？生活中凡是对我们有用的东西，我们就说它有价值。但是对我们有价值的事物很多，如在职业生涯中，我们可能都会在乎收入、稳定性、职业声望、培训机会、工作环境等，这些东西对我们都是有价值的。但鱼和熊掌不可兼得，我们不得不对它们的重要性进行排列，然后依次满足。这种对职业生涯中不同事物价值的评价或所持观点就是职业价值观。职场中的每个人都有职业价值观，每个人的职业价值观都不相同。因此，我们要认识自己的职业价值观，然后通过职业生涯规划，寻找合适的工作，获得最大程度的职业满足。

职业价值观是指人生目标和人生态度在职业选择方面的具体表现，也就是一个人对职业的认识和态度，以及他对职业目标的追求和向往。

职业价值观是指无论你从事什么工作，都会努力在工作中追求的东西。从另一个角度来讲，工作价值观就是你最期待从工作中获得的东西。

理想、信念、世界观对于职业的影响，集中体现在职业价值观上。

职业研究机构和职业专家通过调查，对职业价值观进行了分类。如美国心理学家马丁·凯茨区分了10种职业价值观，包括高收入、社会声望、独立性、帮助别人、稳定性、多样性、领导力、兴趣、休闲、尽早进入工作领域等。当然这样划分职业价值观，并不是说不同的人只认为这里的某一条对自己有价值，而是说个体最看重哪一种价值。

不同职业往往只能实现其中的某些价值，同时也可能无法实现其他的一些价值。比如教师这个职业，有良好的社会声望，可以帮助别人，同时具有稳定性；但是不会有高收入，工作比较辛苦。不同的个体可能对其中某些价值特别关注而选择教师这个职业，甚至一些人选择教师这个职业是因为有寒暑假，能够满足其休闲的需要。从这个意义上说，职业价值观甚至确定了人们的目标职业。（图 2-6）

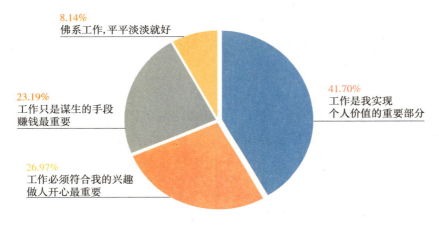

图 2-6　2020 届毕业生找工作最看重哪些因素

（数据来源：智联招聘）

（二）职业价值观的分类——职业锚理论

1. 职业锚

职业锚的概念是由美国埃德加·施恩教授提出的，他认为职业规划实际上是一个持续不断的探索过程。在这一过程中，每个人都在根据自己的天资、能力、动机、需要、态度和价值观等慢慢地形成较为明晰的与职业有关的自我概念，随着一个人对自己越来越了解，他就会越来越明显地形成一个占主要地位的职业锚。

职业锚是指当一个人不得不作出选择时，他或她无论如何都不会放弃职业中的至关重要的东西或价值观。职业锚是人们在选择和发展职业时所围绕的核心。它指一种指导、制约、稳定和整合个人职业决策的自我观。

正如职业锚这一名词中"锚"的含义一样，职业锚实际上就是人们选择和发展自己的职业时所围绕的中心，一个人对自己的天资和能力、动机和需要以及态度和价值观有了清楚的了解之后，就会知道自己的职业锚到底是什么。施恩根据自己在麻省理工学院的研究指出，要想对职业锚提前进行预测是很困难的，这是因为一个人的职业锚是在不断发生着变化的，它实际上是一个不断探索过程所产生的动态结果。

有些人也许一直都不知道自己的职业锚是什么，直到他们不得不作出某种重大选择的时候，一个人过去的所有工作经历、兴趣、资质、性向等才会集合成一个富有意义的模式（或职业锚），这个模式或职业锚会告诉此人，对他或她个人来说，到底什么东西最重要。

2. 不同类型的职业链与职业选择

施恩根据自己多年的研究，提出了五种职业锚，随后在 1992 年又将其拓展为 8 种职业锚。根据不同的职业锚对职业具有不同的选择，即形成职业生涯的 8 种方向：

（1）技术或职能型职业锚

以技术职能能力为锚位的人，有特有的职业工作追求、需要和价值观，表现出如下特征：强调实际技术或某项职能业务工作。技术职能能力锚的雇员热爱自己的专业技术或职能工作，注重个人专业技能发展，往往不愿选择那些带有一般管理性质的职业。相反，他们总是倾向于选择那些能够保证自己在既定的技术或功能领域中不断发展的职业，一般多从事工程技术、营销、财务分析、系统分析、企业计划等工作。

在我国过去不培养专业经理的时候，经常将技术拔尖的科技人员提拔到领导岗位，但他们本人往往并不喜欢这个工作，更希望能继续研究自己的专业。

（2）管理能力型职业锚

管理能力型职业锚呈现如下特点：愿意担负管理责任，且责任越大越好，这是管理能力型职业锚雇员的目标。与不喜欢，甚至惧怕全面管理的技术职能锚的人不同，他们倾心于全面管理，掌握更大权力，肩负更大责任。具体的技术工作或职能工作仅仅被看作是通向更高、更全面管理层的必经之路。他们从事一个或几个技术职能区工作，只是为了更好地展现自己的能力，是掌握专职管理权的必需。

这类人有强烈的愿望去做管理人员，同时经验也告诉他们自己有能力达到高层领导职位，因此他们将职业目标定为有相当大职责的管理岗位。成为高层经理需要的能力包括三方面。一是分析能力：分析能力是在信息不充分或情况不确定时，判断、分析、解决问题的能力；二是人际能力：影响、监督、领导、应对与控制各级人员的能力；三是情绪控制力：有能力在面对危急事件时，不沮丧、不气馁，并且有能力承担重大的责任，而不被其压垮。

（3）创造型职业锚

这类人需要建立完全属于自己的东西，或是以自己名字命名的产品或工艺，或是自己的公司，或是能反映个人成就的私人财产。他们认为只有这些实实在在的事物才能体现自己的才干。

创造型职业锚是定位很独特的一种职业锚，在某种程度上，创造型锚同其他类型职业锚有重叠。追求创造型职业锚的人要求有自主权、管理能力，能施展自己的才干。但是，这些不是他们的主要动机、主价值观，创造才是他们的主要动机和价值观。有些大学生有这样一种需要，即建立或创设某种完全属于自己的东西——署着他们名字的产品或工艺、他们自己的公司或反映他们成就的个人财富等等。

（4）自主／独立型职业锚

自主型职业锚又称作独立型职业锚，这种职业锚的特点是最大限度地摆脱组织约束，追求能施展个人职业能力的工作环境。以自主、独立为锚位的人认为，组织生活太限制人，是非理性的，甚至侵犯个人私生活，他们追求自由自在、不受约束或少受约束的工作生活环境。

（5）安全／稳定型职业锚

安全型职业锚又称作稳定型职业锚，其特征如下：职业的稳定和安全是这一类职业锚雇员的追求、驱动力和价值观。他们的安全取向主要为两类：一种是追求职业安全，稳定源和安全源主要是一个给定组织中的稳定的成员资格，例如大公司组织安全性高，做其成员稳定系数高；另一种注重情感的安全稳定，包括一种定居使家庭稳定和使自己融入团队的感情，他们似乎比较愿意去从事这样一类职业。这些职业应当能够提供有保障的工作、体面的收入以及可预测的未来生活。这种可预测的未来生活通常是由良好的退休计划和较高的退休金来保证的。

对于那些对地理安全性更感兴趣的人来说，如果追求更为优越的职业，意味着将要在他们的生活中注入一种不稳定或保障较差的地域因素的话，那么他们会觉得在一个熟悉的环境中维持一种稳定的、有保障的职业对他们来说是更为重要的。

对于另外一些追求安全型职业锚的人来说，安全则意味着所依托的组织的安全性。他们可能优先选择到政府机关工作，因为政府公务员看来还是一种终身性职业。这些人显然更愿意让他们的雇主来决定他们去从事何种职业。

这类人极为重视长期的职业稳定和工作的保障，他们为了安定的工作、可观的收入、优越的福利与养老制度等付出努力。目前我国绝大多数人都选择这种职业定位。很多情况下，这是由社会发展水平决定的，并不完全是本人的意愿。

（6）服务型职业锚

服务型职业锚的人追求的核心价值是追寻帮助他人的机会、改善人们的安全、通过新的产品解决问题。

（7）挑战型职业锚

这种类型的人会选择新奇、变化和困难程度高的工作或职业，他们以战胜各种不可能的事情作为终极目标。他们喜欢战胜强硬的对手，解决看上去无法解决的问题，克服无法克服的困难障碍等。

（8）生活型职业锚

这种类型的人希望将工作和生活整合为一个整体，喜欢允许他们平衡并结合个人、家庭和职业的需要的工作环境。因此，他们需要一个能够让他们实现这一目标的弹性职业环境，甚至不惜牺牲职业的一些方面。

（三）价值观探索与测评

1. 价值观想象

（1）如果我有 1000 万美元，我将 _____。

（2）我一生中最想要的是 _____。

（3）如果我只剩下 24 小时的生命，那我将 _____。

（4）我给我的孩子的忠告是 _____。

（5）假如我能改变自己一样东西，那么它将会是 _____。

2. 价值观挑选

选出 8 个对你最重要的。

A. 舒适的生活：充足丰富的生活

B. 平等：机会均等，人们像家人一样友好

C. 振奋的生活：新鲜有趣、有活力的生活

D. 家庭安全：照顾我爱的家人

E. 自由：独立与自由选择

F. 健康：身体和心理健康

G. 内在和谐：没有内在冲突，宁静祥和

H. 成熟的爱：精神和身体的亲密无间

I. 国家安全：国土与家园不被攻击

J. 快乐：享受和闲暇的生活

K. 超脱与救赎：灵魂被救赎、超脱

L. 自尊：自我尊敬

M. 成就感：持续地有所成就

N. 社会认同：社会的认可与尊敬

O. 真实的友谊：紧密的伙伴关系

P. 智慧：对于生命成熟的洞见

Q. 世界和平：没有战争和争斗的世界

R. 美丽的世界：自然和艺术的美丽

3. 价值观交换

人际关系 / 归属感、团队合作，物质保障 / 高收入，稳定，安全，创造性，多样性和变化性、新鲜感，乐趣，自由独立（时间，工作任务），被认可，受尊重，能帮助他人，能发挥自己的才能，成就感，成功，名誉，地位，自主独立，有学习 / 发展 / 成长的机会，权力（领导 / 影响他人），有益于社会，挑战性、冒险性，竞争，符合自己的道德观，工作环境、工作与生活平衡，家庭，朋友，亲密关系，健康，信仰，自由……

（1）挑选出 5 条对你来说最重要的价值观，分别写在 5 张小纸条上。在反面对你挑选的重要价值观进行描述，即要达到什么样的程度你才满意。

（2）现在，如果你不得不放弃其中的一条，你会放弃哪一条？将你准备放弃

的这一条与其他人交换。

（3）如果你不得不再次放弃剩下四条中的一条，你会放弃哪一条？请再次与其他人交换。（保留刚才别人给你的，放在一边。）

（4）继续下去，直到剩下最后一条。这是不是你无论如何也不愿放弃的？

讨论：

①通过这个活动，你对自己的价值观有什么样的了解？

②你的价值观会对你的职业选择和人生产生什么样的影响？

③影响你价值观形成的因素有哪些？

4.价值观拍卖

（1）每个人只能拥有 5000 元钱。

（2）拍卖师每次喊 3 次，最高价者得到此价值观。

（3）每个人不能借钱，包括借进或借出。

（四）职业价值观与职业生涯规划

职业价值观是人们评价和选择职业的根本标准。当然，即使个体并未意识到自己的职业价值观，职业价值观也会存在的，会不自觉地影响职业选择。但是个人对自己的职业价值观有了自觉的意识，在职业生涯规划和发展过程中，可以增加主动性和科学性。（图 2-7）

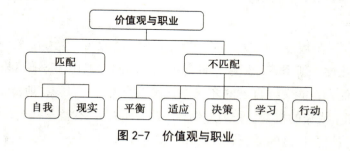

图 2-7　价值观与职业

1.平衡

（1）没有一份工作可以满足所有的价值观，在不同的生涯发展阶段，我们要对价值观进行排序。

（2）从来就没有什么完美的选择，选择就意味着取舍。

（3）重要的不是你在工作中得到了什么，而是你在经营着一种什么样的生活。

2. 适应

（1）价值观的满足，需要能力的支撑。

（2）我们不仅要考虑个人的价值观，还要同时考虑单位对我们的要求和期待。

（3）满足个人价值观的同时，要学会与外部环境价值观和平共处。

3. 认知

（1）很多价值观的形成，是潜意识的情结，是非理性的，也不是理性可以完全控制的，所以，重要的是理解和接纳，而不是对抗与改变。

（2）尊重是接纳的前提：就像我们不愿意被别人改变一样，别人也不愿意被我们改变。

4. 塑造

（1）价值观的形成，往往是潜移默化的，所以，环境对一个人价值观的改变很重要。

（2）在经历了一些重大生活事件之后，人们的价值观往往容易发生改变。

（3）主流文化、偶像、重要他人等都会影响一个人的价值观。

个性具有整体性，兴趣往往与价值观、需要、性格、气质和能力相一致，表现为一定的人格特征。又由于认识自己的兴趣相对比较容易，因此寻找符合自己兴趣的职业，应该是职业生涯规划中一条比较具有可操作性的原则。下面列出美国心理学家、职业指导专家约翰·霍兰德提出的 6 种人格类型特征（表 2-14）。

表 2-14　6 种人格类型特征

	实用型	研究型	艺术型	社会型	企业型	常规型
喜欢的活动	喜欢运用工具或机器进行操作性强的技术工作；偏爱工具	喜欢独立分析与解决抽象问题；预测和探究自然和社会现象；偏爱观念	喜欢以表现技巧来抒发丰富的感情，从事原创性的工作；偏爱观念	喜欢交往，对教育与社会福利等事业有兴趣；热衷于社会关系和帮助他人解决问题；偏爱人	喜欢管理他人，喜欢担任领导角色；热衷政治和经济；偏爱人	喜欢在户内建立或保持常规、实施标准等系统性强的工作；偏爱处理文字和数字

续表

	实用型	研究型	艺术型	社会型	企业型	常规型
优点	坦诚直率有耐性，拥有较强的机械和运动能力；动手能力强	善于观察和思考，喜欢刨根问底，拥有较强的科学想象力；有创造力	直觉敏锐，善于表达创新，拥有丰富的想象力	乐于助人、易于合作、责任感强、有说服力	精力旺盛，好冒险，拥有较强的领导能力和演说才能	个性谨慎，有耐心，有良好的自制力，有条理，拥有较强的文字功底和计算能力
不足	缺乏洞察力，往往不善与人交往；避免从事与他人打交道的工作	缺乏领导能力和人际交往技能；避免从事说服或销售工作	易冲动、理想主义，缺乏事务性办事能力；避免做事务性工作和遵循已建立的规则	缺乏动手操作能力；避免从事机械操作或技术活动	缺乏科学研究能力；避免科学的、智慧的或深奥的论题	缺乏创造力和艺术才能；避免承担不明确的、无结构的任务
价值观	对实际成就的物质回报	知识的发展或获得	思想、情绪或情感的创造性表达	增进他人福利，服务社会	物质成就和社会地位	物质或经济成就，在社会、商业或政治领域的权力
相应的职业	机械工、机电维修工、车工、木匠、生产线的工人、技术性岗位的工作人员（如工程师）等	心理学家、微生物学家、职业指导师、产品研发人员、大学教授、计算机程序员等	音乐家、舞蹈演员、室内设计师、作家等	咨询员、秘书、职业指导师、教师、学校辅导员、导游、市场营销人员等	零售商、市场营销人员、保险从业人员等	图书管理员、编辑、门卫、秘书、出纳、数据录入人员等

案例

　　小陈是某职业技术学院涉外秘书专业的应届毕业生，她性格活泼开朗，有主见，喜欢有挑战性的工作。在校期间，小陈品学兼优，是学生会的主要干部。在参加校园招聘会时，她很幸运地被广州市一家知名的民办学校看中，录用为该校办公室主任，待遇不错，而且工作稳定。在外人看来，这是一件非常美好的事情。可是当学校让她去签约时，她却犹豫了。

下面是她与老师的一段对话：

小陈：老师，我不知道该怎么办？

老师：那你当初为什么去面试？

小陈：爸妈都希望我当老师，而我也想去试试自己的实力，所以一时冲动就去了。

老师：你觉得自己喜欢做什么？

小陈：我喜欢做有挑战性的工作。

老师：比如……

小陈：比如策划工作……

老师：你知道你爸妈为什么希望你当老师吗？

小陈：知道，因为这所学校在广州有名气，且收入高，同时他们认为教师工作比较稳定，比较适合女孩子。

老师：难道你认为不是吗？

小陈：我不在乎工作地点，我不喜欢天天做同样的工作。

老师：你认为当老师会使你快乐吗？

小陈：我想我会闷死的。

老师：你究竟愿意为别人活着还是为自己活着？

小陈：当然是为自己。

老师：那么，现在你知道该怎么办了吧？

小陈：知道了，谢谢老师。

小陈辞去了学校的工作，一个多月后，她在海南进入了一家并不出名的公司，尽管收入没有那所学校高，但该公司是一家成长中的企业，有很多学习和发展的机会。工程部行政助理的职位也是吸引她的因素之一。她感到很满足。

五、个人特质与职业的关系

(一) 个人特质的内容

这里所讨论的个人特质，是个体所独有的，同时又是职业所要求的某些条件或要素。正是由于个人特质的存在，才有了个人的职业生涯规划的必要。从个人特质的构成来看，可以分为以下几类。

1. 个性因素

个性是在先天生理因素的基础上、在后天的社会实践过程中形成和发展起来的，它是个人特质的主要内容，个性是一个人的精神面貌，它是"我"和他人的最大区别。个性包括个性心理特征和个性倾向性，性格、气质、能力是个性心理特征的主要内容；而个性倾向性包括需要、态度和价值观等，现在越来越多的用人单位关注到个性与职业甚至职位的适应性问题，在招聘录用工作中开始使用心理测验方法。

2. 知识因素

知识是经验的总结，个体的知识包括直接经验和间接经验。不同的人生道路得到的是不同的人生体会，这些构成个人的直接经验，是一个人的宝贵财富。当然，知识又是可以"习"得的，在现代社会个人的知识体系中，绝大部分都属于间接经验，虽然说知识具有公共性，但是每个人所掌握和体会的知识却是独特的。

因此，知识因素也是构成个人特质的重要组成部分。学历往往成为衡量个体知识的指标，在求职和择业中起着重要作用。

3. 生理因素

人的长相、身高、性别、健康状况也各不相同，这些同样是构成个人特质的重要因素。

4. 其他因素

除上述几个构成个人特质的因素外，还有其他一些因素，如家庭背景、社会关系等。所有这些因素构成个人特质，将一个人和其他人区别开来。这些差异是客观的，不管我们是否承认、是否愿意，人和人都是有差别的；相对于不同的职业要求，这种差异又是宝贵的，正是这些差异的存在，才形成了自己的优势或劣势。

（二）个人特质与职业的关系

不同职业，对于个体特质方面确实有不同的要求。一些要求具有合理性，如幼儿教师，要求热爱儿童；法官要求理性和公正……但是有些要求并不合理，如社会工作者要求本地户籍和男性等就构成了职业阻碍因素。对个体来说，某些外部因素，我们无法改变，至少暂时无法改变，那就只能努力去适应。个人特质与职业应该相互适应，但是这种适应又具有绝对性和相对性。

1. 个人特质与职业相适应的绝对性

个人特质与职业相适应的绝对性是指个人特质与职业相适应是无条件的。这种绝对性有两个方面的原因：

一是有些特殊职业对个体特质提出了严格的标准，甚至部分标准已经上升为法律，要求个体无条件地适应。如为保证食品安全和食品卫生，国家要求食品从业人员必须持健康证上岗，这样的规定就具有绝对性；驾驶员必须具备辨别红、绿、黄的色彩识别能力，这也是绝对的；飞行员更是设定了更高的身体和心理标准，航天员的选拔标准更是苛刻。这些都说明，个人特质与职业相互适应具有绝对性。

二是个人特质中的许多因素是个人无法改变的，或者说要改变是非常困难的。个人特质是可以发展的，如职业性格可以培养，职业知识和技能可以提升。但是还有很多个人特质因素是无法改变的，如气质类型是由高级神经活动过程的特点决定的，后天几乎无法改变；个人的身高、长相、家庭背景等因素，往往也是无法改变的。

正是由于职业的某些要求和个人的一些特质是无法改变的，因此个人在进行职业生涯规划时必须重视个人特质和职业相互适应的绝对性。

2. 个人特质与职业相适应的相对性

这种相对性一方面表现为个人特质大多数并不会成为职业阻碍的绝对因素，只是影响职业活动的效率。如对大多数职业而言，个性因素往往只影响工作效率，并不能构成绝对的障碍。有研究表明，相貌好的人成功的概率确实会高些，但相貌平平的人获得巨大职业成功的例子也不胜枚举。即便在被称为"巨人的事业"的篮球体育项目中，在 NBA 赛场上，仍然可以找到身高仅 1.60 米的"土豆"伯古特和 1.65 米的博伊金斯的身影。

这种相对性的另一个方面表现为个人特质并不会一成不变，是可以发展的。如知识和技能因素，只要个体努力，要改变并不困难；即便是个性因素中的大多数因素，如性格、能力、需要、兴趣、态度和价值观等，都是个体在社会实践中形成的，尽管要想改变不太容易，但是至少存在这种可能性。此外，一些职业标准与人们的认知有关，而这种认知是可以发生变化的。如过去人们认为演员就是"俊男靓女"，服务员就是吃青春饭。社会观念在变，职业标准当然也会变。

个人特质与职业相适应的相对性给人们选择职业生涯提供了更大的自由空间。但即便如此，由于职场竞争越来越激烈，个体要想获得更大成功的概率还是需要考虑个人特质与职业相匹配的问题。

(三)个人特质在职业生涯规划中的运用

个人特质与职业相适应是职业生涯规划中的一个重要原则。但是由于这种适应的绝对性和相对性，个体职业生涯规划中又存在两种倾向："扬长避短"或"取长补短"。如果仅从职业成功的角度来看，我们主张"扬长避短"。如果个人职业生涯追求的是最大的职业满足，则建议人们根据自己的价值观、兴趣、性格、气质等个性因素来选择职业，在这种状况下，如果不能"避短"那就只能"补短"了。因此，个体的职业生涯规划是建立在预先确定的职业目标基础之上的。

第二节 转变角色

在大学生职业生涯规划和职业发展过程中，正确的自我认知是非常重要的，大学生必须注意："自我"是发展的，它是一个不断展开的过程，青少年的个性还没有完全形成，因此对自我认知也就只能在动态中完成。从职业生涯发展的角度来看，大学学习与生活，是一个人职业生涯的准备阶段。大学生要在了解自己的先天生理条件的基础上，通过一定的社会实践活动尽快寻找自己的"职业锚"，并有意识地发展自己的职业个性。因此大学生要了解这种角色转变的过程，认识到培养职业个性的重要性，从进入大学开始就主动推动自己的角色转变。

一、中学生到大学生的角色转变

"角色"这个词本来指戏剧中演员扮演的人物。20世纪20年代美国芝加哥学派最早把这个概念运用到社会学领域。我们这里的"角色"，其定义为个体在特定的社会关系中的身份以及由此而规定的行为规范和行为模式的总和。从中学生到大学生，身份变了，角色也就变了；角色变了，角色规范自然也要发生变化。简单地说，就是大学生要有大学生的样子，或者说大学生应该和中学生不一样。那么与中学生相比，大学生应该有哪些方面的不同？

(一) 从依赖到独立的转变

中学生的衣、食、住、行往往是由家长安排的，每天的作息时间被排得满满的，几乎没有自由支配的时间。埋头读书、按部就班，听话，做个乖孩子，这就是家长的保护，也是社会的期望。可是一进入大学，绝大多数学生脱离了家长的视野，不得不独立生活。大学生的课余时间比中学生多，这就要求他们能够自主安排自己的学习和生活。从职业生涯规划和发展的角度看，如果说学习是职业生涯的准备阶段，那么大学生相对于中学生来说，至少有了更多的自主性和独立空间。因此，我们要求大学生不能仅仅埋头读书，更要抬头望路。

(二) 从被动学习到主动学习的转变

中学的学习，基本是按照统一的大纲（即"课程标准"）、统一的教材，在老师的"利诱"和家长的"威逼"之下被动进行的。每天上什么课、完成哪些作业，虽然有"计划"，但那绝不是学生自己的计划。进入大学之后，虽然还有必修课，但是至少有了更多的选择余地。因此，大学的学习更强调主动性、自觉性。一些同学浑浑噩噩混过了大学光阴，到求职那一刻才知道自己根本就不具备相应的职业知识和技能准备。出现这种情况，不能都埋怨学校，也不能责怪老师，恐怕要从自身寻找原因。

(三) 从未成年人向成年人的转变

中学生大都属于未成年人，而大学生大多已经18岁以上。18岁是我国法定的成年标准。这里的成人，不完全指生理上的成年，更强调社会意义上的成人。

作为成年人,法律明确了其具有完全的行为能力,但也标志着其具有完全的责任能力。尽管作为学生,还不能自谋生路,养活自己,但是到了这个年龄,个人的社会化应该基本完成。因此大学生要认识到自己身上的责任:对自己负责,对家庭负责,对社会负责。要好好行使自己的权利,思考自己的未来,规划个人的职业生涯以及整个人生。

总之,从中学生到大学生这种角色的转变是必然的,进入大学后,我们要尽早进行这样的角色认知,了解新角色的规范,努力推动这样的角色转变,使自己成为一个"真正"的大学生。大学教育本来就有素质教育和职业教育两重任务,大学生要在认识这个角色转变的基础上,学会规划自己的职业生涯。

二、确立正确的人生观

人生观是人们对人生目的和人生意义的根本看法和态度。一个人生活在什么样的社会关系中,有什么样的生活环境和遭遇,就会形成什么样的人生观。大学生是祖国的未来和希望,是 21 世纪的主人。因此,他们的理想信念如何,直接关系着 21 世纪中国的发展和前途。

(一) 具有正确的苦乐观

困苦并不是坏事,它能造就人,也能考验人。"艰难困苦,玉汝于成",屈原苦中赋《离骚》,孔子苦中著《春秋》。人们常说:"困难像弹簧,看你强不强,你强它就弱,你弱它就强。"挫折虽然会阻碍人们前进的步伐,但它也能磨炼人们的意志。成功伴随挫折,挫折使人成长。古人有云"学海无涯苦作舟",强调一个"苦"字。只有正确认知自己学习文化知识的动机,认识到学习对个人及社会发展的积极意义,才能摆正心态,苦中作乐。

(二) 培养正确的道德观

有人说:"缺智的人是次品,缺体的人是废品,缺德的人是危险品。"如果一个人思想很好,但没有才能,就会成为无用之人;如果一个人很有才气,但品德很坏,就会成为有害之人。曾国藩说:"有才无德为小人,有德无才为庸人。"因此,大学生应树立正确的道德观,培养良好的道德品质,培养爱国主义、集体主义和社会主义精神,树立热爱劳动、勇于创新、甘于奉献的价值观,用实际行动践行社会主义道德观的内涵。同时，努力奉行爱岗敬业、诚实守信、办事公道、服务群众、奉献社会的职业理念。

(三) 树立正确的成才观

理想和信念是我们战胜艰难险阻，赢得胜利的强大精神支柱和思想源泉。理想是人们在实践中形成的具有实现可能性的对未来的向往和追求，是人们的立场和人生观、世界观在奋斗目标上的具体表现。理想包括社会理想、道德理想、职业理想、生活理想。信念，就是自己认为正确而产生的坚定不移的看法、观点、观念。崇高的理想需要坚定的信念。当代青年应该树立把我国建设成为富强、民主、文明、和谐、美丽的社会主义现代化强国，实现中华民族伟大复兴的理想和坚持党的基本路线不动摇，坚定不移地走中国特色社会主义道路的坚定信念。

(四) 培养正确的择业观

择业观是世界观、人生观、价值观在择业过程中的具体体现。树立正确的择业观，要求我们既要看到形势乐观的一面，即我国改革开放以来，国力大大增强，科技日益进步，国民经济持续、快速、健康发展，社会就业岗位稳步增加，高校毕业生在社会就业竞争中保持相对优势，党中央、国务院对大学生就业高度重视，国家相继出台了一系列相关文件保证高校毕业生就业工作的顺利开展，各级地方政府把高校毕业生就业工作作为重中之重。同时也要充分认识到当前高校毕业生就业形势严峻的一面，即社会总体就业形势严峻，高等教育规模急剧扩大，致使毕业生人数激增，高校毕业生供求结构性矛盾，就业市场的不完善，用人机制的不健全等。因此，应学会全面、客观地看待就业问题，自觉树立正确的择业观；养成良性就业竞争观；摒弃被动、依赖、等待的就业观，代之以主动、自主、竞争的就业观。要树立自强、自立的就业思想，通过自我努力寻找工作机会，积极推销自己，根据自身条件，选择可能的职业和岗位，或降低自己不切实际的要求。

三、培养良好的心态

心态，即一个人的心理状态。培养良好的心态，对提高大学生的心理健康水平、保证求职择业的顺利进行有着十分重要的意义。良好的心态应包括以下几点：

（一）正视现实

现实是客观的，它不以个人的意志为转移。经济的发展，体制的变革，就业市场的出现给青年提供了很多机遇。但是，我们也应该清醒地看到，我国目前的生产力水平还比较落后，社会为青年提供的工作岗位不可能尽如人意，而且，职业的供需状况也不平衡，边远地区、艰苦行业、基层单位都急需人才的补充与投入，但却很少有人问津。另外，我国的就业市场仍不够规范，不公平竞争依然存在。

我们应该面对这些现实，一切从实际出发，既不幻想也不逃避。正视现实也包括正视自身的现实。目前，我们的择业高期望值与自身素质偏低对比明显。为数众多的青年人企盼从事理想的职业，对单位要求很高，但对自身认识不足，如专业学习状况、各种能力、身心素质等，不能正视自身的现实，也就无法确定恰当的就业目标，那么，也就无法找到自己满意的工作。

（二）敢于竞争

目前，就业制度的改革为求职者和用人单位提供了双向选择的机会，人们能够结合自己的专业特长、兴趣爱好、气质性格等挑选理想的工作单位。我们应该珍惜这个机遇，敢于竞争，以适当的途径和方式进行积极的自我展示、自我推荐，以实现自己的愿望和抱负。机遇总是偏爱那些有准备的人，如果一味地胆小怕事，畏畏缩缩，消极被动，或仅满足于纸上谈兵，必将失利。当然，竞争不是互相拆台或彼此嫉妒，竞争应该在互学、互勉、共同进步中进行。我们提倡要敢于竞争，但要防止不正当的竞争手段。

（三）不怕挫折

当今社会，择业是个双向选择的过程，竞争日趋激烈，失败在所难免。对我们来说，传统教育体制中不合理的专业设置、不正之风的干扰、企业的短期性行为以及社会经验的缺乏等，都可能导致挫折。因此，在求职前要做好遭受挫折的思想准备；遇到挫折时，要认真分析失利的原因。只有认真分析，才能"吃一堑，长一智"。如果因机遇的失去、厄运的袭击，便就此沉沦颓废、丧志，那是十分可悲的。只有不怕挫折、屡败屡战，才能获得最终的成功。

（四）放眼未来

择业是人生中一个重要的转折点，选择什么样的职业，也就选择了什么样的未来。因此，在职业选择上，我们应保持理性的态度，经济利益不应成为第一或唯一的择业标准，应更多地考虑社会和自我发展的需要。

四、养成健康的行为方式

现代健康的新概念应包括生理健康、心理健康和社会适应健康。健康的四大基石是"合理膳食、适量运动、戒烟限酒、心理平衡"（《维多利亚宣言》）。养成健康的行为方式是指人们要从事保持和促进健康的活动，健康的人、健康的行为才能够保证未来事业持之以恒地高效发展，这对未来职业生涯至关重要。养成健康的行为方式主要从以下几方面着手：

（一）养成健康的生活习惯

养成健康的生活习惯，是指除了日常生活习惯外，还要自觉地养成不吸烟、少饮酒、多喝茶等良好的健康习惯。吸烟是引起多种疾病的元凶，是不健康的行为，戒烟可使心血管疾病患病率和死亡率下降 30% ~ 40%。酒中含乙醇，适量饮用可促进血液循环，血管扩张，解除疲劳，但每次宜少量，以啤酒半瓶、黄酒 50 ~ 80 克为宜，禁饮高度酒。茶是健康饮料，茶多酚具有抗氧化作用，有降脂、防癌和提高免疫功能、抗衰老的作用。但饭后半小时内应少饮茶，否则会影响铁和钙等营养物质的吸收。

（二）讲究心理卫生

做好自我心理调适，是健康行为的重要一环。首先，应培养一些有益健康的爱好，如绘画、书法、集邮等，这是人的心理寄托，是保持心理健康不可缺少的条件。其次，应与社会保持密切联系，坚持社会活动，参加公益劳动，做好人、好事往往会使人的精神和肉体都获得健康，其衰老过程必然会延缓。人活在世上应有所作为，多与年轻人交朋友，从中感受青春的朝气和活力，保持奋发向上的精神。

（三）积极锻炼身体

生命在于运动，保持脑力和体力协调，是预防和消除疲劳、保证健康的重要因素。体育锻炼贵在坚持，重在适度。体育锻炼的项目不必强求，可因人、因地制宜，步行、体操、慢跑、健身操、太极拳等不必作硬性规定，但要有原则，即运动量要适度。

（四）营养应全面平衡

均衡营养是保持健康最重要的因素之一，从饮食入手，远离恼人的慢性疾病，"吃"出健康来，科学饮食和合理膳食应该控制总热量，减少动物脂肪和甜食的摄入，多吃新鲜蔬菜和水果等富含钾、镁的食物，多食用富含不饱和脂肪酸的食物，减少钠盐摄入量，多食海洋食品。

（五）生活起居有规律

现代是信息社会，生活节奏快，各种纷繁复杂的信息令人眼花缭乱，极易使人疲劳。因此，应注意生活有规律，进餐有规律。找出适合自己需要的固定睡眠时间；培养兴趣爱好，过好双休日，劳逸结合，消除体力和脑力疲劳；切忌熬夜，少过夜生活，摒弃不良生活习惯。

【思考与讨论】

1. 个性因素包括哪些？它们对个人的职业生涯规划有何影响？

2. 怎样理解个人特质与职业生涯相适应的关系？

3. 职业能力与职业价值观发生冲突，个体应该如何处理？

4. 大学生与中学生的角色区别表现在哪些方面？大学生如何尽快实现个人角色转变？

第三章　大学生职业生涯规划的第二步：
知彼——职业世界探索

【学习目标】

1. 了解影响职业发展的环境因素。
2. 了解所学专业和课程设置状况。
3. 了解热门行业与热门职业。
4. 掌握收集职业信息的方法。

> 在了解了自己，实现了由中学生向大学生的角色转变之后，大学生必须对所处的环境以及未来的职业状况进行详尽的了解，以帮助自己尽快确定在校期间的目标以及毕业后的去向，并进一步确定目标职业和职业生涯目标，做出科学合理的人生规划。

第一节　了解环境

这里所说的环境是指在时间和空间上以直接或间接的方式对个体的职业生涯与发展起激励、约束、导向作用的主客观因素和社会发展因素的总和。大学生的职业生涯与发展同样受个体成长环境、社会环境等因素的影响。

一、社会环境

社会环境是指由国家政策、社会经济发展状况所形成的就业社会氛围，主要由政治环境与经济环境两部分组成。

(一) 政治环境

大学生就业政策是国家为实现一定时期的路线、方针而制订的高层次人力资源配置的行动准则，体现了一定时期社会发展的需要，是大学生就业过程中应遵循的基本规范。我国大学生就业制度经历了一个不断发展和改革的过程。不同历史阶段有着不同的政策内容，政策体现着一定的导向性、调控性和约束性。

在统包统配的就业制度条件下，人才资源配置的方式同其他经济资源配置的方式都是一元化的计划控制。毕业生虽然在国家下达的分配计划内有选择个人志愿的权利，但最终必须服从国家具体制订的调配方案。在这样的政策条件下，毕业生是依附性就业。就政策特点来说，调控性和约束性极强，其导向性主要通过政治思想教育和学生自觉服从社会需要的主导择业观来实现。在今天看来，这样的政策在一定程度上忽略了学生个人的择业意愿，且使人才资源配置失当。但是，在当时的历史条件下，它有其存在的合理性，是与当时的经济体制相配套的，曾为社会经济的发展起过重要作用。

当前，在社会主义市场经济条件下，高等教育发展的特点，首先表现在毕业生就业这一环节上。现在正在运行的毕业生就业制度，是在国家就业方针、政策指导下，毕业生和用人单位双向选择的制度。

虽然毕业生有自主择业的权利，但并不是说就业政策就失去了导向、调控、约束的功能。用人单位有自主用工的权利。因此，毕业生自主择业不是毕业生的一厢情愿或随心所欲。双向选择是选择与被选择的关系，选择的双方不是谁必须服从谁的关系，而是双方在相互满足对方需要基础上而达成的一种契约关系。因此，双向选择体现毕业生就业中更本质的关系。既然是契约关系，就摆脱不了政策的导向、调控和约束。例如，用人单位的劳动用工政策、吸引人才的政策、发达地区和中心城市的进入控制政策，都对毕业生择业产生重要的制约作用。除大学生就业政策的直接影响外，劳动人事制度中诸如人才流动、公务员制度等，以及社会职业结构调整的有关政策，都会对大学生择业产生直接或间接的影响。

（二）经济环境

一个国家、地区在一定时期内的经济状况，直接影响其劳动就业状况。大学生选择职业，不可避免地要受到当时社会经济状况的影响。从整个国家范围来说，经济的发展和科学技术的进步、劳动生产率的提高、职业演化速度的加快，就业岗位的增加，都是极为相关的因素。近几年 IT 产业发展迅速，在国民经济中的地位直线上升，人才需求量大幅增加，质量要求较高。毕业生就业出现的结构性矛盾，表现为专业与需求、层次与需求的失衡现象。学校针对社会需求的调适往往是滞后或错位的，这就要求大学生认识到客观经济环境对就业的直接影响，充分发挥其主观能动性，克服客观环境的不利因素，主动适应社会需要。

（三）其他因素

社会文化环境、科技发展水平和相关行业的发展趋势等都会直接影响个人的职业生涯规划。

二、个人成长环境

对大学生而言，在确定职业发展方向和努力的目标之前，就需要熟悉和了解城市与学校的生活、学习等环境，这样才能保证正常有规律的生活，并提高学习和生活效率。

在学校报到注册之后，大学生应当先花时间了解以下信息：

（一）城市环境

城市环境及城市的生活环境会影响行业发展和个人生活。处于不同区域的城市的定位和发展战略是不一样的，这对大学生的影响直接表现为两个方面，即你所选择的行业和你的生活。

另外，城市的文化、品位、城市居民的素质、城市市政环境的建设等都直接影响着你的生活舒适度和满意度。这里尤其要注意公司所在的周边环境，其对人的影响也是巨大的。

考虑城市环境对大学生择业影响的意义在于，你不能盲目地决定去大城市工作，而是要结合自己所在的行业和对生活的要求综合选择。

（二）校园文化环境

校园文化环境由以下内容构成：同校园环境密切结合在一起的文化设施及文化意蕴，校园环境的优美、整洁程度，图书馆、阅览室、文化娱乐设施，宣传栏、阅报栏、科学馆、教学大楼以及学生宿舍的文明程度；学生的各种社团及其活动的文化品位等。校园文化环境对学生的影响是直接的、持续的、潜移默化的，并且是非常重要且深远的。正规的大学生活对一个人特别是一个青年有十分重要的作用，这里不仅包括有没有坐在大学课堂里系统地听过四年课，也包括有没有受过校园文化环境熏陶。

了解校园环境是熟悉校园的硬件，而明确校园资源就是熟悉校园的软件，毕竟大学之"大"在于大师而不在于大楼。在这个阶段你可以通过上校园网了解学校的专业设置、学科强项、学科带头人、著名教授等，至于本专业的能人你可以直接询问辅导员或专业课老师；还有就是要去图书馆看看学校的藏书有多少、哪类书比较多、怎么借书、怎么在线浏览、怎么查阅资料等。

（三）家庭环境

大学生进入大学后与家庭仍保持着千丝万缕的联系，家长的价值观、世界观仍对子女有一定的影响。家庭是我们的根。从小生长的家庭环境气氛、家人间的关系、父母管教态度以及亲友交往的亲疏程度等都会影响个性、需求、人际关系和好恶。

写出最能描述"我的家庭"的三个形容词：

_____

父亲对我的影响：

_____

父亲的工作影响我

_____

父亲和亲友的相处影响我

_____

父亲的生活方式影响我

_____

父亲的个性和专长影响我

_____

父亲对我的管教方式影响我

_____

母亲对我的影响：

_____

母亲的工作影响我

_____

母亲和亲友的相处模式影响我

_____

母亲的个性和专长影响我

_____

母亲对我的管教方式影响我

_____

兄弟姊妹中，对我影响最深的是_____

原因：_____

整个家族中，对我影响最深的是_____

原因：_____

父亲对我人生发展的期望_____

母亲对我人生发展的期望_____

家族其他亲人对我人生发展的期望_____

第二节 了解专业

在适应校园的生活环境和学习环境之后，就需要为未来的职业发展作好充分的学业准备。首先，大学生要了解本专业所开设的课程、培养的技能；其次，对照适应未来职业发展有关的课程设置，找到差距，取长补短。

一、了解本专业的课程设置

不同学校同一专业所开设的课程是不同的，进入校门熟悉环境之后，就要知道自己未来三四年时间将学习哪些课程。这些培养训练职业技能的课程，哪些是必需的，哪些是不必要的，都要进行预先的准备和筹划，以便更有效率地分配精力、利用时间。

现在各个学校的内网都很发达，对于各个专业的教学计划、主干专业课程的介绍等信息通常会在网上公示，大学生可以从网上获知所学课程、各门课程的主要内容、主要培养哪一方面的能力，实践和实习的时间安排、形式等，对重点培养的技能做到心中有数，并据此制订相应的学习和能力拓展计划，然后投入相应的时间、精力。如焊接专业的学生，需要学会使用焊枪，熟悉各种温度下的焊点与各项技术参数指标，在实践课上就要大胆实践，尽快掌握相关的技能。再如临床医学的学生，要上解剖课，除了掌握理论知识外，实践课上相应的操作技能也需要尽快掌握。

总之，了解专业课程以便对自己"应该学习什么"有一个比较清楚的认识。但是由于学校课堂教学和社会实际需要还存在一定差距，因此还需要自己通过各种途径进行扩展学习，弥补这个差距。

二、了解与未来职业发展有关的课程设置

要想在择业时顺利找到与自己的专业相匹配、相适应的职业，在大学阶段就需要了解未来职业发展的有关技能、专业知识，并学习相关课程或参考相关书籍，有意识地进行技能的培养训练。

职业所需要的往往是综合性知识，常常超出了学校专业课程设置的范畴。目前，各大高校有大量的非专业选修课，大学生可根据需要自由选择，只要修满学分，就可以获得毕业证书。还有一些学校，与校外的职业证书认证机构联合，设置相关的职业证书资格考试课程，这些都可以作为现有专业课程的一种有益的补充，来拓展自己的技能。如一名工商管理专业的学生，毕业后想从事外贸工作，在自己的专业课程外，还可以备考单证员、报关员等相关资格证书考试。由于互联网信息的飞速发展，很多最新的信息都可以在网上获得，因此只要用心，大学生就一定能够找到机会，拓展各种专业知识、专业技能，积极为职业发展作充分的准备。

专业——大学生四年里要努力学习的课程，我们可以利用三个月时间做一次专业探索，见表3-1。

表 3-1　专业探索内容

专业十项	具体任务	完成日期	责任人
这个专业是什么	专业的定义、内涵是什么？各个机构、大师对专业的定义是什么？你的看法是什么？		
这个专业学什么	都有什么课程？涉及什么领域？有哪些分支？各个领域的大师是谁？主要理论是什么？		
这个专业的优势院校有哪些	国内外的一流学校和院系、大师是谁？在哪个城市？核心特色是什么？		
什么人适合学习这个专业	这个专业适合什么人学？有哪些具体的素质要求？		
与这个专业相关的专业有哪些	都有哪些专业与你要调研的专业相关？这些相关专业研究什么内容？		
这个专业毕业后的出路	这个专业毕业后能做的工作有哪些？不同的出路有什么具体要求？		
哪些名人学过这个专业	哪些名人、伟人、牛人学过这个专业？他们现在的成就是什么？他们在学这个专业时有什么特别的方法和故事？		
这个专业的学习圈子都有哪些	有哪些图书馆、网站、论坛、博客、QQ 群、报刊、课程等是这个专业的一流学习资源和学习平台？它们有什么特色？你如何获取这些资源？		
别人对这个专业的看法	学过的人、学好的人、专家、学者、公司、社会等各个方面的人对这个专业的看法和评价是什么？		
你对这个专业的看法	经过整理后，你自己对这一专业的看法是什么？包括每项任务的看法？最终拿出自己的独特看法		

第三节　了解职业

职业是参与社会分工，利用专门的知识和技能，为社会创造物质财富和精神财富，获取合理报酬，作为物质生活来源，并满足精神需求的工作。对大学生来说，所选择的专业通常就是为将来获得谋生技能而受到的各种相关的专门性训练，因此充分地了解职业信息是非常重要的。

一、了解我国对产业行业的分类

在我国，产业是指工业以外的行业，是由多个相对独立但业务性质完全一致的行业组成的，或者说是由分散在多个行业、具有同样业务性质的经济组织组成的。例如，我国国民经济被划分为第一产业、第二产业、第三产业，在此，产业概念的外延要大于行业。

（一）产业分类

产业分类，是指根据社会生产活动历史发展的顺序对产业结构进行的划分。自中华人民共和国成立以来，我国的产业划分也经历了几次变更。根据国家质检总局和国家标准委颁布的《国民经济行业分类》（GB/T 4754—2011），我国的三次产业分类如下：

第一产业是指农、林、牧、渔业（不含农、林、牧、渔服务业）。

第二产业是指采矿业（不含开采辅助活动），制造业（不含金属制品、机械和设备修理业），电力、热力、燃气及水生产和供应业，建筑业。

第三产业即服务业，是指除第一产业、第二产业以外的其他行业。第三产业包括批发和零售业，交通运输、仓储和邮政业，住宿和餐饮业，信息传输、软件和信息技术服务业，金融业，房地产业，租赁和商务服务业，科学研究和技术服务业，水利、环境和公共设施管理业，居民服务、修理和其他服务业，教育、卫生和社会工作，文化、体育和娱乐业，公共管理、社会保障和社会组织，国际组织，以及农、林、牧、渔业中的农、林、牧、渔服务业，采矿业中的开采辅助活动，制造业中的金属制品、机械和设备修理业。

（二）行业分类

行业分类，是有规则地按照一定的科学依据，对从事国民经济生产和经营的单位或者个体的组织结构体系的详细划分。我国的国民经济核算体系具体行业分类所坚持的原则如下：

（1）区分物质生产领域和非物质生产领域。

（2）主要按分类对象所从事社会经济活动的同一性来划分其所属行业，即按其所属的行业而非其行政隶属关系分类。

根据 2017 年修订方案（《国民经济行业分类》（GB/T 4754—2017）），将国民经济行业分为 20 大标准门类。其代码和具体门类如下：A 农、林、牧、渔业；B 采矿业；C 制造业；D 电力、热力、燃气及水生产和供应业；E 建筑业；F 批发和零售业；G 交通运输、仓储和邮政业；H 住宿和餐饮业；I 信息传输、软件和信息技术服务业；J 金融业；K 房地产业；L 租赁和商务服务业；M 科学研究和技术服务业；N 水利、环境和公共设施管理业；O 居民服务、修理和其他服务业；P 教育；Q 卫生和社会工作；R 文化、体育和娱乐业；S 公共管理、社会保障和社会组织；T 国际组织。

我国高校的设置、各高校的专业设置，就是根据上述已有的产业、行业活动来进行归类细分的，比如农业大学、海洋大学、商业大学；商业大学的金融专业、国际贸易专业等。要进行职业生涯规划，必须先选择一个产业或一个行业性活动作为自己的职业方向，因此，了解产业和行业是非常必要的。

随着经济社会的不断发展，社会大众生活中的热门行业也在不断变化，近几年的热门行业主要有网络购物行业、游戏行业、留学行业、心理咨询行业、教育培训行业等。当代大学生，要根据自身优势，结合社会需求，选择适合自己的行业，不能一味追求热门行业。

【趣味测试 1】你的职业潜质是在哪一行（仅供参考）

你外出旅行，在荒山野岭迷了路，这时天色已晚，发现附近只有一栋小屋，不得已向主人借宿，可是屋主夫妇却告诉你屋子的四个房间都有鬼。如果一定要入住的话，你会选择哪个房间呢？

A. 有个人头在窗外恶狠狠地瞪着你睡觉的房间

B. 厕所里会传出开关门的声音和女人叹息声的房间

C. 你一躺上床，床就开始摇晃不让你安睡的房间

D. 半夜醒来，你会看到一个无头鬼坐在床边的房间

解释：

选择 A

你适合的工作大多拥有自己的专属空间。虽然挣钱不多，但有稳定的收入，不易被外界影响。有人从窗外瞪着你代表周遭对你的不满和异样的眼光，在窗外

代表不容易对你造成影响。

选择 B

你比较喜欢安静的工作，尤其是主管人事或其他幕后策划类工作。厕所会传来开关门声和女人的叹息声，代表你会受到来自上级的压力和主管的责骂，相比起来，你宁愿整天待在办公室吹冷气，也不愿到外面去忍受风吹日晒，其他诸如高科技产业的技师或工程师、企业的网络工程师或是会计等都是比较适合你的。

选择 C

你适合从事活动性较强或业务类的工作，你的个性活泼好动，整天坐在办公室里容易生病，你也不喜欢受拘束，所以你的职业也倾向于常到外头走动的工作，如保险推销员、房产经纪人等。床开始摇晃不让你睡，代表你做业务时，拜访客户常会遭到拒绝、碰壁。司机或导游都是比较适合你的工作。

选择 D

与人沟通是你所擅长的，因此接近群众的工作对你来说不错。例如电视明星、政府委员等需要群众支持的工作等。无头鬼坐在床边，代表这个人和你密不可分，可是你又无法看清他是谁。其他诸如公司的公关、商店的店员或银行的服务人员也都是比较适合你的工作。

（三）行业发展趋势

行业既然是社会分工，那么每个行业都会对社会有独特的贡献，否则行业就不存在了。了解行业存在的意义，就是正确理解行业在社会中的地位及未来所扮演的角色。由此，可以结合科技发展和大众需求来思考行业的未来发展前景和可能变化，从而可以供个人在选择行业时作为参考。

大众需求是促进一个行业蓬勃发展的持久动力，也是大学生在择业时要考虑的重要外在因素。大众的需求长远，行业的发展才长远。因此在选择行业时，我们要多分析一下这个行业在社会发展中的作用以及对大众的生活的影响。

行业的发展现状和未来趋势决定了整个行业的人力资源需求状况，科技和大众需求的变化会产生行业内新的发展点，同时也会淘汰旧的工艺和职位。通过行业人才招聘网站或人才招聘门户网站等可以掌握该行业的人力资源需求变动情况，一个比较热门的行业，其招聘信息必然在各类媒体都可以看到。

二、了解我国的职业分类

职业分类，是指按一定的规则、标准及方法，按照职业的性质和特点，把一般特征和本质特征相同或相似的社会职业，分类并统一归纳到一定类别系统中去的过程。我国第一部《中华人民共和国职业分类大典》颁布于 1999 年。由于经济社会的不断发展，我国社会职业构成发生了很大变化。为适应发展需要，2010年年底，人力资源和社会保障部会同国家质检总局、国家统计局牵头成立了国家职业分类大典修订工作委员会及专家委员会，启动修订工作，历时五年，七易其稿，于 2015 年 7 月 29 日，国家职业分类大典修订工作委员会召开全体会议审议、表决通过并颁布了新修订的 2015 版《中华人民共和国职业分类大典》。

2015 年新版《中华人民共和国职业分类大典》职业分类结构为 8 个大类、75 个中类、434 个小类、1481 个职业。8 个大类分别如下：

第一大类：党的机关、国家机关、群众团体和社会组织、企事业单位负责人，包括 6 个中类、15 个小类、23 个职业；

第二大类：专业技术人员，包括 11 个中类、120 个小类、451 个职业；

第三大类：办事人员和有关人员，包括 3 个中类、9 个小类、25 个职业；

第四大类：社会生产服务和生活服务人员，包括 15 个中类、93 个小类、278 个职业；

第五大类：农、林、牧、渔业生产及辅助人员，包括 6 个中类、24 个小类、52 个职业；

第六大类：生产制造及有关人员，包括 32 个中类、171 个小类、650 个职业；

第七大类：军人，包括 1 个中类、1 个小类、1 个细类；

第八大类：不便分类的其他从业人员，其中包括 1 个种类、1 个小类、1 个细类。

综合专业招聘网站所做的择业调研，结合我国经济发展的大趋势，未来几年的热门职业有理财规划师、生物医药研发师、心理咨询师、旅游体验师等。

【趣味测试 2】和你最匹配的工作（仅供参考）

有一天，你在梦中乘着船去寻宝，请运用你的想象力，回答下面的问题。最后再将各题得分加起来，就可以知道你最适合的工作了。

1. 你乘坐的是哪一种船？

    A. 海盗船   B. 小船   C. 木筏

2. 和你一起去的有多少人？

    A. 几十个人   B. 几个人   C. 只有你自己

3. 如果可以带一只动物，那么你选择带哪一只？

    A. 狗   B. 猫   C. 小鸟

4. 你认为以下什么东西可以守护你？

    A. 从母亲那里拿来的娃娃   B. 从父亲那里拿来的宝剑

    C. 你在海边捡到的小石子

5. 船会往哪个方向出发呢？

    A. 东   B. 西   C. 南   D. 北

6. 你想要得到什么东西？

    A. 藏在很深的洞窟中的宝藏   B. 沉在海底的宝藏

    C. 放在废弃的古老神殿中的宝藏

7. 当你向大海进发时海平面出现了一个巨大的黑影，你认为是什么？

    A. 别的船经过   B. 只是一大片乌云罢了   C. 大恐龙出现了

8. 在航海途中，你有一样东西遗失了，会是什么呢？

    A. 水   B. 食物   C. 火   D. 指南针

9. 经过长时间的航行，终于到达了藏宝地点，这时，恶魔出现在你身边，并对你说了一句话，你认为他说了什么？

    A. 根本就没有宝藏，你被骗了   B. 宝藏早就被拿走了

    C. 你是不可能找到宝藏的，死心吧

10. 你终于找到了宝藏！当你打开宝箱的瞬间，想象一下，你看到了什么？

    A. 金银珠宝   B. 可以看见未来的镜子

    C. 可以将你所带的动物变成人类的药物

★计分表

选项	1	2	3	4	5	6	7	8	9	10
A	1	1	1	2	1	1	1	2	1	2
B	2	2	3	1	3	2	2	4	3	3
C	3	3	2	3	2	3	3	3	2	1
D					4			1		

解释：★计分方式请按照分数表计算

10～14分的人→A型

15～19分的人→B型

20～27分的人→C型

28～32分的人→D型

32分以上的人→E型

A型人

你的行动力和适应能力都超强，无论处于何种困难逆境，都能过关斩将，开创出一番新天地。拥有如此力量的你，最适合当运动员、记者、外务员、推销员等。

B型人

你非常喜欢与人交往，最擅长的就是观察人心。无论是当听众还是当说话的人，你对处理复杂的人际关系都非常拿手。运用这样的才能，你非常适合做接物待人的工作，如店员、旅馆的工作人员、柜台接待，或是自己开咖啡厅当老板，都是非常不错的。

C型人

你拥有非常敏锐的判断力。知性就是你的武器，你非常冷静且非常细心，再困难的问题都能迎刃而解！因此，适合你的工作有老师、秘书等，与计算机有关的工作、出版情报方面的工作、广告公司的工作以及研究方面的工作或自己动笔写书等都非常适合你。

D型人

你对美好的事物非常敏感。简单地说，你是一个很感性的人。你非常喜欢运用自己的创造力去做出与众不同的东西。不管是绘画方面、裁缝设计还是乐器等，你都得心应手。诸如雕塑家、珠宝设计师、插画家、室内设计师等，都能将你的才能完全地发挥出来！

E 型人

你天生就具有一种不可思议的魅力，而且浑身散发着神秘的气息。你善于隐藏真正的自己，因此有当艺人的天分，在大众面前表演的工作最适合你，如模特、演员等。

三、重点了解一个职业

每个人都要根据自身的情况，选择并了解一个职业，即要了解该职业的定义、职业概况、就业及未来发展前景、主要从事的工作内容、能力和技能要求、从业人员共有的人格特征、薪资待遇和对生活的影响等。

职业探索的内容包括职业核心能力、人格匹配、工作内容、进入标准、薪酬待遇、发展机会、前景概率等方面。

企业招人的理论基础

胜任力素质模型

胜任素质模型就是某具体岗位所要求的一系列不同素质要素的组合。素质模型中各要素的表现形式和重要性分别有两种典型的模型可形象地表现出来。即"素质的冰山模型"或"素质的洋葱头模型"，但无论是哪一种模型，都包括两个层面:表层的表层到深层或从外到内都依次包含"知识、技能、价值观/态度、社会角色、自我形象、个性、动机"等因素。

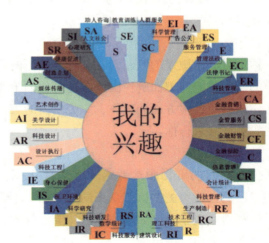

生涯兴趣光谱图

- 工作岗位职责
- 岗位名称
- 工作范围
- 具体工作任务
- 典型的一个工作
- 考核
- 能力提升机会
- 主要工作对象

案例：
一个学生博士毕业求职国内高校，才知道高校需要考核科研工作量。
……

- 学历
- 能力（包括典型技能）
- 学校
- 专业
- 相貌（五官、身高等）
- 职业资格（教师、医生、律师、心理咨询等）
- 年龄、性别（有些职业有年龄限制）
- 政治面貌
- 个性特征（兴趣、性格、价值观等）（有些职业需要进行心理测试）
- 家庭背景
- 入职信息渠道
  ……

- 薪水
- 保险
    养老保险
    医疗保险
    失业保险
    工伤保险
    生育保险
    住房公积金
- 福利
  ……

- 职业升迁规则
- 个人能力提升机会
- 个人职业成长可能性

这里以公共营养师和礼仪主持人两个职业为例进行简单的介绍。

(一) 公共营养师

1. 职业定义

从事营养指导、营养与食品安全知识传播，促进社会公众健康工作的专业人员。

2. 职业概况

国民营养与健康状况是反映一个国家或者地区经济与社会发展、卫生保健水平和人口素质的重要指标。良好的营养和健康状况既是社会经济发展的基础，也是社会经济发展的目标。随着我国国民经济的持续快速发展，近十年来，我国城乡居民的膳食、营养状况有了明显改善，但与此同时，我国也面临着营养缺乏与营养结构失衡的双重挑战。高血压、糖尿病、冠心病等与膳食营养密切相关的疾病日益威胁人们的健康，因此，结合我国食物资源的具体情况，大力开展营养工作，引导我国居民参与及改善营养膳食搭配是我们面临的一个非常紧迫的任务。

因而，开展相应的公众营养改善工作，是一项提高国民健康素质和提升国家综合国力的系统工程。与营养改善密切相关的营养产业也是一个具有生命力和发展潜力的朝阳产业。以营养产业发展为前提，营养改善工作的主要内容有儿童妇女和婴幼儿、老年人等重点人群的营养改善工作；贫困地区人口、最低生活保障人群的营养扶贫与营养脱贫工作；城市和经济发达地区肥胖、高血压、糖尿病等"富贵病"人群的营养改善工作；在学生中开展营养教育工作；从事公众营养、人口素质与社会经济发展之间关系的研究、咨询及宣传；在营养工作相关部门、单位企业间进行沟通协调；以营养科学为指导开拓食品工业发展的新领域，大力推进营养强化食品等营养产业的发展等。公共营养师通过科学合理地调配大众的饮食及促进人们的身体健康，减少各种慢性病的发生，并通过向全社会全面普及营养知识，提高全民营养意识，以达到增强全民身体素质的目的。

3. 就业及未来发展前景

我国的营养专业人才十分紧缺，公共营养师的就业前景非常广阔。公共营养师可以针对健康和亚健康人群做营养咨询、指导工作，他们不仅可以在社区发挥重要作用，还可为企业员工、白领、高级管理人员、运动员等提供教育、辅导、指导等服务。

在美国，凡是住院病人的治疗都必须有营养师的参与。在日本，每300人就拥有一名营养师，营养师的数量相当于临床医师的2.4倍。如果按照日本营养师占全国人口的比例，即每300人配备1名营养师来推算，我国至少需要400万名营养师，但是目前我们只有4000多名营养师，并且基本分布在医院里，社区、幼儿园等机构很难找到营养师，就是在医院也面临着同样的问题。《国民营养条例》明确规定，所有幼儿园、学校社区和超过100人的餐厅必须配备营养师。《中国营养改善行动计划》明确规定，加强对食品餐饮和食品生产企业的管理，逐步建立并实行营养师（士）制度。《直销管理条例》也明确规定，从事营养保健品直销工作的业务人员必须同时持有直销证和公共营养师职业资格证，才能真正具备营养保健品的直销职业资格。有关权威机构预测：公共营养师将成为未来5年内最热门的职业之一。

4. 主要从事的工作内容

①进行人体营养状况评价、管理和指导。
②进行膳食营养评价、管理和指导。
③对食品及配方进行营养评价。
④进行营养知识的咨询与宣教。

5. 能力和技能要求

公共营养师共设四个等级，分别为公共营养师四级（中级）、公共营养师三级（高级）、公共营养师二级（技师级）、公共营养师一级（讲师级）。公共营养师要通晓营养学、保健学等知识，要具有较强的语言表达能力以及理解、分析、归纳和判断的能力以及正常的色、味、嗅辨别能力。

6. 从业人员共有的人格特征

（1）责任感

公众的健康是公共营养师需要优先考虑的，尤其与诸多的人员和群体进行交流，需要用自己的学识让公众信服，运用沟通技巧让公众识别利弊，改善营养观点，因此要求从业人员具备"公众利益至上"的责任感。

（2）开放性

营养师要博学，并善于吸收新的营养力量，因而需要一个开放的心态进行学习，同时在工作的过程中需要与公众打交道，因而需要有开放的胸襟，甚至包容的态度来赢得公众的信任。

（3）理智性

公共营养师需要根据公众的个人情况，提出量身定制的营养方案，因而对自己的情感要有一定的控制能力，冷静、全面的判断和分析，得出适用的指导性建议。

7. 薪资待遇

据人力资源专家介绍，目前全国范围内营养师的入职月薪平均在 3000 ~ 5000 元，也有特别优秀的，如在食品企业、企事业单位从事培训师或健康教育讲师工作，月薪可达数万元。由于营养师是经验科学，做得越久收入越高，收入水平与个人能力密切相关。从未来趋势看，营养师的收入有很大的上涨空间。随着人们对身体健康、营养均衡的不断关注以及相关部门对营养师的重要性的认识不断提高，公共营养师的薪金也会上涨 15% ~ 20%。

8. 对生活的影响

我国著名营养专家洪昭光教授指出，健康四大基石之首是"合理膳食"，"吃出病来容易，吃出健康不易，吃的学问不简单"。公共营养师不仅教老百姓如何吃得科学，还可以指导老百姓如何进行膳食减肥，帮助老百姓控制血压血脂，操心老百姓的点滴生活。他们是"医生"，能加强不管是健康人群、疾病人群，还是亚健康人群的营养观念，帮助老百姓养成良好的饮食习惯；他们是"厨师"，能根据老百姓不同的年龄阶段，不同的生活环境，不同的工作方式，量身定制饮食方案，大到一生的饮食习惯，小到每天的一日三餐。他们是"顾问"，任何时候，只要社会有需要，公共营养师随时可以成为老百姓的私人顾问和企业的健康顾问。一个合格的公共营养师应该是集医师、营养师、厨师"三位一体"的高技能人才，而且指导公众的时候，自己应示范，通过身体力行，首先让自己的饮食起居更科学，精神生活更丰富，身心更健康，精力充沛，富有信心和影响力，这样就要求自己的生活不能放任，要严谨有序。

（二）礼仪主持人

1. 职业定义

礼仪主持人从事礼仪活动方案策划、程序推进、气氛调节和关系沟通等工作的人员。

2. 职业概况

礼仪主持人古已有之，在现代社会中又发展成一种新兴的职业门类。近年来，尽管礼仪主持人队伍发展迅速，在庆典活动、展览仪式、婚丧、寿庆等各个领域发挥着重要作用，但行业发展很不规范，从业人员素质和技能水平良莠不齐，绝大多数从业者没有接受过必要的专业培训，高水准的"名嘴"主持人就更少了，礼仪主持人职业从业余趋向专业，从自发走向规范，是当下的必然趋势。

3. 就业及未来发展前景

我国自古以来就是闻名世界的礼仪之邦，近年来，随着国民经济的迅猛发展和人民生活水平的不断提高，各种礼仪活动层出不穷，方兴未艾。以上海为例，仅婚庆礼仪一项，每年就有约 50 万新人登记结婚，而相应的礼仪主持人总人数却仅有 500 人左右，人才缺口之大可见一斑。

截至 2004 年年底，全国礼仪主持人从业人员约 2 万人，与社会的需求相比还存在较大反差。经济飞速发展，礼仪活动数量激增，涉及范围也在不断加大，如政务礼仪、商务礼仪、服务礼仪、社交礼仪、涉外礼仪、营销礼仪、婚庆礼仪等活动都需要经过专业培训的礼仪主持人，因此，礼仪主持专业人才的社会需求量日益增大。

4. 从事的主要工作内容

①联络主、承办方，明确礼仪活动的各种要求。

②参与方案的构思和撰写，承担细节的筹办。

③导入、串联、收合礼仪活动各环节，推进活动程序。

④与礼仪活动参与者进行交流互动，营造气氛。

5. 能力和技能要求

礼仪活动中主持人的作用举足轻重，一场礼仪活动能否成功，很大程度上取决于活动主持人的综合素质和现场发挥能力。根据礼仪主持人独特的职业性质与特点，礼仪主持人应具备良好的独立策划及主持能力；较强的语言与文字表达、人际沟通信息获取能力及分析和解决问题的基本能力。

6. 从业人员共有的人格特征

（1）开朗外向

礼仪主持人由于要主持各种活动和与各色人等交往，因而需要性情开朗并积极外向，善于和人打交道。

（2）果断细心

由于礼仪活动可能发生各种意外情况，因此作为主持人应该细心观察各种情况发展，发现事情的发展趋向，并果断作出决策，主持大局。

（3）随机应变

由于礼仪活动场合人员聚集，情况多变，主持人应该或活泼，或幽默，或稳重，随机应变，灵活处理各种突发状况。

7. 薪资待遇

以婚礼主持人为例，目前普通的婚礼主持人主持一场婚礼的薪酬约 1000 元，而稍有名气的主持人主持一场婚礼的薪酬可达 2000～3000 元。婚礼主持人的薪酬是按场次计算，兼职婚礼主持人每月约可接 5 场，全职婚礼主持人每月可接至少 15 场。可见，礼仪主持人已成为当今的热门高薪职业之一。

8. 对生活的影响

由于重大的典礼往往在节假日举行，因此其从业者就意味着没有节假日，从此也会失去很多与家人共聚的机会。"台上十分钟，台下十年功"，要想事业有成，平时的积累和投入也是不可缺少的。从上述两个例子可知，职业信息的掌握对自我职业发展的准确定位是非常关键的，因此准确、全面地收集职业信息是职业生涯规划的关键步骤。

四、职业理想

(一) 职业理想的概念

职业理想是个人对未来职业的向往和追求，既包括对将来所从事的职业种类和职业方向的追求，也包括对事业成就的追求。青年时期是学生的人生观、世界观形成的时期，也是职业理想孕育的关键时期。作为理想的重要组成部分的职业理想，它体现了人们的职业价值观，直接指导着人们的择业行为。

(二) 职业理想的特点

职业理想具有差异性。职业是多样性的，一个人选择什么样的职业，与他的思想品德、知识结构、能力水平、兴趣爱好等都有很大的关系。政治思想觉悟、道德修养水准以及人生观决定着一个人的职业理想方向。知识结构、能力水平决定着一个人的职业理想追求的层次。个人的兴趣爱好、气质性格等非智力因素以及性别特征、身体状况等生理特征也影响着一个人的职业选择。因此，职业理想具有一定的个体差异性。

职业理想具有发展性。一个人的职业理想的内容会因时因地因事的不同而变化。随着年龄的增长、社会阅历的增加、知识水平的提高，职业理想会由朦胧变得清晰、由幻想变得理智、由波动变得稳定，因此，职业理想具有一定的发展性。职业理想具有时代性。社会的分工、职业的变化，是影响一个人职业理想的决定因素。生产力发展的水平不同、社会实践的深度和广度的不同，人们的职业追求目标也会不同，因为职业理想是一定的生产方式及其所形成的职业地位、职业声望在一个人头脑中的反映。

(三) 职业理想的作用

职业理想的导向作用。理想是前进的方向，是心中的目标。人生发展的目标通过职业理想来确立，并最终通过职业理想来实现。托尔斯泰曾说过："理想是指路的明灯，没有理想就没有坚定的方向；没有方向，就没有生活。"在现阶段的学习生活中，大学生们也已经深切地感受到，一旦学习目的不明确，学习热情就会降低，学习效果就不明显。因此，有了明确的、切合实际的职业理想，再经过努力奋斗，人生发展目标必然会实现。

职业理想的调节作用。职业理想在现实生活中具有参照系的作用，它指导并调整着职业活动。当一个人在工作中偏离了理想目标时，职业理想就会发挥纠偏作用，尤其是在实践中遇到困难和阻力时，如果没有职业理想的支撑，人就会心灰意冷、丧失斗志。此外，如果一个人只把自己的追求定位在找个"好工作"上，即便是将来有实现的可能，也不能算是崇高的职业理想，因为，这样的理想一旦实现，他就会不思进取，甚至虚度年华。总之，一个人只有树立正确的职业理想，无论是在顺境或逆境中，都会奋发进取、勇往直前。

职业理想的激励作用。职业理想源于现实又高于现实，它比现实更美好。为使美好的未来和憧憬变成现实，人们会以坚韧不拔的毅力、顽强的拼搏精神和开拓创新的行动为之努力奋斗。

（四）确立职业理想的条件

现实有了理想的指导才有前途，同时只有通过现实的努力才能实现理想。否则，青年就容易对现实感到失望，对前途失去信心，应该看到我们现在所处的世界还不够完美，但完美无缺的世界需要大家共同去创造。一些让人怦然心动但不能实现的职业理想，不能成为真正的职业理想，充其量只是幻想或空想。那么实现真正的职业理想需要具备哪些条件呢？

了解自己——你能做什么人。人最难看清楚的是自己。大学生更容易把自己放在高起点去观察周围的环境，思考职业未来，甚至还想将来所从事的工作条件要比别人好，付出的劳动比别人少，薪水却要比别人高。显然，这种失去"自我"的职业憧憬是"空中楼阁"，是"水中月亮"，是可望而不可即的。大学生只有从自身出发，从自己所受的教育、自己的能力倾向、自己的个性特征、自己的身体健康状况出发，才能够准确定位，瞄准适合自己的岗位去不懈努力。

了解职业——你能干什么，并非所有的职业都适合你，也并非你能胜任所有的职业岗位，每种职业都有与之相适应的职业能力要求。除了具备观察、思维、表达、操作、公关等一般能力之外，一些特殊行业还有特殊要求。对于会计、出纳、统计、建筑师、药剂师等职业来说，从业人员必须具备很强的计算能力。与图纸、建筑、工程等打交道的从业人员，以及牙科医生、内外科医生等职业，对空间判断能力的要求较高。对于图形的阴暗、线的宽度和长度能作出视觉上的区别和比较的人，能够从事美术装潢、电器修理、动植物检疫等工作。因此，有选择、有针对性地培养自己的能力，主动去适应并接受职业岗位的挑战是十分重要的。

了解社会——让你干什么。职业的存在和发展与社会的需求是紧密联系的，因此，了解社会的需求是成功择业并就业的关键。了解社会主要是要了解社会需求量、竞争系数和职业发展趋势。

社会需求量是指一定时期职业需求的总量。这是一个动态的又相对稳定的数量。例如，有的职业有很高的社会名望，但需求量很少；有的职业不为多数人看好，但有发展前途，且需求量较大。

竞争系数是指谋求同一种职业的劳动者人数的多少。在其他条件一定的情况下，竞争系数越大，职业概率越小。社会地位高、工作条件好、工资待遇优的职业想要谋取的人数多，相应的竞争系数就大。

发展趋势是指职业未来发展的态势。有些职业一时需求量大，竞争激烈，但随着社会的发展将日趋衰落；有些职业暂时处于被冷落状态，但随着社会的发展会日益兴旺。因此，加强对社会职业需求的分析和预测，了解社会职业岗位需求情况是极其重要的。

【趣味测试3】你的人生理想状态（仅供参考）

雪白的画布上画着一片蔚蓝的大海。如果要你再加上点图案，你会画什么呢？请选择符合你想法的选项。

A. 云　　　　B. 海鸟　　　　C. 船只　　　　D. 太阳

解释：

选择A

你有一帆风顺的人生。未来貌似财力也很充足，这些财产或许是你自己一手

97

挣来的。今后也要好好利用你的好运，继续在人生的康庄大道上前进吧。

选择 B

你希望可以像鸟儿一样自由地生活。你想要随心随性地生活，是一个天生不受约束的人。

选择 C

你希望自己的人生可以由自己掌握。你经常会埋头专注于你认为"值得去做"的事情，且始终带着目标生活。

选择 D

你把和恋人在一起的时间看得比什么都重要，是一个非常注重与家人、朋友其乐融融地生活的人。你将来也会构建一个非常幸福的家庭。

【思考与讨论】

1. 了解环境必须了解哪些因素；讨论影响自己生涯的环境因素。

2. 请描述专业学习中所应注意的事项。

3. 请描述自己感兴趣的一个职业。

4. 参照书中范例收集自己想从事职业的相关信息。

5. 请描述自己的职业理想。

第四章　大学生职业生涯规划的第三步：
决策——职业选择与目标设定

【学习目标】

1. 了解毕业时的出路类型。
2. 掌握根据毕业出路制订大学职业生涯规划的方法。
3. 掌握大学生学业规划的方法。
4. 掌握大学生生活成长规划的方法。
5. 掌握大学生社会实践规划的方法。

　　大学生在认识自我（气质、性格、兴趣、能力、职业价值观、个人特质与职业的关系）、了解环境（社会客观环境——国家政策及经济形势、社会发展环境、行业发展环境——行业发展趋势与就业环境、个人成长环境）、了解专业、了解职业（我国的产业行业分类、职业分类）之后，必须对自己未来的目标职业以及职业生涯发展作出决策，特别是对自己在大学期间的生涯（包括学业、生活成长和社会实践）进行规划，这是大学生生涯规划与职业人生涯规划的重大区别，也是一个核心学习内容。

　　本章围绕大学生这个主体，针对大学生的几个基本特点（如仍以接受教育、提高就业能力为主要任务；大学生正处于世界观形成期，思想单纯，心理状态不稳定，容易冲动，生活习惯易受影响；特别是大学生从学校直接到学校，缺乏社会实践；大学生毕业后要直接面对社会），我们从两个阶段三个方面来帮助大学生规划自己的职业生涯。

　　两个阶段包括：第一阶段是大学生在校期间的生涯规划，这是本章介绍的重点；第二阶段是毕业后的职业生涯规划，由学生在高年级自行参照本书介绍的第一阶段大学生涯规划的方法制订。

　　三个方面主要是指大学生生涯规划的三个角度：根据毕业后的去向进行的去向规划；根据学年不同制订的时间规划；根据学业、生活成长、社会实践等进行的内容规划。在这三个角度中，以去向规划为纲，以时间规划和内容规划为目，帮助大学生更好地做好自己在校期间的生涯规划，从而改变许多大学生在大一、大二时懵懵懂懂，整天沉溺于网络游戏，考试挂科等普遍现象。因此，本章是本书的主题、特色和重点。

第一节　确定大学毕业目标

大学生在校时要如何规划未来的职业生涯呢？如何利用在校期间为职业生涯作充分的准备呢？

大学生毕业后的去向是与其大学学业联系在一起的，表面上大学生的就业是在大四时解决的，其实大四只是大学的一个收获期，大学的学业是与大学生的就业整体地联系在一起的。大学生的就业问题不是大四才有的问题，而是整个大学期间都要面临的问题，只是在时间上大四离得比较近而已。

换句话说，是你在大四以前的行为决定了你大四时所面临的境况。大四的成功不仅是你大四时的成功，大四时的失败是你大四以前所积累的，是你大四以前的所作所为决定的。因此，在谈大学生的就业问题时，要把大学四年作为一个整体去看，而大学本身也是一脉相承的。有了这样的意识，大学生就会意识到就业问题其实贯穿于整个大学时期。无论是大一还是大四，与就业都是等距离的，这样就不会出现大四以前浑浑噩噩、消磨时光，大四时才努力学习、谋求工作的情况。

大学时代，职业规划正当时！从大学出发，以人生为终点，以职业为站点，以四年为线，将大学、人生、职业穿起来，制订一个大学四年的规划。

接下来，介绍两个真实的案例。

案例 1

目标明确，精心打造未来

陈×，北京××大学大二学生。自中学起陈×的目标就十分明确，将来从事环保工作，高考后她收集了大量相关学校的资料，最终顺利到北京××大学读环保专业，学校招生老师感叹，"真没想到这个学生比我还了解我们学校"。进入大学后，当其他同学还在迷茫阶段，她已经按照自己的计划一步步向目标迈进。

她的目标是什么呢？是大学毕业后到美国的一所名牌大学去读环保专业研究生，毕业后毕生从事自己热爱的环保专业。为此，在大一时，她在很好地完成各门功课的基础上，把大部分业余时间都用在了外语学习上，而且她学习外语的目的也很明确，就是参加GRE考试，在大二寒假期间，她放弃了回家过春节的机会，去外语培训机构参加了GRE培训，并顺利通过了GRE考试。她计划GRE考完后就准备TOEFL考试。但是，关于全国大学英语四、六级考试，她打算利用备考四、六级的时间充分了解环保专业和国外生活的知识，由于英语四级与毕业挂钩，因此必须考，不能含糊，而六级与毕业无关，所以可以放弃。之所以先考CRE，后考TOEFL，是因为她知道GRE成绩有效期是5年，而TOFFL成绩有效期为2年，她的这种顺序安排是非常合理的。通过陈×的规划可以看到，为了自己的目标而收集相关资料，并朝着目标不断努力是避免自己少走弯路、尽快到达成功彼岸的有效捷径。

案例 2

混沌度日，影响职业生涯

黄×，成都某"211"工程大学毕业生。由于读大学时不喜欢父母帮他填报的通信工程专业，大一、大二时黄×基本不认真学习，整天虚度光阴。

大学毕业后，性格外向、沟通能力较强的他幸运地在上海一家公司找到了工作。但在工作过程中，他发现公司里90%以上都是硕士研究生或以上学历，因此主要的技术工作都是由这些人牵头，自己只能做一个小配角，有时连工龄较长的司机也会对他指手画脚，这让他深受刺激。

在工作一年后，"长"大了的他毅然辞去工作，潜心复习外语，准备出国深造。结果在联系国外学校时才发现，由于自己大一、大二时的懒散，学习成绩不理想，不少课程挂科，导致国外好一点的学校都拒绝录取他。这对他造成了极大的打击。他感叹道："自己当时真的不该那样混日子，如果早一点懂得规划自己的大学生涯就好了！"

　　以上两个案例告诉我们，有无明确目标规划不仅决定了大学几年如何度过，更决定着毕业后的职业走向。职业生涯规划的核心要领是"以终为始"，也就是首先要明白自己的目标，再根据目标设计发展道路。从中学进入大学后，很多学生因为生活学习环境发生了较大的变化，容易在"乱花渐欲迷人眼"的状态中失去初心，忘记目标或者目标混乱，大学几年的生活就在浑浑噩噩中度过，在毕业之际找不到合适的工作，未来发展越来越迷茫。因此，进入大学后，尽快明确自己毕业后的去向是每一个大学生需要做的第一件事情。

一、了解毕业后的几种去向

　　正如作家柳青在《创业史》中所说："人生的道路是很漫长的，但要紧处常常只有几步。"是的，人生中关键的就只有几步，每一步都比别人强一点点，哪怕只有 10%、20%，坚持下来就会比别人强百倍、千倍。大学毕业时的选择就是人生仅有的几个关键选择之一。在这一选择中，如果你能够相对于其他人作出更快更好的决策，你就能取得相对的竞争优势，获得比别人更好的职业生涯。

　　综合近几年高校毕业生的去向，可以归纳为就业、深造和创业三个方面，见表 4-1。其中，就业可以分为自主就业（包括到企业、事业单位工作和考公务员）和政策性就业（包括考大学生村官、去西部或基层社区就业、参军）以及 2009 年实行的准就业（带薪见习）等。深造包括考研、出国留学，其中出国留学可以细分为公费留学、自费公派、自费留学三种形式。创业在形式上包括自主创业、合伙创业，在内容上包括创办商业公司、实体工厂，加盟连锁商店以及近几年来比较适合大学生的威客。

　　大学生不仅应该充分认识自我、了解环境，根据自身优势来选择毕业后的去向，而且必须结合国家的需求选择自己毕业后的去向——是就业还是创业，抑或是深造。因为个人的需求只有在符合国家利益、符合国家发展方向的时候，才能得到最大的满足，自己的能力才能得到淋漓尽致的发挥。

表 4-1　大学生毕业后的几种去向

就业	自主就业	到企业工作
		到事业单位工作
		考公务员
	政策性就业	考大学生村官
		去西部或基层
		带薪见习（准就业）
		参军
深造	读研	考研
		保研
	留学	公费留学
		自费公派
		自费留学
创业		独立创业
		合作创业

根据表 4-1 的内容，我们以目前大学生较常见的几种去向选择为例，了解我们应该如何作准备。

(一) 就业

如果你经过认识自我、了解环境之后，确定了自己的目标是就业，那么就应该早作准备。即使刚上大一，也有必要偶尔参加一次各种人才招聘会，不亲历那种场合，是无法知道大学四年应该如何为职场竞技作准备的。

接下来，看看下面的案例：

冯×，某大学应届毕业生，市场营销专业，毕业前半年，他就被上海一家著名企业确定录用为营销主任，在同学们开始忙于投递简历、参加招聘会、面试的时候，冯×已先行一步，拿到了较为满意的 Offer。他是如何做到的呢?

1. 清晰的定位

因为家里需要他的经济支持，冯×的定位是毕业后就工作，所以他没有追求很高的成绩，而是在学习和兼职之间合理地分配自己的时间、精力。

2. 良好的学业

大学四年，冯×的各门课程都顺利结业，也通过了大学英语四级考试，还获得过单项奖学金。

3. 经验的积累

四年里，冯×做过三份家教，既有高中的，也有小学的，他从不挑拣，也不太计较报酬。他还利用节假日在当地的一家酒店做过兼职服务员，大三时为海尔公司做过市场调查员。

4. 技能的培训

在大三时，冯×通过了普通话等级考试，且在学校的演讲比赛中获得了二等奖，并通过了学校组织的营销员考试，还获得了计算机国家二级考试证书。

不能否认，冯×为此付出了超乎常人的努力。他假期很少回家，大家热衷的旅游、网络游戏等都与冯×无缘，但最终企业看重的恰恰是他日积月累形成的职业能力。

这个案例给我们的启示就是选择决定未来。你今天的状况是你昨天选择的结果，而你未来的状况取决于你现在的选择。大学生如果能在毕业之前对自己进行准确定位，有目标地进行职业能力积累，就可以在迈入职场门槛时获得优势。

（二）考研

如果你确定的目标是考研，那么应该努力做好以下几方面：

1. 打好基础

大二，顺利通过大学英语四级考试，坚持学习英语。经常"泡"图书馆，涉猎群书，培养广泛的阅读兴趣，增强自己的理解能力，学会融会贯通、触类旁通。

2. 时间分配得当

在了解考研的相关情况后，根据自己报考的专业安排时间。一是复习时间，二是考试时间。不浪费时间，做到劳逸结合。根据科目的难易程度、可挖掘和利用的时间、个人的具体情况等，做好复习计划，并根据准备情况及时调整计划。

3. 寻找复习的同伴

考研复习，需要寻找几个同伴。同伴之间可以互相交流（如交流经验、体会、复习进度等）、鼓励、借鉴、借用和交换（如分享试题）、发泄和调整情绪等。考研同伴之间经常沟通，既能互相鼓励打气，又能分享学习心得，还能帮助排解学习劳累的苦闷。

4. 找准、搜齐资料

找准、搜齐资料是非常重要的。复习资料包括英语、政治、专业课的教材、试题和论文等。最好能做到自己专用，能把重要的、核心的资料买下来，能复印的把它复印下来，能做笔记的把它记录下来。以自己的思路和方式把相关内容整理和记录下来，使之条理化、清晰化、系统化，做到"胸有成竹"。

5. 掌握复习的方法

在复习过程中，注意概括、总结和梳理，特别是用自己的话，包括一些"关键词"进行加工整理。对于一些基础知识和学科常识，要在理解的基础上记忆；对于一些现实热点难点问题，要注意问题的提出、界定、分析和解决思路及策略。

6. 了解报考学校和专业的相关情况

可以根据自己的报考学校，做到未雨绸缪，了解往年该校专业课试题的考查重点和特点。

（三）出国

如果你打算大学毕业后出国留学，那么也应该早做打算。

1. 优秀的在校成绩记录

对大学生而言，想要出国留学，先得保证大学四年的在校成绩是优良的。也就是说，一定要得高分，因为既然想出国一定是想到更好的学校去，如果在校成绩比较好，申请好学校成功的机会比较大。

2. 努力提高英语水平

出国需要通过参加雅思、托福等外语考试。这类考试的成绩直接影响大学生可以申请的学校的质量。例如，英国排名靠前的学校都要求中国学生的雅思成绩为7分，一般在校期间通过大学英语6级的学生的雅思成绩平均会在6分，其难度可想而知。当然，不考雅思也可以出国，不过需要去国外学语言，即预科教育，这样的花费会更高。而且有的学校即便提供了预科教育，也不能保证学生可以在念完预科之后能直接升到研究生课程。

3. 家里需要准备足够的出国费用

出国留学比在国内上学的花费要多，尤其是学费、生活费方面。如果你已经决定出国留学，那么就需要提前和家长沟通，取得他们在经济上的支持，早做准备。

4. 关心留学方面的信息

可以通过网络，选择和了解适合自己的国家与学校。如果个人能力有限，可以考虑找留学咨询机构。同时，也要多渠道地了解国家的留学政策与趋势，可以多关注一些留学论坛，早关注、早准备。

（四）考公务员

相关调查显示，目前大学毕业生认为较理想的就业单位排在前四位的依次为：国家机关、事业单位和外资企业、私营企业、国有大中型企业；最理想的职业依次为：国家公务员和科研人员、教师、医务人员和一般管理人员、技术人员、企业厂长（经理）和商务人员。很多大学生在入学初期就确立了考公务员的目标。近几年公务员考试报考人数依然呈大幅上涨的趋势，很多岗位的竞争异常激烈，如何在公务员考试中脱颖而出，应该从以下各方面做好准备。

1. 知识上的准备

公务员考试的文化知识并不多，但考试涉猎面却极为广泛。大学生应该多从图书馆或网络上获取相关考试范围，熟悉题型，有针对性地开展复习。

要兼顾专业课学习与公务员考试的准备，合理安排时间。最好是提前一年开始准备公务员考试，因为很多知识是全新的，有些知识还需要从头学起。有条件的学生可以多向以前考上的学长学姐讨教，也可以参加公务员考试培训班。

2. 技巧上的准备

公务员考试不仅测试考生的知识储备，也测试考生的答题技巧。综合在行政能力测试中取得高分的考生的答卷，提出以下几点答题建议：

（1）淘汰法。适合单选题。当确定一个选项不符合题意时，便将自己的注意力迅速转移到下一个选项，依次加以否定。如果第一个选项就是正确答案，那么后面的选项就可以忽略不看，这样可以节省时间。

（2）去同存异法。考生在阅读完试题内容和所有选项后，根据题意确定一个选项为参照项，该选项同其他选项存在比较明显的特征差异。然后将其他选项与之对比，把内容或特征大致相同的项目去掉，而保留差别较大的项目。再将剩余的选项进行比较，最后确定一个符合题意的正确答案。

（3）印象认定法。是指根据印象的深刻程度来选择答案。考生在读完一道试题的题干和各选项后，各选项对考生大脑的刺激强度是不同的。有的较强，有的较弱，那些似曾熟悉的内容必然会在头脑中最先形成正确选项的印象，因此，据此作出判断的命中率还是比较高的。

（4）比较法。此方法应用范围较广。在解答单项选择题时，考生可以将各选项与题意要求进行纵向比较，根据各自与题意要求差异的大小来确定最符合题意的答案。

（5）大胆猜测。如果运用其他方法都无法确定正确答案，可以通过猜测来确定，这可以避免考生在这种试题上过分深究，影响自己的注意力和情绪，同时也有一定的命中率。

3. 心理准备

一个人的成功和积极的心态有很大关系。对考生而言，从准备报考到考试结束，整个过程中考生的心态起着决定性作用。考生应保持强劲的竞争优势和良好的心态，积极备考和迎考，抛开一切杂念，坚持不懈，直到考试全部结束。另外，还要保证健康的身体，"身体是革命的本钱"，好的身体才能坚持到最后。积极的心态、健康的身体加上持之以恒的认真准备，相信最后的考试成绩一定会让考生满意。

（五）参军

目前，在校大学生中涌现一股参军热，原因有很多，如个人理想、兴趣、国家优惠政策等。对大学生而言，参军有很多好处：能锻炼体魄、能规范个人纪律与行为，这对以后工作很有帮助；有参军经历的人在社会上比同素质的人更能得到就业单位的认同；还可以增加个人荣誉感等。

2001 年 9 月，新修订的《中华人民共和国征兵工作条例》颁布。其中第二十五条规定，依法可以缓征的正在全日制高等学校就学的学生，本人自愿应征并且符合条件的，可以批准服现役，原就读学校应当按照有关规定保留其学籍，退伍后准其复学。对在校大学生来说，这无疑又多了一条未来人生道路的选择。但在校大学生在选择参军时，不仅要有热血和激情，也要有理智的规划，应了解国家的相关政策，并做好充分的准备。

参军入伍的基本条件：

（1）国家鼓励大学生应征入伍服义务兵役，这里的"大学生"指根据国家有关规定批准设立、实施高等学历教育的全日制公办普通高等学校、民办普通高等学校和独立学院，按照国家招生规定录取的全日制普通本科、专科（含高职）、研究生、第二学士学位的应（往）届毕业生、在校生和已被普通高校录取但未报到入学的学生。

（2）年龄要求：男性普通高等学校在校生为年满 17 至 22 周岁、大学毕业生放宽到 24 周岁。女性普通高等学校在校生和毕业生为年满 17 至 22 周岁。

（3）公民应征入伍要符合国防部颁布的《应征公民体格检查标准》和有关规定。其中，有几项基本条件：

身高：男性 160 cm 以上，女性 158 cm 以上；

体重：男性：不超过标准体重的 30%，不低于标准体重的 15%；

　　　女性：不超过标准体重的 20%，不低于标准体重的 15%。

标准体重 =（身高 −110）kg。

视力：大学生右眼裸眼视力不低于 4.6，左眼裸眼视力不低于 4.5。屈光不正，准分子激光手术后半年以上，无并发症，视力达到相应标准的，合格。

内科：乙型肝炎表面抗原呈阴性，等等。

（六）创业

社会的多元化导致了生活的多元化，现代大学生的爱好越来越广泛，他们对未来的打算也越来越实际。对大学生来说，兴趣能与现实结合是最好的事情。他们渴望自己的爱好能被认可，并把自己的爱好一步步变为现实，因此许多大学生毕业后选择自主创业。要想成功自主创业，大学生需要做好以下几个方面的准备：

1. 做好充分的市场调研

创业是一个系统工程，它要求创业者在企业定位、战略策划、产权关系、市场营销、生产组织、团队组建、财务体系等一系列领域有一定的知识涉猎。大学生有了好项目或想法，只是代表"创业长征路"刚跨出了一步。而在大学生创业者中，认为凭一个好想法与创意就能创业成功的人也不少，如果在创业准备阶段对可能遇到的问题准备不充分或根本就没有思考对策与设计好退出机制，对来自各方面的消极因素浑然不知，那么很可能导致一开始便遇到各种各样的难题，使创业者还没有走出多远，即以失败告终。因此。虽然创业者不是全才，但要着眼于成为全才。

案例

王×，×××大学国际贸易专业学生，现为×××××网络公司总经理，其经营业务也由原来的网络商城发展到为企业建设电子商务平台。在其公司发展的过程中，经营项目扩展到电子商务服务、企业信息化软件、办公自动化、无线网络产品等诸多领域，而他也成为两个公司的总经理，这时他正在上大学四年级，离毕业还有3个月。

王×从大二就开始创业了。作为过来人，王×认为大学生创业最好从最熟悉的行业或领域开始。不少大学生创业者不对其产品或项目做市场调查，而是进行理想化的推断，例如"如果有3亿人需要我们的产品，每件售价100元，我们就有300亿元的销售市场"，这样的推断方法是站不住脚的，而且常常起着误导作用。王×建议，大学生在创业初期一定要做好市场调研，一些可行性研究也可委托专业机构进行，在了解市场的基础上创业才能长久。

2. 团队精神必不可少

团队精神，看似简单易懂的管理概念，但由于大学生这一特定创业群体，年龄大多在 25 岁以下，他们的社会阅历浅、人生经验不足，而且处于热血沸腾阶段，个性化、自信力等都较强，因此在团队组建、团队分工、团队规则制度等诸多体现"人与人合作"的工作中，大学生创业者往往会出现"一人是龙，二人是虫"的情形。在实际创业过程中，大学生创业者常常出现以己为主、刚愎自用等不利于合作创业的情形。

然而，一个人想独自创业成功是很难的，因此找到志同道合、有创业激情的人组成创业团队是明智之举。在找到合适的合伙人或合作人后做好合理分工，确立未来企业的核心领导人，同时确定各部门的负责人。在职权分配的过程中，要做到职责明晰、责任到人。对打算创业的大学生来说，强强合作，取长补短，要比单枪匹马更容易聚集创业优势。

3. 良好的心态和坚持到底的信心

对创业者来说，再充分的创业准备都是不完善的，再周密的商业计划书也会有漏洞，再团结的创业伙伴也会发生摩擦，再雄厚的资金也有周转不灵的时候。因此，创业者需具备良好的心态和坚持到底的信心，只有保持良好的心态和坚持到底的信心，加上充分的市场调研、彼此信任的合作伙伴，集合各方面的优势，才能在风云诡变的商海中游刃有余。

简单地说，职业生涯就是一个人终身的工作经历。一般可以认为，我们的职业生涯开始于任职前的职业学习和培训，终止于退休。选择什么职业对每个人的重要性都是不言而喻的。只有确定了目标，据此展开有效的行动，才能取得职业生涯的成功。下面我们通过案例来具体说明。

案例

施瓦辛格的职业规划

五十多年前，一个十多岁的穷小子，身体非常瘦弱，却在日记里立志长大后做美国总统。如何能实现这样宏伟的抱负呢？经过思索，他拟定了一系列目标。

做美国总统首先要做美国州长—要竞选州长必须得到雄厚的财力后盾的支持—要获得财团的支持就一定得融入财团—要融入财团最好娶一位

豪门千金—要娶一位豪门千金必须成为名人—成为名人的快速方法就是做电影明星—做电影明星前得练好身体，练出阳刚之气。

按照这样的思路，他开始行动。某日，当他看到著名的体操运动主席库尔后，他相信练健美是强身健体的好点子。他开始刻苦而持之以恒地练习健美，他渴望成为世界上最结实的壮汉。借着发达的肌肉，似雕塑的体魄，他后来囊括了各种世界级的"健美先生"称号。

22岁时，他踏入了美国好莱坞。在好莱坞，他花费了10年时间，利用自身优势，刻意打造坚强不屈、百折不挠的硬汉形象。终于，他在演艺界声名鹊起。当他的电影事业如日中天时，女友的家庭在他们相恋9年后，也终于接纳了这位"黑脸庄稼人"。他的女友就是赫赫有名的肯尼迪总统的侄女。

2003年，年逾57岁的他，告老退出影坛，转而从政，成功竞选为美国加州州长。他的下一个目标就是美国总统。

他就是阿诺德·施瓦辛格。他的经历告诉我们：科学规划，行动有力，就能成功。

从这个职业规划案例可以看出：职业规划要以"以终为始"为思路，首先树立目标，再根据目标制订规划。职业规划制订得越早、步骤越详细，越能早日实现自己的梦想。不管这个目标多么艰难、自己的现实和理想之间相差多远，只要自己有恒心、有切实可行细致的计划，并一步一个脚印踏踏实实地去完成，就一定能实现自己远大的理想。

二、怎样选择毕业后去向

（一）影响毕业后出路选择的因素

1. 家庭经济条件

因为每种出路的选择都是需要承担一定费用的，因此考虑家庭经济条件就十分必要了。对家庭经济状况不好的学生来说，留学和考研不是上策，很多学生都会选择就业，尽快获取收入以减轻家庭的经济压力，同时尽快、尽可能地反哺家庭。

2. 个人偏好

个人喜欢什么、看重什么、目标是什么等也是决定出路的关键因素，由此盘点兴趣、价值观、目标，然后与个人面临的可能出路进行比较分析，就可以判断出个人当前最适合的出路。当然，每个人都有出路情结，即该出路当前不是最佳出路，但是想在有生之年将之实现，如去北京大学读研，此时就要综合考虑了。

3. 个人能力与经验

个人能做什么、擅长做什么、做过什么等能力性因素也是出路选择要思考的内容，依据个人综合实力去选择是当前出路选择的最好判定因素，如个人擅长学术性研究，那么考研深造就是较好的选择。

4. 他人意见与支持

"当局者迷，旁观者清。"他人意见与支持可以让你更加清晰地认识自己选择的出路，也可以提供选择出路的参考意见，尤其是自己未来伴侣的情况与意见、父母的情况与意见都需要综合考虑，毕竟你的选择不仅关系到你一个人，还会影响更多的至亲。同时，获取他人的同意与支持，也可以为个人确定出路后努力做好人脉铺垫。

5. 实现概率与机会成本

分析了内外因素之后，就要计算投资回报率的问题。任何一种出路选择都是一种投资，投资既需要付出，也要考虑日后的回报，同时还要想到所付出的机会成本。例如，你想考研，但是你的学习成绩并不好，那么你考研成功的把握到底有多大？如果需要付出三年复习时间才可能考上，那么这三年的机会、时间成本会有多大呢？这些都是要具体量化为金钱的，否则决策就会显得轻率，最终后悔莫及。

(二)毕业出路选择指引

第一，一直以来，你最想做、最感兴趣的事情是什么？你在最无助的时候，那一丝支撑你继续走下去的亮光是什么？在你最迷茫、最无聊的时候，从没想放弃的是什么？你的内心有没有一种满足感？你能回答这些问题吗？你有这些问题的答案吗？这些答案就是你的出路雏形。

第二，你现在能做什么？你掌握了多少知识、经验、技能？你具备哪些毕业后进入社会的能力？给自己来一次盘点，这能帮助你找到选择出路的切入点。

第三，你将来想从事什么工作？你的职业期望是什么？将以上三者结合，就可以找到你未来的职业出路。

三、验证你的毕业选择

（一）分析毕业出路

1. 了解出路选择后的结果

信息不全面、不准确就会导致决策失误。如果对出路选择后可能出现的结果不了解，就会出现选择的不确定性或发生选择混乱。

若经过多方调研确定了毕业后的几条可能出路，但你还是犹豫不决，不知道应该选择哪条出路。这时，你不能凭感觉随意确定，而是应该对可能的出路进行更深入、详细的调研，否则可能出现由于你的主观主义和片面了解，或一时冲动后选择的出路并不是最适合你的情形，这样会导致出路与你内心的矛盾。

通过出路调研，了解选择可能出路带来的直接结果，再结合该结果与自身水平、条件的分析，如果有哪条出路与自己的情况有交叉或重合，那这条可能出路就是你的必然出路。

需注意的是，每条出路本身都有社会大众的意义，但只有在结合每个个体的具体情况下才会发生意义的改变。因此，在调研几条可能出路时，要客观地多与自己的兴趣、内心想法（即使是模棱两可的）结合，从而得出最有力的、最准确的、最与自己内心感觉相贴近的出路选择。

2. 量化你的出路选择

每一条出路都有量化标准，量化后的出路才有成功到达的可能。出路量化的三要素如下：

（1）时间。如果你选择毕业后直接找工作为出路，那么出路的实现时间是毕业时，实现出路的总时间是从现在开始到毕业前。因此，如果你铁了心选择这条出路，那么在这个实现的总时间内，你就要为之努力。

（2）标准。如果找到工作的核心因素之一是了解企业，那么衡量你了解企业的标准又是什么？是知道企业的名字，还是明确企业的业务、发展策略？这就可以做一个你想去的企业的调研来明确这个标准，再按照这个标准去做，这样你就具备了找到工作的核心因素，从而增加自己成功的筹码。

（3）手段。这是实现出路的方案、策略。仍以找工作为例，如果你希望毕业就找到工作，那么你会采取什么手段来实现这个出路。制作企业调研报告了解企业，积极参加社会实践和实习增加工作经验，学好专业知识、接受培训增加教育背景等。没有手段的出路是很难顺利实现的，在实现过程中，严格执行手段，适时修正策略，是实现出路的关键。

3. 体验你喜欢的出路

实践出真知。实际体验自己所确定的出路，是验证选择的最好方式。不管你选择什么出路，通过实习、实践的二次验证过程，如果在验证过程中，你觉得很不自在，那么也许你需要再考虑目前所作的选择。通常情况下，经过这么多步骤，所作的选择应该是比较适合你的。

（二）明确差距

1. 出路差距分析

理论上的调研和实际上的体验，都可以帮你找到自身能力和出路之间的差距，这些差距就是阻碍你实现出路的主要因素。

首先要澄清到底是什么在阻碍你，然后分析，明确哪些因素是可以通过努力改变和达到的。如此，分析和判断出路的各个因素，如果得到的肯定多于否定，那么你就越来越接近实现出路了。

2. 出路补充策略

在知道自己和出路的差距之后，你需要制订一个补充策略。你要考虑自己的时间和条件，并且要协调很多因素，因此可执行性是制订策略的首要要求。同时，策略也不要太过高于自己的能力，这样会给你带来挫败感，反而影响你的执行。

制订好策略后就需要不折不扣地执行。如果你准备充分、全力以赴，那么就算出路没有实现，你也能问心无愧，在这努力的过程中你也会收获良多。

四、生涯决策

了解了毕业去向、详细分析了各个出路后，我们如何作出决策，作出目前的最优选择呢？生涯平衡单可以帮助大学生厘清现状，从而理性地作出决定。

生涯平衡单是心理学中常用的决策工具，经常被应用于问题解决模式和职业咨询中。当我们面临两难抉择时，通常无法理性地作出决定。决策平衡单可以帮助我们把问题简化，将重大问题的思考方向集中到四个方面，即四个考虑因素：自我物质方面的得失、他人物质方面的得失、自我精神方面的得失（自我赞许与否）和他人精神方面的得失（社会赞许与否）。

自我物质方面的得失，即选择某一个生涯选项，在物质方面我能够得到或失去的东西。一般包括：个人收入、健康状况、休闲时间、未来发展、晋升状况、社交范围等。

他人物质方面的得失，即选择某一个生涯选项，在物质方面对他人的影响，常见的他人一般是指家人，比如说家庭收入。

自我精神方面的得失，即作出一项选择时，我能够得到或者失去的精神层面的东西。比如改变生活方式、富有挑战性、实现社会价值、成就感等等。

他人精神方面的得失，我作出一个选择时，他人（生涯规划上一般都是指家人）在精神方面的得失，例如父亲的支持、母亲的支持、妻子/丈夫的支持等。

接下来，根据四大选项考虑因素，分五步制作完成生涯平衡单：

第一步，列出需要比较的所有生涯选项，一般为 2 ~ 3 个选项。

第二步，根据自己的具体情况，按照四大考虑因素组分别罗列出各组的考虑因素。

第三步，为考虑因素赋值，即给予权重分数。最重要的因素为 5，最不重要的因素为 1，分别给出分数。

第四步，设定各个选项对相应考虑因素的影响程度分数。从 –5 到 +5，根据选项对考虑因素具体项影响的大小而定。

第五步，加权算出总分，然后评估不同的生涯选项。将选项以分数高低排列，其职业选项的优先次序即可作为个人职业生涯决策的依据。

案例

小明的职业生涯决策

小明是某高校音乐表演专业的专科学生，进入二年级时，他对自己未来的职业选择和发展犹豫不定。他最理想的工作是去中小学当音乐教师，他想过专升本，因为本科学历有利于未来求职去公办学校，但是专升本竞争相当激烈，不知道自己能否考上；他也想过跟其他室友一样选择毕业后直接找工作，但目前专科的学历只能去培训机构当助教，而且本地几家较好的机构竞争也很激烈，对自己的职业发展不利。为此，小明决定利用生涯平衡单，帮助自己作出选择。

我们可以通过小明的生涯决策单（表4-2）的分析看出，小明对自己的未来展望、兴趣发挥等方面非常注重，因此建议他可以在此分析的基础上作出选择。对于小明来说，这难以抉择的选择题，通过平衡单的量化分析，选起来更加清晰。

表 4-2　小明的生涯决策平衡单

考虑因素		专升本			毕业求职		
		得失	权重	小计	得失	权重	小计
个人物质方面得失	就业前景	1	2	2	2	2	4
	薪水	4	4	16	−2	4	−8
	对健康的影响	−2	4	−8	2	4	8
	未来展望	2	4	8	3	4	12
个人精神方面得失	兴趣发挥	2	5	10	4	5	20
	工作对象	−2	2	−4	3	2	6
	价值观	0	5	0	0	5	0
家人物质方面得失	家庭收入	3	4	12	−2	4	−8
	与家人相处时间	−2	4	−8	3	4	12
	与朋友相处时间	−3	2	−6	2	2	4
家人精神方面得失	家人支持	−2	2	−4	4	2	8
	家人的荣耀感	1	3	3	2	3	6
合计			21			64	

第二节　大学期间生涯规划的主要内容

　　象牙塔对每位新生来说都是新鲜而刺激的。大部分学生十二年苦读，就是为了上大学。然而，兴奋之余，不少新生却陷入了困惑和迷茫。这种状况若持续发展，会严重影响大学生的成长。因此，我们建议，对大学生应尽早进行职业生涯教育，最好从学生进入大学校园就开始。

一、学业规划

(一) 大学一年级规划

　　大学生的职业生涯规划要具体到四年的学习生活中，实际就是规划学业发展、个性与社会性发展、生涯发展的过程。大学一年级的经验对大学四年有重要影响，而大学四年的经验对未来有重要影响。大一新生的茫然、不知所措，归根结底是目标缺失造成的，因此，学习规划职业生涯，明晰目标，厘清头绪，制订有效的行动计划，对个人的成长和发展意义非凡。

　　大学一年级为试探期，要初步了解职业，特别是自己希望从事的职业或自己所学专业对口的职业，提高人际沟通能力。具体活动可包括多和学长学姐进行交流，尤其是大四的毕业生，询问就业情况：大一学习任务不重，多参加学校活动，增加交流技巧，学习计算机知识，争取可以通过计算机和网络辅助自己的学习，为可能的转系、获得双学位、留学计划做好资料收集及课程准备，多利用学生手册，了解相关规定。

　　另外，作为大一学生，要尽量把更多时间放到图书馆，博览群书，充实自己。更多地去思考，拉长生命的宽度。尽早告别刚进大学的手足无措、彷徨与空虚。早作努力，不要每次都是到了危急时刻才开始冲刺。

　　要有忧患意识，时光荏苒，尽量跑在理想的前面，把握自己的命运。

(二) 大学二年级规划

　　大学二年级为定向期，重在了解职业和储备知识，提高综合素质，初步明确职业生涯发展方向。从外界的角度讲，主要是了解当前的整体就业环境和就业趋势，各行各业的现状及发展前景，自己面临的一些就业机会，以及自己的家庭环境等因素。而从自身的角度讲，了解和分析的主要因素应该包括：①我喜欢做什么（主要包括职业兴趣、职业价值观等）；②我适合做什么（主要包括职业性格、气质、天赋才干、智商、情商等）；③我擅长做什么（主要包括职业能力倾向，如言语表达、逻辑推理、数字运算等）；④我能做什么（主要包括自己掌握的专业知识、技能和工作经验等）。

经过对以上因素的综合分析和权衡，初步确定职业定位和发展方向，并在就业过程中，按照自己的职业规划有意识地去寻找。当然，对上述因素进行"分析和权衡"的基础，是我们对自己的职业兴趣、性格和能力倾向等的熟悉和了解。如果连自己也不清楚真正喜欢或适合的工作，那么我们可以借助"职业测评"工具，来进一步发现和了解自己的职业兴趣、能力倾向等职业特征和发展潜能。

以上任务可以分为两个阶段完成。

大学二年级上学期的主要任务：

（1）了解社会经济、政治、文化和各类职业，尤其是与本专业对应的职业发展状况。

（2）继续探索自我，利用各种方式和手段了解自己的兴趣、性格和特长，从而根据自身的特点、外界的情况和自己所学的专业来明确自己的职业发展目标。

（3）根据自己的职业发展目标确定自己的努力方向，制订自己的职业发展规划。

（4）围绕职业生涯规划，制订大学期间其他阶段的行动计划。

大学二年级下学期的主要任务：

（1）检查规划的执行情况，根据变化情况对自己制订的职业生涯目标进行相应的修正或调整。

（2）积极参加各种校园和社会实践活动，不断提高自己的能力，拓展自己的交际圈。

（3）向师长和毕业的学长学姐虚心请教，请他们给自己提出宝贵意见。

（4）多了解与自己职业方向相关的情况，同时选修相关课程进行知识积累。

（5）初步明确是就业、考研、留学、考公务员、参军还是创业。

（三）大学三年级规划

大学三年级为冲刺期，其目标是提高求职技能，收集公司信息。一般而言，大三学生应该从以下几方面努力作准备：

（1）撰写专业文章，熟悉自己的专业领域。

（2）参加和专业有关的暑期工作，和同学交流求职的心得体会。

（3）学习写简历、求职信，并考取与目标职业相关的职业资格证书。

（4）了解、收集工作信息的渠道，并积极尝试。

由于大学生各自的志向和发展方向不同，发展的道路也是不同的，因此，针对不同的情况，应从下述方面作准备：

（1）打算考研的同学开始努力备考，如选择专业、学校，进行专业课复习以及政治与英语复习等。

（2）想出国留学的同学则要向不同的留学机构咨询相关留学信息，准备各种资格考试，向相关教育部门索取招生简章以作参考等。

（3）毕业后打算立即工作的大学生则应积极地投入各种社会实践活动和社团活动中，培养自己各方面的能力和团队合作精神，以提高自己的综合素质，并考取与就业相关的职业资格证书等。

（4）准备创业的同学，需要更积极地参加各种创业大赛和创业实践活动，提高创业素质，积累经验，了解创业相关政策与法律法规，明确创业方向等。

（5）准备参军的同学，要了解国家征兵的相关要求，包括对接受范围的考虑，以及对学习成绩的要求和对身体素质等的限制。

（6）准备考公务员的同学，也应该早作准备。提前了解考试的范围、科目，确定自己的报考职位。去图书馆借阅相关书籍，进行公务员考试的练习，同时也要准备相关的面试训练。

（四）大学四年级规划

大学四年级的目标：申请工作，成功就业。具体来说是：①对前三年的准备作总结。②开始毕业后的工作申请，积极参加招聘活动，在实践中检验自己的积累和准备。③积极利用学校提供的条件，了解就业指导中心提供的用人公司资料信息、强化求职技巧、进行模拟面试等训练，尽可能地在有较为充分准备的情况下进行演练。

接下来，我们通过一个具体案例了解大学四年的生涯规划。

> ## 案例
>
> 下面是某财经学院经济管理专业一名大四学生的个人职业生涯目标规划书。
>
> 我身体健康、精力充沛、喜欢交友、乐观开朗、热情、有魄力、追求刺激、喜欢新鲜事物、好奇心强，有一定的人力资源管理技术专长，有语言特长，会粤语、英语、法语，人际关系良好。
>
> 由于国有企业改革和市场开放程度的逐步提高，为了建立健全现代企业制度，与国际接轨，目前国内众多企业对人力资源管理人才需求较大，现有国内人力资源管理专业的就业环境还算明朗。但长远来看，这个专业供大于求，前景不容乐观。而且人力资源管理部门在企业内部属于职能部门，不直接产生生产力，劳动价值难以衡量，因此始终处于辅助地位。
>
> 我今年24岁，处于职业生涯周期探索期的后期，马上就要进入确立阶段。通过霍兰德的职业性向测试，我发现自己的社会性向、企业性向以及艺术性向的得分较高。因此，基本可以确定，比较适合我的职业是与人打交道的工作。根据职业锚来判断，我倾向于管理能力型职业锚和创造型职业锚的叠加。因此，我适合从事管理类工作，同时需要不断地变化工作内容以保持工作热情。
>
> 下面具体说说我的职业生涯规划和管理情况，我将它们分成了短期、中期、长期和人生规划。
>
> 短期规划：3年内顺利完成硕士研究生学业，取得学位和毕业证书，利用外语优势，在外企找到一份体面的工作。在读研究生期间，要掌握过硬的专业技能，培养良好的逻辑思维能力和严密的分析能力，学会妥善地待人处事，结交一帮同学朋友，初步形成自己的人际关系网。
>
> 中期规划：8年内在外企做到部门主管或副主管职位，有很强的专业能力、执行能力和人际交往能力，形成一定的人际关系网。

> 长期规划：10 年内，通过分析市场情况，寻找市场空隙，利用人力物力资源，开办属于自己的公司。
>
> 人生规划：用我毕生的精力，把自己的公司发展壮大，成为国内甚至是国际著名的大型企业。

这位同学的规划注重循序渐进。先就业，再职业，后事业。先就业就是先找一份工作，自力更生。所谓的职业是一辈子想做的工作，当你的职业做到一定境界，比如说你是一名会计，经过努力，最后开了一家会计师事务所，职业就变成了你的事业。你把前面的就业、职业和事业做好了，失业就永远不会找上你。

二、生活成长规划

大学期间的生活成长规划主要包括：养成良好的生活习惯、培养健康的兴趣、树立正确的恋爱观，以及有正确的财务规划、时间规划、人脉规划等。

(一) 养成良好的生活习惯

实践证明，身心健康是一个人事业有成的基础。有一个好身体是做好一切的起点，良好的生活习惯是保持身体健康的首要条件。

1. 养成良好的饮食习惯

吃好早餐，一直就有"早餐吃好，午餐吃饱，晚餐吃少"的说法，而大学生一般上午是功课最多的时候，如果不吃早餐，大脑需要的能量得不到供应，长期下去，会影响功课以及大脑的发育。另外，也要注意营养的全面搭配，不能挑食偏食，还要保证饮食规律，不要暴饮暴食。

2. 合理安排作息时间，保证充足的睡眠时间

睡眠是大脑休息和调整的阶段，睡眠不仅能保持大脑皮层细胞免于衰竭，使消耗的能量得到补充，大脑皮层的兴奋和抑制过程运到新的平衡。良好的睡眠有加强记忆力的作用。大学生每天应保证 8 小时的睡眠时间。同时要注意睡觉时不要蒙头，因为蒙头睡觉时，随着棉被内二氧化碳浓度的不断升高，氧气浓度不断下降，大脑会供氧不足，长时间吸进污浊的空气，对大脑的损伤极大。

3. 养成锻炼身体的好习惯

适量做一些有氧运动对健身大有好处。有规律的有氧运动，能够有效地调动肌体活力，增强身体的免疫功能。有氧运动指的是快步走、骑车、跳绳、爬山、游泳、瑜伽等，每周运动 3 次，每次运动达到每分钟心跳 110 ～ 130 次，并持续30 分钟，即可起到健身的作用。同时，也可以多参加些文娱活动，不仅能放松心情，增加生活的乐趣，还有助于增强免疫力，提高学习效率。

4. 戒掉不良的生活习惯

戒掉不良的生活习惯，如酗酒、抽烟、长时间上网、玩电子游戏等。

5. 进行心理调节，保持心理健康

大学生在具备好的身体素质的同时，也应该有健康的心理。大学生要正视现实，学会自我调节，保持同现实的良好接触，进行自我调节，充分发挥主观能动性去改造环境，努力实现自己的理想目标。

所以大学生在学习过程中应学会自我心理调适，保持心理健康：

（1）保持浓厚的学习兴趣和求知欲望。学习是大学生的主要任务，有了学习兴趣就能够自觉地在浩瀚的知识海洋里遨游，认真学习新知识，发展多方面的能力，以提高自身素质，更好地适应社会发展的需要。

（2）保持乐观的情绪和良好的心境，大学生应保持积极乐观的情绪、愉快开朗的心境，对未来充满信心和希望，当遇到悲伤和忧愁的事情要学会自我调节，适度地表达和控制情绪，做到胜不骄、败不馁、喜不狂、忧不惧。

（3）保持和谐的人际关系，乐于交往。心理健康的学生乐于与他人交往，在交往中能用理解、宽容、友谊、信任和尊重的态度与人和睦相处。通过人际交往，他们能够认识大学生的社会责任，培养遵守纪律和社会道德规范的习惯。人际交往，能增强大学生的心理适应能力，能培养与他人合作的团队精神，还能保持与集体的协调关系，保证大学生心理的健康发展。

（4）如果自我心理调节还不能解决问题，那么就有必要求助心理老师或心理咨询机构。心理老师具备较扎实的理论知识和生活实践经验，对学生面临的心理问题具有良好的解答方式和处理技巧。大学生在必要时求助于有丰富经验的心理咨询医生或长期从事心理咨询的专业人员从而保证自己在求学的各阶段均保持良

好的心理状态。

（二）培养健康的兴趣

"兴趣是最好的老师。"古人亦云："知之者不如好之者，好之者不如乐之者。"兴趣对学习有着神奇的内驱动作用，能变无效为有效，化低效为高效。最好的寻找兴趣点的方法是开阔视野，接触众多的领域。唯有接触，你才能尝试；唯有尝试，你才能找到自己的最爱。而大学正是这样一个可以让你接触并尝试众多领域的场所。因此，大学生应当充分地把握在校时间，利用学校的各种资源，通过使用图书馆资源、选修课程、学术性论坛、听讲座、做兼职、参加社团活动、通过网络聊天工具与朋友交流等不同方式，接触更多不同的领域、更多的工作类型和更多的专家学者。

人生的路很长，每个人都可以有很多不同的兴趣爱好。在追寻兴趣之外，更重要的是坚持自己的兴趣爱好。曾有人访问了几百名成功人士，询问有哪件事是他们今天已经懂得，但在年轻时却留下了遗憾的。在众多的回答中，出现最多的是："希望在年轻时就有前辈告诉我、鼓励我去追寻自己的理想和兴趣。"相比之下，兴趣固然关键，但坚持更为重要。因此，大家不必把某种兴趣当作自己最后的目标，也不必把任何一种兴趣的发展道路完全切断。在理想的指引下，不同的兴趣完全可以平行发展，实在必要时再作出最佳抉择。理想就像罗盘，兴趣就像风帆，两者相辅相成，缺一不可，它们可以助你驶向成功的彼岸。

（三）树立正确的恋爱观

爱情是一个古老而常新的话题，它牵动着无数人的心，大学生对爱情憧憬和向往是很自然的。恋爱观是一个人世界观、人生观、价值观在恋爱感情问题上的具体体现，正确的恋爱观会引导人走向健康、幸福、美好的生活。

1. 大学生恋爱现象的特点

（1）大学生恋爱的普遍性

大学新生刚刚离开家难免觉得孤单、低落，需要有一个心理支撑。这也许就需要有个人来关怀和照顾，而且，刚刚告别黑色的高考，多年的应试教育终于可以暂时喘息，恋爱的年龄、恋爱的时间、恋爱的空间、渴望恋爱的人的主客观条件都成为大学生恋爱的积极因素。大学生恋爱也就越来越普遍化。

（2）注重恋爱过程，轻视恋爱结果

大学生间流传着一句顺口溜——"不求天长地久，只求曾经拥有"。一些大学生把恋爱当作一种体验，借此寻求刺激，满足精神享受。一些学生为了充实课余生活，排除寂寞，填补空虚，把恋爱当作一种消遣。上述行为实质是只强调爱的权利，而否认了爱情的责任。

（3）主观学业第一，客观爱情至上

在对待学业与爱情的关系上，大多数大学生认为"学业高于爱情"，这说明绝大多数的大学生能够正确地看待学业与爱情的关系，把学业放在首要位置，但是这只是大学生主观上的愿望。实践经验表明，真正在客观上、行为上能够正确处理好学业与爱情关系的大学生虽然也有，但为数不多。更多的是一旦坠入情网就不能自拔，强烈的感情冲击着一切，学习受到严重影响。很多大学生在不知不觉中变得"儿女情长，英雄气短"，成就事业的热情一天天冷却，爱情逐渐成为生活的唯一追求。

（4）对失恋态度宽容，承受能力较弱

大学生中"有情人"虽多，但"成眷属"者少，这样就产生了一批失恋大军，北京某大学学生主张"不成恋人成朋友"的有49%，发奋学习驱散失恋痛苦的有36.5%，"找新的对象抚平创伤"的有10.6%，"报复对方"的有2.4%，"悲观厌世"的有1.6%。感情受挫后出现一段时间的心理阴暗是正常的。但经过一段时间的调适后，要学会对自己和对方都宽容，尊重对方的选择。但还有一部分学生摆脱不了"感情危机"，有的失去信心，放弃对爱情的追求，立下誓言，"横眉冷对秋波，俯首甘为光棍"。

2. 剖析当代大学生的恋爱价值观

正确的世界观、价值观能够指导人们做出正确的行为，恋爱观当然也是世界观、价值观的一部分。恋爱价值观首先表现在如何看待爱情在人生中的位置，即如何对待爱情与学业、爱情与事业的关系上。

①重视爱情在人生中的地位和在生活中的价值。资料显示，在被调查的262

名学生中有 92.6% 的学生表示"有与异性交往的愿望"，而且其中有 13.5% 的学生表示"交往愿望强烈"，有 37.7% 的学生在大学期间有过恋爱经历。这组数据强有力地说明了当代大学生已把爱情作为生活中不可缺少的一部分，有着其他生活内容不可替代的地位。

②在对待爱情与学业的问题上，力争处理好爱情与学业的关系。有限的精力、繁重的学业和对爱情的憧憬，使社会、学校乃至学生有充分的理由怀疑大学生是否具有处理好爱情与学业关系的能力。

现实中确实有把幸福的爱情转化为积极的力量，从而促进学业、净化人格的情形；同时也存在因花前月下、卿卿我我而荒废学业、追悔莫及的事实。这就对坠入爱河的大学生提出了挑战。

3. 树立正确的恋爱观——当代大学生恋爱的指南针

不成熟的恋爱心理会给恋爱带来一些负面影响，许多高校每年都有因失恋等而做出极端行为的学生。因此，树立正确的恋爱观是刻不容缓的。作为当代大学生，要树立正确的恋爱观，在恋爱中应该注意以下几个问题：

①摆正爱情的位置，是树立正确恋爱观的首要问题。正处于学习黄金阶段的大学生应该正确处理爱情与学业、事业、人生的关系，用爱情中的积极因素来鞭策学习，为事业打基础，从而奔向美好人生。

②加强责任感和义务感，是树立正确爱情观的重要保障。当代大学生具有强烈的爱的欲求，但他们在爱情与恋爱的认识上道德观念模糊，盲目性很大。很多人情感需要大于理智成分，不重视恋爱的前景和结局，只重视过程中的欢悦，这是缺乏责任感、严肃感的表现。因此，必须从提高自我道德修养水平出发，培养大学生的责任感和义务感，使爱情不断地得到深化和升华。

③培养自制力和意志力，是树立正确恋爱观的重要内容。校园中一些意志薄弱的学生思想盲目性大，在自我发展中没有明确的方向感，分辨是非能力差，很容易被感情挫折所打倒，或因不良外部诱惑而误入歧途。因此，要强化大学生的道德情操和意志力，培养他们自我判断、自我评价、自我监督、自我控制和自我教育的能力，使他们依靠自身力量去克服挫折和抵制外部不良诱因的影响。

④促进大学生正常交往，是树立正常恋爱观的基本途径。大学生应广泛参加

各种形式的社会实践活动，既丰富社会阅历，又使生活充实。同时，通过活动可以促进异性之间的交往，在交往中加深了解，逐步发展感情。

处于恋爱中的学生要用意志控制自己的情感，培养高尚的情趣。自尊自重、相互鼓励。此外，还要做到行为端正、举止得体。恋人间的亲昵，一定要掌握分寸，持之有度，要保持大学生良好的精神风貌。

古往今来，许多伟人在爱情遭受挫折以后并没有被失恋的痛苦所压倒，而是化悲痛为动力，终于在事业上取得了非凡的成就。歌德失恋后没有陷入深深的痛苦中，而是把自己破灭的爱情作为写作素材，写成了《少年维特之烦恼》，以此为事业成功的起点。年轻的居里夫人因失恋有过向尘世告别的念头，但她很快就从失恋的痛苦中崛起，投身于科学事业，她在四年的大学生活中，把全部精力都用在学习上，最后以优异成绩获得了两个学位——物理硕士与数学硕士。罗曼·罗兰也曾饱尝过被心上人抛弃的痛苦，情场受挫后，他集中精力奋发创作，经过10年构思，10年写作，完成了轰动世界文坛的名著《约翰·克利斯朵夫》。

法国著名作家雨果曾说过："人生有两次出生，头一次是在开始生活的那一天，第二次则是在萌发爱情的那一天。"爱情，踏着青春的脚步而来，是青春的象征，而青春，也以爱情增加其活力。大学生要有健康的恋爱心态，使自己的情感更加美好，从而更好更快地成长。此外，还应该正确对待失恋。失恋不是失去爱的权利，也不是被爱神永远抛弃。在人生的路途中不乏终身伴侣，在事业的奋斗中更不乏志同道合的战友，只要勇敢地扬起生活的风帆，投身于伟大的事业，就一定能够获得更加甜蜜、幸福的爱情。

（四）财务管理

"财商"作为当代社会必备的技能之一，已经越来越受到大学生的重视。如今在大学校园里，各类理财社团活动开展得如火如荼，反映了大学生们对理财知识的强烈渴求。然而理财是包括财务规划在内的综合课程，从初级阶段的财务规划意识到中级阶段的完善理财理论知识并初步实践，到高级阶段进行实战投资，大学生理财应逐步实现"三级跳"，做好财务规划。

大多数在事业上有成就的企业家都对合理的理财表示支持和肯定。理财这个词语一时间成为众人瞩目的话题。然而对没有固定收入、"无财可理"的大学生来说，对"理财"的理解，不能局限在对已经拥有的资产的使用上，而应该包含获得资产的方法。即理财是通过科学而合理的方法来获得财富，并通过对这些财富的正确使用让财富增值。也就是说，大学生理财，既要"开源"，创造收入，也要"节流"，对收入加以恰当的使用。

1.适当"开源"，早做实战准备

毫无疑问，大学校园生活正是迈向社会生活的前沿阵地，大学生也需要在毕业前为自己做一些投资理财方面的准备。

在做好自己财务规划和人生设计的基础上，大学生可以适当找一些"开源"的方法，赚些钱来补贴自己生活和学习的费用。如奖学金，各个大学都有奖学金制度，这也是最受家长欢迎的"赚钱"方式；协助老师搞研究也是获得金钱的方式之一，这是名副其实的"助学"，可以利用自己的专业和专长来协助老师进行科学研究；同时，利用课余时间做家教、兼职等也是被大学生广泛采用的方式。

但有关专家提示，"开源"的同时要注意以下几点：一是不要太关注当前赚的一些小钱，重要的是学习知识和经验积累；二是赚的钱不要全都花掉，要有适当的积蓄，这样在关键时刻可以用上；三是由于现在赚钱主要靠出售自己的时间，很难用钱来赚钱，因此不要过度沉溺于赚钱而耽误学业；四是大学生要根据自己的风险承受能力适当投资，不要太关注一些投机工具，如炒股票、外汇、期货等方式。

从理财业务操作的角度看，大学生毕业前也可以适当作些准备。如办理好证券账户和基金账户，通常情况下，大学生刚参加工作，压力都会比较大，提前办好这些账户，省去了工作后的来回奔波。

2.尽量"节流"，学会精打细算

（1）钱要花在刀刃上。某些家庭条件优越的大学生早已不知"柴米"之不易，没有丝毫节俭意识。家长的资助是他们的主要经济来源，家里"源头"充足让他们的支出更为任意、随意。盲目高额消费，追求名牌，一味攀比是很不好的消费现象。实用加实惠才是生活消费中的合理原则。作为学生，把钱花在必须花的地方才是理智的选择。吃要营养均衡，穿要耐穿耐看，住要简单实用，行要省钱方便。

（2）有意识地控制消费。如果你不知道钱是怎么花光的，也不知道该如何控制支出，这时学会建立自己的"小账本"是个很好的办法。尝试记账和做预算，可以有效地帮助你安排自己的收入和支出，也可以避免糊涂消费。

（3）养成节俭的好习惯。生活中有很多小开支，这里几元，那里几元，看似不起眼，但积少成多就是一个大数目。要学会从小事做起，逐步养成节俭的习惯。

（4）把握消费时机。需要添置必需衣物时要学会稍稍"超前"准备。很多大商场换季衣服都会低折扣销售。新款在刚刚上市的时候往往标出高价，但是在季末销售时的价格会是先前的几分之一。所以，避开商家的销售高价期，学会适时消费，可以给自己节约一笔不小的开支。

（五）时间管理

1. 学会挤时间

对大学生来说，四年的时间是短暂而宝贵的，要学的东西又太多。因此，如何在有限的时间内做更多的事，学会挤时间就是大学生时间规划的第一步。我们无法增加生命的长度，唯有增加生命的密度。

挤时间有很多种方法。有些人是随挤随学，挤出一点就马上利用起来，学一点知识；有些人是把挤出的时间累积到一起进行学习。在所有可积累起来的学习时间中，早晨和晚上的时间是最好的，因为这两段时间比较长，比较完整，比较安静，脑子又比较清醒，适合读书、思考、钻研问题。因此，有"一日之计在于晨""闻鸡起舞"的佳话，也常有"灯下漫笔""夜读拾零"之类的书文。

2. 要对学习和活动给予正确的定位

丰富多彩的校园文化活动是专业学习的有益补充，是课堂教学的延伸和扩充，也是锻炼和提升自我能力的重要方式。因而大学生应摒弃"象牙塔"中闭门谢客的观念，积极融入多姿多彩的校园文化氛围中，彰显个性、锻炼自我。但同时，又要看到学习是学生的首要任务，万不可因参加活动而荒废学业，将"文化先锋"当作逃避学习的借口。否则就会捡砖弃玉，丢西瓜拣芝麻，甚至顾此失彼，一无所获，最终追悔莫及。

3.要学会劳逸结合，提高效率

不会休息的人也不会生活。人的精力是有限的，如果已经精疲力竭了，还要继续干下去，这样做不但效率很低，而且会对身体造成不好的影响。身体一旦垮了，自然没办法好好学习。生活中应充满阳光与欢笑，而青春的日子更应该让歌声伴梦想飞翔。然而，有的大学生整天埋头学习，熬通宵，很少参加课外活动，每天花在学习上的时间很多，但是成绩却很一般，这种"疲劳战术"是不可取的。古人云："文武之道，一张一弛。"在精疲力竭、昏昏欲睡之时，再"头悬梁锥刺股"，刻苦钻读，这势必事倍功半，与其这样，不如休息一下，放松自己紧绷的神经，然后再学，这样的效率会更高。学习如此，工作也是如此。

4.要有一定的毅力

参加校园文化活动比较多或者经常参与社会实践、做兼职的同学，往往会因精力消耗过多而感到疲惫，学习时间也会随之减少。这时一定要有顽强的毅力。

从心理学上说，毅力属于意志的范畴，作为意志的一种基本品质，毅力是人们为实现一定目的而去克服困难的心理过程及行为表现。这里有两点应该明确：第一，毅力是在克服困难的心理过程中表现出来的；第二，克服困难又是为了实现一定的目的。明确这两点，对锻炼毅力很有好处。

对大学生而言，顽强的学习毅力必不可少。学习毅力是指学生自觉地确定学习目标，有意识地控制和调节自己的学习行为，克服困难，以实现预定学习目标的心理过程。顽强的学习毅力不但能促进学生智力的发展，而且有利于培养学生的创新人格和创造能力。

（六）人脉管理

大学是人际关系走向社会化的一个重要转折时期。踏入大学，就会遇到各方面的人际关系：师生之间、同学之间、同乡之间，以及个人与班级、学校之间的关系等。面对如此多的人际关系，有的同学因为处理不当，整日郁郁寡欢，心情沮丧；有的同学因为人际关系紧张，精神压力很大，导致不同程度的心理障碍；而更多的同学则由于不知如何处理复杂的人际关系，而经常被苦闷、烦恼的情绪所困扰。可见，如何处理好人际关系，做好人脉规划是至关重要的。

处于青年期的大学生，思想活跃、精力充沛、兴趣广泛，人际交往的需要极为强烈。他们试图通过人际交往去认识世界，获得友谊，满足自己物质上和精神上的各种需要。因此，大学生希望被人接受、理解的心情尤为迫切。然而对大学生而言，他们对人际关系的追求往往带有较多的理想化色彩，无论是对同龄朋友，还是对师长，往往希望交往不带任何杂质，同时他们也常常以理想的标准要求对方，一旦发现对方某些不好的品质就深感失望。就个人来讲，大学生必须学会调节自己，改善人际关系，其方法如下：

1. 必须克服社会知觉中的偏差

有的大学生入学时对一个同学形成了不好的印象，往往在以后很长一段时间也不会改善，这样就会影响同学间的正常交往。其实，也许这个同学是一个很优秀的学生，只是由于开始的某一点和你不合，故给你留下了不好的印象。有人还习惯通过外表来判断一个人。有的同学机械地将所交往的对象归于某一类人，不管他是否表现出该类人的特征，都认为他是这类人，总是把对这类人的评价强加到他身上。比如大多数大学生都会认为家庭社会地位高、经济条件好的学生傲气、不好相处。但其实有很多同学还是很友好、很好交往的。这种先入为主的想法常常妨碍大学生的正常人际交往。还有的大学生往往会"以小人之心，度君子之腹"，即与人交往时把自己具有的某些不讨人喜欢、不为人接受的观念、性格、态度或欲望转移到别人身上，认为别人也是如此。这样在交往中很容易产生误解，不利于建立和谐的人际关系，我们必须改变这种想法。

2. 要塑造良好的个人形象

调查显示，大学生在交往中，往往会喜欢和有良好个人形象的人交往。首先我们要提高个人的心理素质。人与人的交往，是思想、能力、知识与心理的整体作用，任何一方面的欠缺都会影响人际关系的质量。有的学生在人际交往中存在社交恐惧、自卑、冷漠、封闭、猜疑、自傲、嫉妒等不良心理，不易建立良好的人际关系。加强自我训练，提高自身的心理素质，以积极的态度进行交往。当然，只是这些还不够，大学生还必须有各种良好的交往品质，如真诚、信任、克制、自信、热情等。真诚的交往能使交往者的友谊地久天长；信任能够从积极的角度去理解他人的动机和言行，而不是胡乱猜疑、相互设防，我们一定要真心诚意，而不是口是心非；"克制"往往会"化干戈为玉帛"，使许多事情可以避免，也能以大局为重；自信在大学生的人际交往中可以获得很好的印象，自信总是给人不卑不亢、落落大方、谈吐从容的感觉，让人对你也产生好感，便于人际交往；热情在大学生的人际交往中能给人以温暖，能促进人的相互理解，能融化冷漠的心灵，待人热情往往可以沟通人们之间的感情，促进人际关系的改善。总之，大学生要努力培养各个方面的良好品质。

3. 必须学会交际的技巧

大学生只要注意加强交往的实际锻炼，学会交际技巧，良好的交往能力就会逐渐形成。良好的人际关系有赖于彼此相互了解，有赖于彼此思想上的沟通；还要注意与人交谈、交换看法、讨论感兴趣的事情时，语言表达要清楚、准确、简练、生动；要学会有效聆听，做到耐心、虚心、会心，把握交谈的技巧，吸引对方的注意力。

学会了解和沟通，对大学生建立良好的人际关系很重要。一般而言，善于交往的人，往往善于发现他人的价值，懂得欣赏他人，愿意信任他人，对人宽容，能容忍他人有不同的观点和行为，不斤斤计较他人的过失，在可能的范围内帮助他人而不是指责他人。懂得别人是别人而不是自己，因而不能强求，与朋友相处应存大同、求小异。这样可以换来更多的人真心相处。

不仅要学会交谈，还要学会赞扬和批评，学会说谢谢。心理学家认为，赞扬能释放个人身上的能量，调动一个人的积极性。大学生更应该学会赞扬，如果同学被你赞扬，他会觉得自己被肯定、自己是很优秀的，他也一定会对你产生好印象。适时的赞扬可以增进彼此的吸引力。一般人都不喜欢被批评，我们有必要学会赞扬。批评是负性刺激，通常只有当用意善良、符合事实、方法得当时，才会产生好的效果，促进对方进步。而且批评时要注意场合和环境，还应对事不对人，否则就会挫伤对方的积极性与自尊心，措辞也应该是友好的、真诚的。

沟通要注意语言的使用，说话不要太刻薄，也要注意技巧。对每一个风华正茂的大学生来说，都需要有丰富的人际关系世界，并在这个世界上帮助与被帮助、爱与被爱、共享欢乐与承受痛苦。在社会交往中，那些主动发起交往活动，主动去接纳别人的大学生，在人际关系上往往较为自信。在校大学生，要从各个方面锻炼自己，克服各方面的心理问题，改善人际关系，使自己能够适应丰富多

彩的大学生活。

三、社会实践规划

大学生未来职业生涯发展需要具备各方面的素质和能力，特别是实践操作的能力。实践操作能力强的大学生无疑在找工作时更有胜算。大学生实践操作的能力来自在校期间多方面的实践锻炼，尤其是社会活动实践。因此，大学生应该制订大学期间的社会活动规划，提升自己的实践操作能力。大学生参加社会活动的主要形式有社团、社会实践和学习。

（一）选择社团，积极参加社团活动

大学生社团与大学生素质拓展活动有着十分密切的关系。大学生社团是大学生素质拓展的重要载体和主要阵地，社团活动是大学生素质拓展计划的重要内容，社团发展与素质拓展密切相关。通过考察高校大学生素质拓展计划的实施情况可以发现，凡是社团活动比较活跃的高校，大学生素质拓展计划实施的成效就比较突出，大学生素质的整体状况也比较好。因此，在校大学生应该根据自身情况，选择适合自己的社团，并积极参加社团的各种活动，锻炼自己各方面的能力，积累实践经验。

1. 大学社团介绍

每年9月中下旬，随着大一新生军训的结束，各大高校的社团都在如火如荼地进行"招新大会"，而加入各种各样的社团组织也成为大一新生生活的第一课。大学生社团是为了满足大学生心理、文化、生活、社会需要而自发筹备并经学校有关部门批准成立的具有一定目标和活动规范的非社团性质的群众性业余团体组织。大学生社团是大学生培养能力、增长知识、提高素质的一条重要途径。大学里社团种类很多，一般分为理论研究类、学术研究类、公益类、文化艺术类、体育类和其他类六种。

（1）理论研究类社团。以理论学习、宣传研究为主要内容和目的的社团，如理论学习社、科学发展观研究会等。

（2）学术研究类社团。以某一学术专题的研究、专业的学习为主要内容的社团，如红楼梦研究协会、英语沙龙、E部落等。

（3）公益类社团。以服务社会、锻炼自我为宗旨的社团，如红十字会、爱心协会、志愿者服务队等。

（4）文化艺术类社团。依据学生的文艺特长和共同兴趣爱好组建而成的，以注重艺术享受、提高艺术素养为主要目的的社团，如电影协会、诗书画社、舞蹈协会等。

（5）体育类社团。依据学生的体育特长和共同兴趣爱好组建而成的社团，如乒乓球协会、网球协会、跆拳道社等。

（6）其他类社团。另外，大学校园里还涌现了一些新兴的学生社团，如职业发展协会等。

2. 大学社团的选择

（1）选择社团的动机

大学生参加社团的动机大致可以归为社交的需要、尊重的需要和自我实现的需要。当需要得到满足时，他们就会觉得参加社团对自己是有帮助的；而需要若没有得到满足，他们就会觉得加入社团没有收获，只是白白浪费时间而已。

一个好的社团、一个优秀的社团领导者应该了解社团成员的需要层次，并按照层次逐步满足成员的需要。成员的归属感是决定他是否继续参加社团的重要因素，也就是说，一个社团应该首先满足成员的安全需要与社交需要，为成员提供安全的心理环境，让独在异乡的成员感觉到集体的温暖、朋友的关爱，以"情"牵动与吸引新成员。成员之间的平等、友爱、互相、关照能够让成员感到自己是被尊重的。

社团满足了成员以上三种需要后，就可以考虑如何满足成员的最高需要——自我实现的需要。有调查表明，学生加入社团的主要目的是培养和发展兴趣、锻炼能力，这些都属于自我实现的需要。那么，社团就要为成员提供发挥其特长、发展其能力的平台。一般来说，一个社团很难满足所有成员的所有心理需求。因此，大学生在选择社团时，可以针对自己不同的需要来选择不同的社团，不要将所有需要的满足寄托于一个社团。

有些新生一入社团就想被器重、能够脱颖而出，单独策划和组织大型的活动，这种愿望大多难以实现。大部分新生在社团工作方面是新手，缺乏经验，需要与部门的人分工协作，共同完成某项任务。有些大学生将其理解为"打杂"，认为学不到东西。事实上，没有基层工作经验，没有对各项琐碎事务的熟悉，如何能够独当一面、组织大型活动呢？

真正善于学习的人懂得从小事中学习怎样为人处世，怎样综合考虑，怎样组织协调，能力也就在学习与实践中不断提高，最终实现自我的发展，获得他人的尊重。因此，我们不仅要找准自己的兴趣和特长所在，要有从点滴做起的准备，有时候还要学会等待。

（2）以自身兴趣、特长作为选择社团的基础

社团的种类是多种多样的。目前来看，各高校都有几十个甚至上百个学生社团组织，这些学生社团是这个学校学生兴趣、爱好的一个标志，也是一个学校学生特点和大学精神的集中展现。如此多的社团，并非所有的都适合自己。选择社团时首先应考虑自己的特长和兴趣。每个人的兴趣、爱好不同，选择的方向也理当不同。擅长文艺的同学可以重点关注乐器、舞蹈、曲艺、话剧等文艺社团；如果爱好运动，可以选择体育类社团；如果热心公益，则可选择公益类社团。只要仔细分析，认真筛选，总会找到一个适合自己的社团。

（3）理性安排参加社团的时间

大学生参加社团组织的前提是不与正常的学习相冲突，而且社团的选择不在多，而在精。大学期间一般要加入两个以上的社团，才能使自己得到相对充分的锻炼。当前社会需要复合型人才，仅具备单一能力的人很难在激烈的社会竞争中取胜。大学生应该有多个社团经历，多种才能特长，但不能同时加入太多的社团，以免顾此失彼，从而耽误学业，甚至影响正常的生活。一般来说，大学期间应该选择一个社团为重点，将自己发展成为社团核心成员，甚至是社团负责人。在不同年级、不同时间段，可以适当选择一两个社团，作为普通会员，开阔自己的视野，培养自己广泛的爱好，全面提升自己的素质。

参加社团活动，势必与学业的精进存在一定的矛盾。那么该如何解决这个矛盾，如何在学习、工作上双丰收，这就涉及合理安排时间的问题。合理安排时间，就是在确保学业成绩良好的基础上，参加社团活动，使社团活动真正起到提升和发展自身能力的作用。保证学业有成是基础。如果不能顺利毕业，社团锻炼的能力是很难弥补这一缺憾的。处理好这一关系的关键在于"勤"，时间对大

学生来说都是一样的，除了上课，很多人把业余时间浪费在漫无目的的娱乐休闲上，或是给自己留出过多的休息时间，而在大学里"休息"多了，自然就要在走上工作岗位后重新"补课"。因此，大学生应该把课余时间、碎片时间充分利用起来，学习和参加社团组织的各种实践活动。

3. 社团成员的自我发展

（1）学会与别人诚信沟通

人与人之间的关系，如同"作用力与反作用力"，你真诚热情待人，同样会受到别人给你的真诚回馈。社团是一个大家庭，无论在社团中是什么地位，扮演什么角色，融入这个集体是首要的。坦诚与热情是让这个集体接纳自己的前提，同时更要学会替别人着想，多宽容体谅他人。要融入就要沟通。社团沟通包括内部沟通和外部沟通。内部沟通除了让自己融入社团外，还要善于倾听社团成员的诉说，体谅他人的行为，适当地提示和真诚地帮助大家。外部沟通对社团的生存和发展尤为重要，社团要开展活动，就要与其他社团交往、与学校交往、与社会交往，这些沟通难度不同，内容不同，沟通的方式和方法也不同。在社团的舞台上，能够提前感受到人与人之间沟通的要求；在社团中锻炼和成长，能够提前将自己打造成个性鲜明、适应社会的人。

封闭个体是难以获取信任的，因为一个封闭的个体在没有向别人敞开心扉的时候，往往无法信任别人，自然也无法获得别人的信任。在大学阶段，通过社团活动中与人的诚信沟通，可以使自己成为真正的佼佼者。

（2）做个有毅力的社团成员

"千里之行，始于足下。"大学生一旦加入社团，就应该具有脚踏实地的工作态度和坚定的信念。只有坚持，才能为成功奠定可靠的基础。

大学生加入社团，就应该在各种社团活动中做些有意义的事，投入适当的时间和热情，与社团共同成长。学生社团不是官方组织，大部分面临着"活动经费"不足的困境。社团要开展活动，要建设和发展，都需要资金支持，不用说组织大型的活动，就是印海报、发通知、打印宣传材料都需要经费。会费收入非常有限，因此，社团要开展活动会遇到很多困难，受到很多限制，在困难面前，坚定的信念是必不可少的。其实，要想在社团中成长，就一定要用心投入，要坚持与社团"共患难"，做个有毅力的社团成员，这样才能在挫折和失败中走向成功。

（二）注重社会实践

大学生社会实践活动是解决理论脱离实际、知识远离生活等问题的有效途径，可以提高高校人才培养与社会实际需求的契合度，培养符合时代需求的高素质创新型人才。大学生参加社会实践活动拥有体验的机会，是主动、自主获取知识的过程，而不是由权威从外部来灌输知识的过程。因此，大学生参加社会实践的作用主要体现在以下几方面：

1. 大学生社会实践的作用

大学生社会实践是高校引导学生把书本知识同社会实际结合起来，在认识社会和改造社会的过程中改善自身的活动方式。

（1）社会实践对造就经济时代所需的优秀人才起着积极促进作用

具体表现在两个方面：一方面，社会实践活动能提高大学生的实际工作能力。理论学习只是为培养能力打下基础，要形成实际工作的能力，还必须通过社会实践锻炼，在实际工作中促进观察能力、分析能力、调查研究能力、交际能力、表达能力、组织管理能力、科学研究能力的发展。据许多用人单位反馈，近年毕业的大学生实践操作能力普遍不高。这种现象的主要原因就是大学生群体缺乏实践锻炼。大学生参加社会实践活动，能亲身感受效率观念、时间观念的作用，从而树立起现代观念。实践证明，参加过社会实践活动的学生，在分析问题和解决问题的能力方面有很大的提高。

另一方面，社会实践活动能促进大学生的社会化。大学生在社会实践中，有意识地担任一定的社会角色，学习相关的知识，掌握相应的劳动工作技能，从心理上、生活上做好上岗前的准备，从而缩短角色转换的时间，促进其社会化进程。社会实践活动的规律表明，人的个体价值和社会价值是统一的，任何人要想实现个人价值都不能离开社会价值而独立体现。因此，大学生必须通过社会实践这个环节把个人价值和社会价值结合起来，并通过实践活动，提高业务水平，就更能充分体现其个人价值。

（2）大学生进行社会实践活动是思想政治教育的有效途径

首先，社会实践推动了大学生认识水平的提高。从近年来社会实践的效果看，大学生参加社会实践加深了对社会的认识、对国情的了解，增强了劳动观念，培养了社会责任感和历史使命感。

其次，大学生优良品德的形成需要进行实践的锻炼。大学生的理想、道德、纪律等观念要转化为现实的行为，需要社会实践这一中介，离开了社会实践，大学生难以培养出优良品德。

最后，社会实践是检验大学生思想政治教育效果的有效尺度。学校对大学生实施思想政治教育的效果，大学生的思想政治素质最终要通过社会实践来检验。

（3）大学生进行社会实践，促进了高等教育的发展

一是促进了高校教学改革。大学生参加社会实践遇到了新问题，教师在教学中，从"研究学生"出发，就会改进教学内容、教学方法、教学设施，从而使高等学校更具有现代气息，与社会脉搏息息相关，从而推动整个高等教育改革。

二是有利于合理调整专业结构。高校教师在指导大学生进行社会实践的过程中，能了解社会对人才的需求信息，从而调整高校的专业设置与招生规模，使学校专业结构与市场接轨，从而增强高校的办学经济效益与社会效益。

三是推动高校的科研水平不断提高。大学生参加社会实践活动，直接了解工厂、企业存在的技术问题，而企业通过大学生将问题作为信息反馈给高校，促使高校进行科研，解决生产上的技术问题，从而推动高校的科研进度，提高科研水平。

2. 大学生社会实践的形式

大学生社会实践内容丰富、形式多样，总体上可将其分为研究型、养成型、服务型三类：

（1）研究型社会实践

研究型社会实践，是指大学生从学校和社会选择并确定研究课题，主动地获取知识解决问题的学习过程。研究型社会实践强调学生的研究能力，强调社会实践与学校的发展定位、专业特色相结合，与课程教学环节相结合，与学生兴趣爱好相结合，在"考察""探究""创作"等一系列活动中发现和解决问题，提高大学生的实践能力和创新能力。研究型社会实践一般包括教学实践、专业实习、科技服务（创新创业）等。

大学生通过社会实践，接触实际工作环境，加强了对专业知识的了解，弥补

了课堂教学的不足。加强专业实习是强化学生实践能力、培养创新能力的重要环节。"宽口径、厚基础、重实践、高素质"具有创新精神的复合型人才是当前高校学生的培养目标，而"重实践"的实现需要靠一定的专业实验、实习教学来保证。开展科技服务是大学生社会实践活动的一项重要内容。大学生利用假期，运用所学知识，从事科技服务工作，目的是在学生中形成热爱科学、相信科学、运用科学、勇于创新的学术氛围，锻炼学生的科学研究能力。开展科技服务，可以很好地体现"办实事、做贡献、受教育、长才干"的指导思想。

（2）养成型社会实践

养成型社会实践，是指有利于培育大学生整体素质，发挥教化功能的一类社会实践。养成型社会实践在内容上强调与思想政治教育相结合，与大学生基础文明教育相结合，与学生自立自强意识培养相结合，与提高学生整体能力素质相结合，旨在提高学生的政治理论素养、提高学生的基础文明和自立自强的意识。这类社会实践的形式主要有军政训练、勤工助学等。

大学生军政训练是对在校大学生进行有目的、有组织、有计划的国防形势政策教育和军事理论与军事技能教育的主要形式，是由学校和驻地部队共同完成的一项贯彻思想政治教育要求、培养大学生综合素质的实践性教育活动，是实现高等教育目标、培养社会主义合格建设者与接班人的重要载体。爱国主义精神是大学生国防教育的核心，军训是对大学生进行爱国主义教育的最佳途径之一。

大学生勤工助学是指在校大学生利用课余或假期时间，在校内或校外参加的各种有偿实践活动。与过去的勤工俭学相比，新时期的勤工助学不仅在经济上发挥着帮困助学的作用，更重要的是通过勤工助学这样一种特殊的社会实践活动，对学生进行思想上的锤炼、知识上的补充和能力上的培养，促进学生综合素质的全面发展。目前这是大学生社会实践的主要形式。

（3）服务型社会实践

服务型社会实践是指高校学生立足于地方经济建设和社会发展，以服务求支持，以贡献求发展，为区域发展贡献力量的一类实践活动。它主要包括志愿服务和社会调查等形式。

志愿服务公益活动是高校开展社会实践活动的重要途径。公益活动是指涉及科学、教育、文化艺术、体育、医疗卫生、环保、社会福利、社区服务，以及其他一切关心社会的活动。通过志愿服务公益活动，教育大学生树立热心公益、自觉承担社会责任的观念，培育市场经济环境下的公益意识。

社会调查是实现理论与实际相结合的重要途径，它有利于树立大学生正确的世界观、人生观和价值观，培养科学的思维方式，教会大学生正确做人、适应社会的本领，全面提高大学生的综合素质。同时，社会调查还具有很强的操作性，被实践证明是符合当前高校实际、行之有效的社会实践形式。

（三）重视实习

实习是大学生社会实践的一个重要环节，主要包括生产实习和毕业实习。实习期间，大学生接触生产实际，经过现场观察、调查研究、实际操作，把所学的知识运用到实践中去，能使学生在实践中加速业务上的成熟，缩短学校教育和社会要求的距离，增强竞争力和适应能力。

1. 实习的渠道

现阶段大学生实习多通过熟人介绍，因为很多公司的实习岗位不会公开招聘，所以大学生普遍通过老师、家长、亲朋好友寻找实习机会。

2. 制约实习的主要因素

调查发现，大学生寻找实习的困难堪比就业，面临很多的障碍。目前，制约大学生实习的主要因素包括大学生专业基础能力、企业知识、实习机会的非专业性等。

有学生反映在企业实习，没有做实质性的工作，只是"重复最简单的工作"，比如数据录入、资料整理、复印文件等。而这也是现在企业排斥实习生的主要原因之一，很多实习生对企业了解少，并且眼高手低，不愿从一些基本的事情做起，企业和大学生的这种博弈最终导致实习市场发展滞后和不完善。

要改变这一现象，首先，必须让企业与学校实现无缝对接，为学生提供学以致用的生存环境。为企业搭建选拔优秀储备人才的平台，在校园有更好的企业形象展示，增进学生对企业的深层了解，提升人才有效匹配度。其次，除学校和社会企业的因素外，要从学生个人因素考虑：实习前先做规划；调整心态，积累社会经验，端正态度、主动学习才能有收获；拓宽寻找渠道；发现自身不足，明确专业发展现状和努力方向。

第三节 制订大学期间生涯规划的主要方法

大学生生涯规划的方法可分为去向规划、时间规划和内容规划三种。在基本确定好自己的毕业去向之后，我们必须对大学期间的时间规划和内容规划很好地进行分解和组合。既可以按学年制订，也可以按内容制订，但最好是将两者整合，以毕业去向为纲，制订具体的去向规划。当然，其他两种方法也可以采用，学生可以自由选择其中的一种进行。

一、按内容制订自己在校期间的生涯规划

按内容制订自己在校期间的生涯规划就是以内容为主线来规划大学生涯的一种方法，具体可分为学业规划、生活成长规划和社会实践规划。在此基础上，按时间段（年度、学期、月、周、日）进行规划。

学业规划主要从学习方法、文化基础课、专业基础课、专业课以及与毕业去向有关的考试要求等多方面考虑。

生活成长规划主要从身体健康、心理健康、理财、时间管理和正确交友等方面考虑。

社会实践规划主要包括参加校园社团、见习实习、假期社会服务及兼职、参加公益活动等内容。

不同学年的学业内容、生活成长内容、社会实践内容等都不相同，而且每个人的实际情况也不一样，所以每个人都可以罗列出众多目标，这些目标可以各不相同。下文将进行简单的阐述。

（一）学业方面

大学一年级学业规划的重点是掌握自学方法，学好文化基础课、专业基础课，外语学习以英语四级考试为中心，学会充分利用图书馆，学会规划自己的大学生涯等。

大学二年级的学业规划则基本以专业基础课程和专业课程的学习为重点，而

英语学习也已经瞄向了英语六级、TOEFL、雅思或 GRE，文献检索可能也基本侧重于相关专业的信息。

大学三年级则进入了专业课的学习高峰，在众多的专业课程中，有的学生可能会发现自己最感兴趣的课程，而且可能因为自己对这门课程的喜好而关注相关的学科和行业、职业，开始收集相关的专业信息甚至撰写和发表相关学术论文；准备出国的学生，这时可能要安排 TOFLE、雅思和 GRE 考试，而想考公务员的学生，这时则必须关注有关公务员考试的信息，收集公务员考试的信息，复习公务员考试的资料等。

大学四年级的学业规划重点是完成毕业考试和毕业论文；打算考研的同学要准备研究生考试；打算留学的同学要开始联系国外的学校提交申请等；打算创业的学生则必须做创业前的准备，如了解创业说明书的编制、融资方式和渠道、企业申请的程序和相关规定等。

（二）生活成长方面

大学期间的生活成长规划主要包括养成良好的生活习惯、培养健康的兴趣、树立正确的恋爱观以及学会财务管理、时间管理和人脉管理等。

大一新生首先要摆脱对父母的依赖，逐渐独立处理一些事情。其次要解决学习的主动性问题：在思维习惯上，要改变未成年人的思维习惯，学会独立思考，不人云亦云；在生活习惯方面，则以形成良好的生活习惯为目标，学会管理财务、管理时间，合理地安排开支、作息时间。最后要加强体育锻炼，保持身体健康。

大二学生在生活成长方面则要重点关注思想道德的培养，学习一些做人的基本道理，培养自己敬业、刻苦、坚韧、忠诚的意志，形成感恩的心态，树立爱祖国、爱人民、愿意为祖国的现代化建设作贡献的雄心。

大三学生要多学习礼仪、演讲技巧，学会沟通技巧；另外还要学会简历的制作方法、自荐信的写作技巧等。

大四学生要注意从学生到社会人、职业人的转变，要多了解社会、职业与校园的不同，要了解离校手续的办理流程、国家关于就业的各项政策规定、求职过程中的各种陷阱及其应对方法等。

（三）社会实践方面

大一时，属于适应阶段，作为新生应该：①尽早和同寝室、同组、同班的同学搞好关系，要善于和同学交流；②了解和选择校内的学生社团，积极参加社团活动，积累社交能力；③走出校门，了解所在的城市，包括这个城市的环境、文化背景等；④定期去福利院做义工。

大二时，要争取在社团内担任一定的职务，锻炼自己的组织和领导能力；要积极参与社区的公益活动；适时做些家教；坚持做义工；可以适当做些兼职；利用寒暑假参与社会调查和服务。

大三时，结合本专业的学习，要尽可能参加相关企业的活动，到相关企业实习，从而了解相关行业所需要的知识和技能，为自己的专业学习提供更加明确的目标。

大四时，继续巩固所学知识和技能，重点是实习。结合专业的实习最有利于检验大学四年的学业成绩，大学生可以在实习中应用自己学到的知识，可以通过实习掌握在课堂上无法学到的技能，甚至可以为企业在技术革新、流程再造、管理理念等方面提出自己的改革意见，从而让企业更熟悉自己、了解自己，为自己毕业后的就业、深造、创业奠定基础。以上只是我们对大学时期相关活动内容的一个简单举例，在现实生活中，大学生要规划的内容会复杂得多，但是掌握方法之后，就可以举一反三，根据各自的需要进行规划，见表4-3。

表 4-3　按内容制订大学期间的生涯规划

规划主题	规划时段		具体目标				
			1	2	3	4	5
学业规划	大一	上学期					
		下学期					
	大二	上学期					
		下学期					
	大三	上学期					
		下学期					
	大四	上学期					
		下学期					

续表

规划主题	规划时段		具体目标				
			1	2	3	4	5
生活成长规划	大一	上学期					
		下学期					
	大二	上学期					
		下学期					
	大三	上学期					
		下学期					
	大四	上学期					
		下学期					
社会实践规划	大一	上学期					
		下学期					
	大二	上学期					
		下学期					
	大三	上学期					
		下学期					
	大四	上学期					
		下学期					

二、按学年或学期制订自己在校期间的生涯规划

按学年或学期制订自己在校期间的生涯规划是以时间为主线来规划大学生涯的一种方法，即分为大一、大二、大三、大四的规划，还可以再细分为上学期、下学期，甚至月计划、周计划、日计划等。在时间规划的基础上，再对内容（学业、成长和实践）进行规划。这种方法与上一种方法有相似之处。

我们通过一个案例来对这种生涯规划方法进行简单的了解。

案 例

陈×，某财经大学财经类专业的大一新生，为了避免大学毕业后就业走弯路，她根据自己所掌握的职业生涯规划知识为四年大学生活做了规划：首先，她对自己的优缺点进行了分析，优点：性格开朗外向，对社会经济问题感兴趣，擅长分析，对数字很敏感，语言表达能力强；缺点：气势咄咄逼人，不善于与人合作，考虑问题深度不够，文字表达能力欠佳。其次，她确定了自己的长期目标和短期目标，长期目标：毕业后进入知名管理顾问公司；短期目标：加强文字表达和沟通能力，提高英语表达能力，专业学习上有成果。最后，她制订了大学一年级的学习目标和主要内容。

学习目标：初步了解职业，提高人际沟通能力。主要内容：①和学长交流，了解就业形势；②以学业为主，在学好基础知识的前提下，积极参加学校社团活动，培养和锻炼人际沟通技能；③学习计算机知识，辅助自己的学习。

一般来说，大一新生制订生涯规划的步骤如下：首先，进行自我评估，认清自己的优缺点；其次，确定长期目标和短期目标；最后，制订实现每一个短期目标的行动计划，根据自身发展的需要，采取相应的方式和途径，按年级、学期或学年进行。可根据表4-4按学年或学期制订大学期间的生涯规划。拟好规划后，还需要提醒自己，在具体实施目标过程中也会碰到困难。如果有很难预料的或难以控制的事情发生，如社会经济衰退、生病、环境突然发生变化等，在这种情况下，大学生需要等待时机，或寻求其他方法，或调整自己的目标来适应社会需求。

表4-4　按学年或学期制订大学期间的生涯规划

规划时段		规划内容	具体目标				
			1	2	3	4	5
大一	上学期	学业规划					
		生活成长规划					
		社会实践规划					

续表

规划时段		规划内容	具体目标				
			1	2	3	4	5
大一	下学期	学业规划					
		生活成长规划					
		社会实践规划					
大二	上学期	学业规划					
		生活成长规划					
		社会实践规划					
	下学期	学业规划					
		生活成长规划					
		社会实践规划					
大三	上学期	学业规划					
		生活成长规划					
		社会实践规划					
	下学期	学业规划					
		生活成长规划					
		社会实践规划					
大四	上学期	学业规划					
		生活成长规划					
		社会实践规划					
	下学期	学业规划					
		生活成长规划					
		社会实践规划					

第四节　大学生职业生涯规划案例介绍

　　大学生生涯规划没有固定的答案，每个人的条件不同，梦想也不一样，而随着自身的成长和能力的提升，每个人的理想也会发生不同的变化。但我们要清楚，在总体目标之下，有每一阶段的阶段性目标和某一方面的局部性目标，如这段时间我要练好英语听力，而具备这项能力会为我今后考研或出国提供必要的语言条件，是为我的考研或出国总目标服务的。也就是说，总体目标是由阶段性、局部性小目标组合形成的。如果没有明确的方向和阶段性、局部性目标，则可能使总体目标变得空洞，从而虚度光阴。下面介绍几个成功的生涯规划案例，供大家参考。

一、就业规划的案例

（一）自我分析

1. 我的性格

　　我的性格很复杂，具有综合性，内向和外向兼备，内向稍占上风。但比较开朗活泼，易与人交往。喜欢不断地结交新朋友，一旦与人建立朋友关系，就会全心投入，经营好我们的友谊，因此，朋友们对我的评价不错。

　　我不甘落后，有较强的上进心，一旦落后便会奋起直追。高中前，我把一切都看得很重，不允许自己在任何方面做得不好，而且非常重视别人对我的评价。但是高中后，我渐渐明白，山外有山，人外有人。随着接触的人越来越多，我也发现了自己更多的弱项。于是，从那时起，我就开始改变自己，不再要求自己在各个方面都必须优秀，开始学会扬长避短或取长补短。

　　当然，这种观点或价值观使我不会再像以前那样累，也使我开始正确认识自己，变得有些现实。因此，我应对挫折的能力也变得更强，懂得了微笑面对生活。遇到高兴的事情就与朋友分享，但是遇上悲伤的事情学会自我"消化"、调适。在我看来，悲伤不应该带给朋友们。

2. 兴趣爱好

　　我的兴趣可能受家庭环境影响，自识字起便喜欢阅读，现在阅读仍然是我最大的爱好。我的阅读范围比较广泛，只要感兴趣都会涉猎。但很遗憾，或许是我的阅读方法不对，虽然看过很多书，但能记得的却不多，掌握的知识也是一知半解，每次提笔想运用看过的东西时，总感觉无法很好地驾驭，以后还需要加强阅读能力的锻炼。

3. 优势所在

能结交各种朋友且维持牢固的关系是我的一大优势，毕竟人际关系在当今社会有着举足轻重的作用。还有，喜欢读书不断追求新事物、新知识的思想会促使我不断地提高自己，不断地丰富自己的内涵以更好地适应现代社会的要求。而且我的适应能力很强，在任何陌生的环境，我都能在短时间内适应。

4. 劣势所在

如上所述，自从高中开始懂得正确认识自己之后，学到了很多，但也失去了很多……我总是处于不断的自我怀疑中，不再相信自己有与别人竞争的能力，确切地说是有些不敢与别人竞争，于是，我变得越来越低调，越来越沉默。渐渐地，我发现在持续的沉默中，我已经从一个活跃的竞争者变成了一个沉默的看客，我对任何活动都没有激情和兴趣。这是我自上大学以来一直想改变的缺点，但到现在我发现毫无起色。

5. 改进设想

我不会允许自己就这样沉沦下去。在以后的日子里，我会积极地抓住各种适合我的机会去证明和提升自己，不在乎失败，不在乎被人比得有些黯淡。可能这些对我这个早已习惯沉默和当看客的人来说有很大的困难，但是我要拼一下！经过很长一段时间的思考，我开始懂得，大学就是一个给我们提供各种机会去提前体验失败的试验场。它提供给我们一切机会为以后作准备，使我们在将来踏入社会的时候，不会太仓促和紧张，因为我们经历过失败，并从中吸取了教训，这些都将成为我们以后竞争中的优势。

（二）职业选择及决策理由

1. 职业选择

虽然当初填报志愿，新闻学专业不是我自己的选择，但在我深入学习之后，我发现自己还是很喜欢这个专业的。因此我想未来的职业选择应该是新闻媒介从业人员，如记者、编辑或其他新闻媒体工作的职位。

2. 决策理由

我发现自己很矛盾，有时候想过安静平凡的生活，但是大部分时间却很讨厌平平淡淡、毫无激情的生活。我渴望一种多姿多彩的生活，这就是我选择新闻媒体工作的原因之一。

另外，我从小就崇拜记者，我羡慕他们可以用自己的笔和思维来揭示一些问题，解决一些平常人无法解决的问题，可以伸张正义，去了解很多普通人永远无法知道的真相，这对追求新奇的我来说简直是一种诱惑。而且，如今新闻媒体行业的报酬也不错，符合我的需求和父母的期望。

3. 具体要求及存在的差距

或许，就我目前的状况看，这些梦想显得有些虚无缥缈。有时我也会想，难道是目标定得有些不切实际？毕竟如今对新闻媒体从业人员的要求是相当高的，尤其是记者。我认为社会对这个职业的要求几近苛刻。

现代社会需要的是掌握多种技能的社会活动型记者。在高度开放、信息高度发达、经济日趋全球化、生活节奏加快的时代，对记者能力的要求只会越来越高。

首先，要有快速反应能力。不仅要有抢新闻的意识，在关键时候，听到一个新精神、新提法、新题目，就要马上在头脑中有所反应，有探索新闻的能力。新闻工作者的分辨能力渗透于新闻报道的各个环节，如选题、角度、主题等，要在瞬息万变的信息面前迅速识别哪个是新闻事件，从而在有限的时间内抓住新闻的本质。

其次，要有一个冷静而清醒的头脑、一腔充满正义的热血、一双敏锐而深邃的透视眼、一副善听八方的顺风耳、一张能说会道的巧嘴巴。总之，就是要求新闻记者有较高的综合素质，掌握各种知识、技能。若综合素质不过关，应聘记者会是一个很大的挑战。

如此苛刻的要求，我也仔细想过自己与之存在的差距。就目前来讲，我的性格中不甘于平淡的生活、渴望激情的特征，可能对将来发掘新闻有一定的帮助。但我的能力在很多方面都不符合标准。它要求实践能力强，而我现在恰恰处于实践的旁观者阶段，主动性不强。它还要求良好的沟通能力，这就要求我不断提高个人修养和素质，使个人的人格魅力不断提升。

　　总结一下，我选择这个行业，从我自身来讲，虽然目前我对某些活动不够积极、主动，有些不太符合未来新闻工作者的素质要求，但我知道，自己不是一个轻易服输、不思进取的人。从外部因素来说，新闻媒体的工作在社会上是一个不错的选择，同时这也是我的父母对我的一种期盼，我不想辜负他们。我会用自己的坚强和思考前行，自己选择的道路，我一定会披荆斩棘努力走下去。

（三）未来三年的计划

　　总纲：我不会像大一那样，得过且过的日子让它随风去吧。我要努力学好专业知识，打下牢固的基础，不再让专业基础知识出现欠账和漏洞。充实地度过每一天，做到每一天都比前一天有进步。不再迷茫，设定清晰且切实可行的目标，每天都为之而努力。

1. 大二阶段

　　在学习专业课的同时，广泛阅读与本专业有关的书籍，补充课堂知识的不足，开阔自己的视野。每天认真做好预习和复习，不要等到期末考试时才看书。在正常学习的同时，还要加倍努力地学习英语，以应对学期末的四级考试。制订英语学习计划，保证每天要记忆的单词量，每天练习听力，尽快提高听力水平。

　　早晨去操场大声朗读英语，加强英语口语练习，纠正自己的英语发音。不再因为张嘴吐不出英语句子或单词而苦恼，更为自己日后的职业奠定基础。毕竟，从事新闻工作要接触的人很多，用到英语的场合也会非常多。除此之外，考取计算机二级证书和普通话等级证书，尤其是普通话必须达到一级。这些都是作为一个未来求职者所必需的。

　　加强实践能力锻炼。积极参加各种活动，在各种活动中锻炼实际操作能力。在闲暇时，找机会去新闻媒体单位实习，以了解未来工作的能力需求和工作流程。

2. 大三阶段及以后

　　我认为现今社会对学历的要求较高，大学生必须面对较大的就业压力，这是一条无法逃避的道路。因此，这促使我大三以后的主要生活方式，除了做好实习工作外，还要将精力放在就业准备上，争取在实际工作能力提高的同时进一步提高就业能力和职业素质，更好地开始自己的职业生涯。

这些是我最基本的大学生活计划，我认为想通过这些计划达到一个非常成功的境界是很困难的。但计划的目的从来就不太可能是达到完全成功，而是使我们每天都知道自己该做什么，每天都有新收获和新发现，每天都有进步。珍惜每一天，充实地度过每一天。我要抓住梦想的翅膀，让梦想飞翔！

二、考研规划的案例

（一）自我分析

1. 个人基本情况

我是一个性格比较外向的人，敢于尝试新鲜事物，在上大学后逐渐对自己树立起信心。我喜欢朗诵，对于好文章总喜欢去尝试朗诵它。别人对我的看法，我比较在意，因此对事情的决断有些优柔寡断。这点我正在努力改变。

2. 职业兴趣

我的专业是播音与主持，我很喜欢这个专业。对于我来说，能够读到优美的文章是一种享受。我很喜欢主持节目，尤其喜欢龙洋主持的《中华诗词大会》，她的文学涵养、语言和气质都很吸引我，我希望有朝一日能够和她一样，拥有一个能传播文化，属于自己的独特节目！

3. 现状分析

我认为，播音主持专业需要良好的口才、过硬的基本功、较为广博的知识，还有足够专业的素质以及修养。

要想进入社会这个复杂多变的环境，就必须有扎实的专业能力。所以，必须在现阶段认真听老师的课，努力实践，充分发掘自己的潜能，才足够在社会上立足。我想通过学习，储备更多的能量，所以我准备考研。

今年我已经通过了普通话等级测试的考试，准备在大三之前通过大学英语四级考试和计算机等级考试。在步入大学后，我参加了"校园之声"广播站，并在第二学期成为正式播音员。我积极参与学院和学校的各类朗诵活动，并获得奖项。

（二）职业分析

1. 行业分析

播音主持是热门专业。主持人，尤其是强势媒体、全国性媒体的主持人，备受追捧，被人艳羡也属正常。但也因为热门，行业的竞争也很大，全国每年播音主持专业的毕业生非常多，优秀的人更多，所以不能简单地认为进了大学的播音主持系，就可以当主持人了。

2. 岗位分析

（1）采编播全能型

采编播、录音剪辑后期制作、电脑非线贴声等等。

（2）机智幽默型

各电台、电视台都开设了许多娱乐和综艺谈话类节目，张力大，空间广阔，这种类型的主持人很抢手。

（3）老实厚道型

本分扎实，埋头苦干，任劳任怨。

（三）职业决策

我的目标是：在多年后能够成为地方台的首席主持人。

目前，全国广播电视媒体发展很快。全国省级或直辖市级广播电台有四十多家，各省台又分信息、文艺、娱乐、旅游、交通、经济、都市等几家甚至十几家系列台。电视台频道分化细致，数量明显增加，尽管竞争激烈，但无疑给播音主持专业的毕业生提供了广泛的就业机会。除去省级台，全国还有近千座省辖市和市级广播电台、市级广电媒体。它们机制灵活，求才若渴，人才普遍面临断层，名校毕业生难以聘到，骨干主持人常有跳槽。在这样的背景下，年轻的大学毕业生很快会被提拔到中层，可以一展才华。各地广告收入逐年递增，传媒从业人员的收入提高较快，地方台的优势很明显。

（四）计划实施

未来 1～4 年的时间内：认真完成学校的学习内容，通过大学英语四级考试，找一份兼职，去电视台实习，准备考研究生。

大一期间尽快适应大学生活，完成好学业，加入学生社团或广播站，找一份兼职。

大二期间精进专业知识，争取拿奖学金，考过英语四级，普通话等级考试拿到一级乙等或以上，到电视台实习。

大三期间努力学好专业知识，准备研究生考试，确定研究生目标院校，研读招生简章。

大四期间参加研究生入学考试，做好复试准备，同时根据情况参加招聘会。

未来 5 ~ 7 年：研究生顺利毕业，有一份长期稳定的工作。

未来 7 ~ 10 年：能够成为一名合格的外景记者，并且具备丰富的工作经验。

未来 10 年及以后：开始在电视台当一名主持人，并拥有自己的节目和粉丝。

以上就是我的职业规划，我对自己承诺，一定会坚持努力，成为一名优秀的主持人。我相信通过努力一定可以实现我的理想人生！

三、考公务员规划的案例

(一) 自我分析

1. 我的性格

我觉得我的性格不算太活泼，也不太内向。由于来自偏远山区，经历过一些困难，所以遇事能够沉着冷静，与人相处也很融洽。我好胜心较强，但能够很好地面对成功和失败，也能很好地对待周围的人。但有时在某些事上原则性比较强，这样在别人眼中有点以自我为中心。我也在努力提高自己的综合能力。

2. 我的兴趣

我的兴趣爱好比较广泛。我喜欢看小说、爬山、打球、旅游等，甚至还喜欢唱歌、跳舞（比较喜欢集体性的）。喜欢的东西很多，但似乎没有特别擅长的。

3. 我的技能

（1）我现在拥有的技能：计算机基础技能，球类运动，乐器演奏。

（2）我大学期间需要提高和发展的技能：

计算机技能：计算机技能是今后工作中的通用技能，也是我现在所学专业的主要方向。

英语：学会一门外语，在今后找工作中更有优势，也是一种通用技能。

口头表达、书面表达能力：现在我觉得表达能力方面还很差，有待提高。因为这不仅是今后工作的需要，而且也是影响生活质量的重要因素。

管理组织能力：我认为能很好地管理自己和一个集体，组织好自己想组织的活动不仅能满足自己的兴趣需求，而且对今后的工作也很有帮助。

4. 我的价值观

我自小接受现代科学教育，是无神论者。在价值观教育方面受马克思主义哲学的教育最多，受的影响也最深，可以说总体上是持马克思主义哲学价值观的。

5. 我的家庭情况

我家是典型的三代同堂的家庭，有爷爷、父母，还有哥哥，虽然家庭经济条件不好，但充满温暖和爱。

6. 我的社会资源

父母都是普通农民，亲戚朋友中除一两个在当地特别显赫外，大多是普通的工作人员。总体上，社会资源很有限。

7. 我做过的最成功的事情

（1）在读书人很少的家乡农村，从没有摆过读书人的架子。既能干农活，也能搞好学习。对生活充满热情，有很强的进取心，意志坚强。

（2）能够调解父母之间的矛盾，使自己生活在温馨、和谐、幸福的家庭里。

8. 我做过的最失败的事情

为了中考、高考，放弃了许多兴趣爱好。

9. 我的优势和劣势

（1）优势：有较好的观察力，意志坚强，自我调节能力强，领悟力强，学习接受能力较强，有一定的组织管理能力，比较注重全局。

（2）劣势：有时候比较固执，过于自信，行事太过谨慎，不喜欢冒险，不愿意也不敢承担风险。

（二）职业选择及决策因素

我把公务员作为职业选择的原因如下：

（1）从自身分析，受传统思想影响较大。自大学生职业生涯规划第一节课，我就思考一直促使自己读书这么长时间（相对于家乡的同伴）的主要动力，发现自己从小受到的教育都是"好好读书，考大学，将来回来建设家乡"，建设家乡就意味着考公务员。而自己也在不知不觉中把当公务员视为奋斗的目标。即使自己没有发觉，这个潜在的目标还是比较牢固的。所以，从自身角度考虑把一直使自己奋斗的公务员目标选为首要的职业选项是正确的。这也是我学了信息与计算科学专业，选择作公务员为职业目标的主要原因。

（2）从与家乡的关系分析，自身有一种使命感。我是经历了各种困难，在各位父老乡亲的帮助下才来到北京的。而他们的意愿是希望我考公务员。公务员是家人、村里的人都想让我从事的。他们希望我能为家乡做点事，我也有为国家、为家乡作贡献的热情，这成为一种无形的"使命"。

（3）从公务员的待遇及自己的能力分析，可以选择。单从待遇方面看公务员的待遇还可以，也比较稳定。况且自己从小担任班委，也比较喜欢组织管理人。虽然来到大学后，组织管理能力方面不是很突出，但自认为还是有一定的能力，有发展空间。

（4）从其他特殊情况看，我所属的民族是中国 55 个少数民族中人数特少的民族之一，正缺少民族干部。这一特殊情况对我也比较有利，我会根据自身的能力等条件，决定报考国家公务员，还是地方公务员。

（三）与目标的差距

综合素质有待加强。大多数工作包括公务员都需要很好的综合能力，综合能力对一个人的发展影响也很大。我现在的组织管理能力还很有限，言语理解与表达、提取概括能力、逻辑分析能力、解决问题的能力等都有待提高。

（四）三年行动计划

我以后的职业选择主要就放在公务员上，我的行动计划主要也是培养自己的通用技能。不管今后考公务员，还是找其他工作，我相信有能力的人总能找到工作。

1. 学好本专业

学好本专业是毕业的前提条件，也是今后学习、工作所需要的。如果我有很好的数学基础的话，我会在以后的学习、工作、研究中感受到数学给我带来的数不尽的好处。很多经济学家、天文学家、物理学家首先是数学家。并且，该专业也要学很多计算机课程，掌握计算机技术对以后就业是很有帮助的。计算机技能是今后工作中的通用技能，因此我要考计算机四级（这是最低要求）。

2. 学好英语

英语过级不仅是毕业的必备条件，而且也是社会的要求。学好一门外语对今后的工作、学习都是很有帮助的。这样也符合 T 字形人才的要求。我的英语基础并不好，但我还是坚持每天记 10 个单词，练听力，读英语文章。我打算在大二下学期先把四级过了，大三再考六级。当然，这肯定需要更加努力，我相信自己能坚持下去。

3. 选修经济、管理方面的课程

我发现自己在计算机方面没有很好的灵感，而对经济等方面有兴趣。所以先读信息与计算科学的本科，然后转成经济或管理方向的研究生，或者在这些方面就业，这是非常好的一种组合。除了选修有关课程外，我也多读经济、管理方面的书。我已经向有这样经历的学长了解过情况，并会继续下去。

4. 培养组织管理能力

由于自己小学、中学都当过班委，我以为自己的组织能力还可以。刚入学时，我竞选班委没成功，才发现自己在表达、组织等方面的能力很差。但我并没有因此而堕落，我利用在学院办公室勤工俭学的机会锻炼自己，并参加"关注三农协会"、琴箫社锻炼。当然，由于我所学的信息与计算科学专业课程比较难学，学习任务多，对参加课外活动的时间有限制。这学期，我在外面当家教，能锻炼表达能力，也能解决生活费问题，但接触面不广。因此，下学期我争取找更能锻炼人的兼职，比如促销之类的或到企业实习。

除此之外，以后尽量多参加寒暑假的实践活动、志愿活动等。这样不仅能丰富自己的档案履历，而且更为重要的是能丰富自己的社会实践经验，提高自己的能力。

除了上述计划外，我会不断关注社会就业情况、公务员考试录用条件及政策，有必要时调整行动计划。

四、留学规划的案例

（一）自我分析

1. 我的性格、兴趣

我的性格有些内向，但有时开朗、活泼，很积极向上，是乐观主义者，遇事都会从其好的一面观察，每天都会用微笑与别人打招呼。对事情大多抱有乐观态度（当然，这或许与我没经历过多少挫折有关）。我对挫折的承受力很差，对成败看得很重，但大多数时候只是自己暗暗较劲。任何事情，只要我决定去做，就一定会尽最大的努力。

我业余时间喜欢听轻音乐。有时会与同学聊天，谈论一些稍有哲理性的问题，交流对问题的看法，或者讨教一些待人接物的方法；有时会独自躲在安静的环境中思考问题，反思自己，哪些做法是对的、哪些是错的，以及如何完善自己的人格和关注心理健康；懂得开导自己，并推己及人，己所不欲，勿施于人，己所不乐，勿加于人；待人真诚，体贴别人，喜欢帮助别人；有时还会耍一些小孩子脾气。

因为已打定主意留学，感情方面也没有牵绊，所以学习非常用功，学习态度也很端正。我不太活跃，不主动参加活动，不太喜欢喧闹的场面，语言表达能力一般，不善人际交往，在这方面缺乏自信，喜欢随遇而安，不喜欢领导、强制别人。

2. 我的能力

（1）我现在拥有的能力：基本的英语听说读写能力，计算机基本操作技能，动物学、植物学等专业基础知识及相应的实验技能。

（2）大学期间要培养的能力：生物科学专业基础知识及相应实验、实践技能，培养较强的逻辑思维能力。这要求我在专业学习上要做到扎实、稳固，还要多接触一些与专业相关的知识，了解国际上本专业的最新动态，多做本专业的实践项目，如 URTP、挑战杯科学技术作品大赛等。

　　我打算毕业后出国留学，因此英语必须达到较高水平，除了大学英语四、六级考试外，大四前还要过托福、雅思、GRE，对英语的学习不能等闲视之。

　　大学期间，我还要提高人际交往能力，这要求我多参加学校活动，多与人接触，多积累经验，努力做到与陌生人大方自然地交流。

　　同时，我还要提高口语表达能力。目前我经常给别人讲一件事情时不能描述清楚事情的主要内容，也无法表达其精彩细节，不能很好地组织语言表达出来，通常会描述啰唆，条理不清，而且其中还夹杂着很多不必要的连接词和感叹词。

　　大学期间写作能力的提高也是重点。生物科学专业做完科研以后要发表论文，没有好文笔自然无法把自己的科研成果公开发表，科研价值也就无法最充分地体现。因此，提高写作能力也是必需的。

　　3. 我的价值观

　　我没有什么特殊的宗教信仰，是无神论者，坚信马克思唯物主义、马克思主义哲学价值观。我还坚信善有善报，恶有恶报，不管别人如何，只做自己觉得好的事情，喜欢帮助别人，并乐在其中。

　　4. 同学、老师对我的评价

　　学习刻苦、优秀，本性天真、单纯，缺乏社会实践经验，很搞笑，脾气好，细心，做事细致，但考虑事情不周到，对事情的认识肤浅，不能看到事情的深层。

（二）SWOT 分析

　　1. 我的优势

- 专业知识、专业技能掌握牢固，且对本专业知识的学习抱有极大的热情。
- 性格属稍偏内向安静型，心思细腻，做事认真，考虑问题比较细致。
- 有较强的逻辑思维能力和发现问题、分析问题和解决问题的能力。
- 积极参加各种学术活动，现在正申报 URTP 项目。
- 生活态度比较积极，善于发现事物和环境积极的一面。
- 待人真诚，有责任心、爱心，并且喜欢做相关工作。
- 善于短期规划，而且能很好地完成计划任务。
- 喜欢能让自己静下心来的工作环境，能自己控制、安排的工作，不需要跟很多人打交道的工作。

2. 我的劣势

- 我准备大学毕业后去美国留学，但现在的英语水平远远不够。
- 实验操作技能与所需水平还有差距。
- 计算机操作水平不够高。
- 竞争意识不强，对环境资源的利用不够主动，也就是与环境的交互能力不够，抗压能力不强。
- 人际交往和沟通能力欠缺，口语表达能力也不够好。与人交谈时沟通不畅，表达不清楚、解释问题抓不住重点、谈吐条理不清。
- 怀疑自己的交流沟通能力和口语表达能力，以致丧失许多锻炼自己的机会。
- 做事不够果断，尤其事前作决定的时候瞻前顾后，老是犹豫不决，没有决心。
- 组织管理能力和经验欠缺。
- 不善于长期规划，制订的计划经常被打乱。
- 不喜欢机械重复的工作，也不喜欢没有计划、没有收获的忙乱，不喜欢应酬和刻意的事情。

3. 外部环境的机遇

21世纪是生物科学的时代，社会对生物科学的依赖会越来越强烈，生物科学的发展已被许多国家摆在发展的最前沿，其发展前景广阔。

- 学校的实验教学条件很好，有利于实验技能的培养、提高。
- 学校周围有许多生物科学专业很强的学校，可以去听课。
- 同学来自全国各地，有机会趁假期去全国各地搞生物调研。

4. 外部环境的劣势

- 国内高校毕业生择业的激烈竞争。
- 家庭经济条件一般，不足以供给我出国留学。
- 家庭没有社会人脉基础。
- 没有进入知名的大学读书（但我对自己目前就读的学校还算满意）。
- 生物科学类专业目前在我国发展不是很好，择业范围不广。

（三）职业选择及决策理由

通过以上的自我分析及上次的本专业就业方向及就业前景调研，我觉得自己的职业选择会在以下范围内：

1. 大学教师

在大学里任教，一方面，我可以搞本专业的科学研究；另一方面，大学里工作、生活都很稳定，而且大学教师社会地位也很高。最重要的是我觉得这个职业与我的性格比较匹配。我喜欢沉浸在实验室中，又乐于与人交流思想，而只有教师才能更好地把自己所学传授给他人。况且，目前我国生物方面真正的高级知识人才还很缺乏，更不用说大学里的教师人才储备了，因此这方面的发展前途应该还是挺好的。

2. 科学研究所

这个职业方向算是我的第二志愿了。去科研所搞科研与我的专业有关。此外，在科研所搞科研社会福利也是不错的，而且那里也算是我想象中的净土吧。

3. 生物方面的企业

如果以上两种职业都与我无缘，到生物方面的企业工作就是我的第三志愿了。但我不会对它抱很大的期望，毕竟，我只喜欢搞科研。

(四) 岗位职责和任职资格

深厚的知识储备、高超的实验技能是必要的。除此之外，与人交往、语言表达、写作以及待人接物能力都要足够好。同时，细致、沉稳的性格也都是必要的。综合上述考虑，我制订了大学剩余三年的行动计划。

(五) 三年内行动计划

1. 大一

暑期，做生物方面的社会实践。

2. 大二

（1）大二上学期

在不影响学习（保证学习成绩在班里前三名）的基础上，做 URTP 项目并参加挑战杯大学生课外科技学术作品大赛。

多抽出时间学习英语，听说读写齐头并进：每天练听力，听力训练以六级、雅思、托福或 GRE 听力为训练材料，尽量每周去英语角练口语，每周写英语周记，每天读英语文章，做模拟题。

关注国外一些生物学方面很强的大学，看自己是否能达到他们给予全额奖学金的要求，并努力向那些方面发展。

多参加班级、院系组织的活动，多与人交流，多发言，提高自己语言表达能力以及人际交往能力。

提高计算机操作水平，过计算机二级。

大二寒假报名参加托福、雅思、GRE 学习课程。

（2）大二下学期

在不影响学习（保证学习成绩在班里前三名）的基础上，做 URTP 项目，尽量跟着老师做一些科研项目。

加大英语学习力度，过英语四级，试着做托福、雅思、GRE 模考。

3. 大三

（1）大三上学期——出击阶段

在不影响学习（保证学习成绩在班里前三名）的基础上，做 URTP 项目并参加挑战杯大学生课外科技学术作品大赛，尽量跟着老师做一些科研项目。

试着做托福、雅思、GRE 模考，考托福、雅思、GRE。

开始向国外一些目标大学教授写介绍信，主动联系他们，同时，关注一下国内生物专业很棒的大学，联系一下国内知名教授。

（2）大三下学期——作出选择

保证学习成绩，努力获得保研的资格。

向国外大学投介绍信、简历，看能否拿到全额奖学金，如果可以，着手办理签证，否则，接受保研资格，联系国内的大学教授。

如果保研资格、全额奖学金都没获得，一方面继续学好本学年的课程，另一方面着手准备考研。

4. 大四——尘埃落定

如果能得到国外大学全额奖学金，着手办理签证。

如果得不到全额奖学金而能得到保研资格，则准备研究生复试考核。

如果以上都得不到，定下方向，努力学习，考研。

以上就是我的计划书，我理想的人生路径是出国读研，回国任教。或许你会问，一定要出国留学吗，在国内读研不是一样吗，反正现代社会知识都是国际化的，在国内照样能学到国外的知识，更何况你的家庭条件又不是很好，必须争取全额奖学金，你何必这样难为自己。我想说，我这样选择是有原因的。

五、创业规划的案例

(一) 选择创业的理由

我选择创业作为努力的方向。我的创业目标是自己成立一家广告公司。作出这一决定，主要基于以下几方面的因素：

1. 具备专业优势

由于我的专业是新闻，与广告专业同属于文传学院的管理范畴，因此我有机会学习多门广告课程，这大大激发了我对广告行业的兴趣。我认识到广告的重要性，学习了有关广告的基本理论和广告文案写作的基本方法。可以说，我对广告行业充满了热忱与期待。

2. 自我分析

我仔细分析了我个人的性格、特长，认为我具备如下能力：

（1）想象力丰富；

（2）具有较强的文案写作与设计能力；

（3）有一定的美术功底；

（4）具有一定的创新能力；

（5）具有较好的人际交往能力；

（6）善于发现问题，并找出问题存在的原因，提出解决问题的方法。

3. 具备的优良素质

（1）永不服输，永远向上的奋斗精神；

（2）认真，敬业，对喜欢的事情一丝不苟、兢兢业业；

（3）我不是一个刻板的人，我喜欢冒险，追求创新；

（4）做事果断。

（二）创业准备计划

（1）选修、旁听有关广告和工商管理的课程；

（2）参加学校的创业社团，参加大学生创业大赛，学习和积累创业经验；

（3）完成三类商品广告，包括具体的广告创意、绘图、文案写作、宣传周期、宣传方式及电视报纸的覆盖率；

（4）完成一份"观众印象最深"的广告问卷，根据问卷写一份调查报告；

（5）订一份专业报纸，了解时尚潮流，同时对报纸上的广告进行长期跟踪；

（6）撰写文章，向班刊、校报、校外期刊投稿，锻炼自己的文字写作能力；

（7）进入广告公司的实习；

（8）假期从事促销的兼职，一方面适应社会，另一方面提高自己对商品亮点的把握能力和人际交往、沟通能力；

（9）继续研究有关广告和企业管理的理论著作，认真完成读书笔记。

以上仅是我在大学期间最基本的行动计划，我还将根据实际情况作出调整。我也深知开设公司不能和做一名广告策划人等同起来，你可以是一名好策划、好设计师，但未必会是一名好的公司领导。因此，我的目标是在毕业后先进入一家广告公司，一边从事广告工作，一边学习企业管理。当我认为已经掌握相应的企业经营和管理能力并具备其他创业条件后，我才会开设自己的公司，实现自己的创业理想。

【思考与讨论】

1. 请根据本章内容拟订一份你的大学期间学业、生活以及社会活动规划。

2. 如何在大学期间为你未来的职业发展作准备？

3. 陈大和是工商管理专业二年级学生，他听高年级的同学说现在的用人单位特别重视工作经验，为了毕业后能找一份好工作，他准备从现在起就积累工作经验。为此，他准备先去学校的商店找一份营业员的兼职工作，还准备开一家网络商店，他还准备辞去目前的家教工作，因为他觉得家教工作不能积累商业经验，对毕业找工作没有用。请你评价陈大和的打算，如果你是陈大和，你会怎么办？

第五章　大学生职业生涯规划的第四步：
行动与再评估——职业规划的行动与调整

【学习目标】

1. 了解制订职业生涯规划的实施方案。

2. 了解、掌握职业生涯规划的修正与反馈方法。

3. 制订完整的职业生涯规划书。

　　拿破仑说："想得好是聪明，计划好是聪明，做得好是最聪明。"成功人士的秘诀是：行动，行动，再行动！唯有行动才能决定你的价值。行动可以让你的梦想和目标从思想领域步入现实，不论是朝向自己心中的圣地，还是那使命的征途，抑或是那平凡的不朽，这一切都需要我们现在就迈出行动的步伐，一步一步踏踏实实地走。

　　大学生生涯目标规划制订好之后，下一步的关键是根据这一规划制订配套的实施方案，并依据实施方案来行动。需要注意的是，实施方案不等于目标，而是根据目标所制订的，为了达到目标必须采取的行动措施，这些实施方案必须具体，它可以分为年度实施方案（年计划）、月实施方案（月计划）、周实施方案（周计划）和日实施方案（日计划），他们相对应地规定了不同实施阶段的行动计划，年度计划从宏观上规定你一年要做的事，所以可以以总体或每月要干什么来做计划；而月计划则应以每周要干什么来计划，用四周时间来完成；周计划则以日为单位来计划，即每天要完成多少事；日计划则必须以小时来计划，从而指导自己一天之中什么时间应该干什么。

　　在现实生活中，人们做事为什么经常会半途而废？往往不是因为目标难度过大，而是觉得成功离自己很远。因此，我们制订大学生涯目标实施方案时，应该把大学四年的最终目标分解成一个个阶段性目标，相应地制订一个个阶段性实施方案，这样的话，只要坚持实施这些阶段性方案，完成这些阶段性目标，自己大学四年的生涯目标就一定能实现。

必须了解的是，生涯规划是一个动态变化过程，规划方案的超前性包含了方案实施过程中的诸多不确定因素，因此必须重视规划方案实行过程中的行动反馈和结果反馈，如可能出现目标制订得过高或过低的情况；或者实施方案与目标不太吻合；或者尽管方案与目标吻合，但自己在执行中不坚决（比如规定六点起床，你偏要六点半才起床），这些因素导致在目标与结果之间出现差距。这时，我们就要对出现的差距进行分析，找出原因，重新调整自己的目标，或者修改自己的实施方案，或者改变自己执行不力的习惯。这就是本章要介绍的大学生职业生涯规划的实施方案的反馈和修正。

第一节　制订大学生职业生涯规划的实施方案

无论我们毕业时选择走哪条路，都要详细地了解出路，制订科学的实施方案，并坚决地执行下去。所谓"知易行难"，就是在确定了职业生涯目标后，行动便成了关键的环节。没有达成目标的行动，目标就难以实现，也就谈不上事业的成功。在实现目标的过程中，要不断地根据实施情况修正行动计划，以便尽快实现规划目标。制订行动计划应注意以下几个问题：①为什么这个目标对我而言是最可能的？②我将如何达成这一目标？③我将分别在何时完成每一项计划？④有哪些人将会或应该帮助我共同进行此项计划？⑤对我而言还有哪些不能解决的问题？

制订大学生生涯发展的具体行动计划，应与大学生生涯目标一致，如生涯目标有大学四年的去向目标；有在去向目标下制订的学业目标、生活成长目标和社会实践目标等内容目标；也有以年度、学期、月、周、日为规划单位的阶段性目标。根据这些目标分别定出四年、三年、二年、一年、一学期以及一月、一周、一日的计划。制订好计划后，再从一日、一周、一月计划实行下去，直至实现自己的一年、二年、三年、四年目标，使自己在毕业时能轻松踏入社会，开始真正的职业生涯。

一、大学四年的行动方案

大学四年的整体规划是根据你的毕业去向总目标制订的行动方案，它可以以年度为单位来制订行动计划。比如我的毕业去向是留学，那我在学业上，第一年先完成大学英语四级考试，第二年开始，准备 GRE 或 TOEFL、IELTS 考试，第三年完成这些考试，第四年具体联系国外的相关学校。

为了联系一个好学校，从第一学年开始，我就要努力学习以确保每门功课成绩都在 A 或 B+，我还要尽可能地参加社会实践和公益活动，以及阅读大量有关国外人文知识的书籍，了解国外的风土人情，要锻炼和培养自己的交际和沟通能力等。可以根据表 5-1 制订大学四年的行动方案。

表 5-1　大学四年行动方案表

实施时间		学业方面		生活成长方面		社会实践方面	
		目标	方案	目标	方案	目标	方案
第一学年	上学期						
	下学期						
第二学年	上学期						
	下学期						
第三学年	上学期						
	下学期						
第四学年	上学期						
	下学期						

二、年度（或学期）行动计划

年度（或学期）计划是为了完成年度任务而制订的配套实施方案。比如我第一年要考过英语四级，那我每月要背完多少单词，或者前三个月背完单词的准备，后三个月学习语法，再用三个月锻炼阅读能力和听说能力，最后三个月做模拟考试和考试技巧的培训等。可按表 5-2 制订年度（或学期）行动计划。

表5-2　年度（或学期）行动计划表

实施时间	学业方面		生活成长方面		社会实践方面	
	目标	方案	目标	方案	目标	方案
1月						
2月						
3月						
4月						
5月						
6月						
7月						
8月						
9月						
10月						
11月						
12月						

三、月度计划

月度计划是指按月度目标来制订，具体到以每周为单位的行动计划。如我计划本月完成3000个单词的学习，前两周每周安排1000个单词的学习，后两周每周安排500个单词的学习等。这些计划应包括对要做的工作、应完成的任务、质和量方面的要求等。可按表5-3制订月度计划。

表5-3　月度计划表

实施时间	学业方面		生活成长方面		社会实践方面	
	目标	方案	目标	方案	目标	方案
第1周						
第2周						
第3周						
第4周						

四、周计划

周计划是指按每周的目标来制订的，具体到以每天为单位的行动计划。比如一周要完成 1000 个单词的学习，那我每天至少要完成 150 ~ 200 个单词的背诵。可根据表 5-4 来制订周计划。

表 5-4　周计划表

实施时间	学业方面		生活成长方面		社会实践方面	
	目标	方案	目标	方案	目标	方案
星期一						
星期二						
星期三						
星期四						
星期五						
星期六						
星期日						

五、日计划

日计划是计划中最小的单位，它围绕每天的目标来制订，一般计划到每小时的学习安排，非常具体。如我每天安排早上 6：00—7：00、晚上 9：00—10：00学习英语。每天晚上在睡前总结当天的计划实施情况并考虑第二天的计划。可按表 5-5 来制订每日的计划。

表 5-5　日计划表

实施时间	学业方面		生活成长方面		社会实践方面	
	目标	方案	目标	方案	目标	方案
6:00—7:00						
7:00—8:00						
8:00—12:00						
12:00—14:00						

续表

实施时间	学业方面		生活成长方面		社会实践方面	
	目标	方案	目标	方案	目标	方案
14:00—17:00						
17:00—18:00						
18:00—19:00						
19:00—21:00						
21:00—22:00						
22:00—6:00						

　　总之，一旦制订了科学合理的大学期间职业生涯规划和与之配套的实施方案，就必须严格实行，这样才能使自己的生涯规划目标得以实现。然而，大学生活中可能出现许多意外或紧急的工作或事情，干扰你的计划，打乱你的安排，这时就需要我们加倍珍惜时间，把耽误的时间抢回来。同时，在制订具体方案时，要留有一定的机动时间以处理这些特殊事件。为了保证自己的行动与努力的目标一致，就需要最大限度地根据所确定的职业生涯发展规划，约束自己的行为。

　　笔者提出以下几项措施，帮助大学生们更好地执行自己的大学生涯规划实施方案。

　　（1）保证经常回顾构想和行动规划，必要时做出变动。有些人虽制订了计划，但总是不将计划放在心上，盲目地做事，而不知道自己努力的方向在哪里，缺乏时间观念，没有目标，结果贻误职业生涯发展机会。

　　（2）如果自己的理想蓝图发生变化，职业生涯构想和行动规划也要做相应的变动，对应的目标和策略也应改变。然而计划毕竟只是计划，往往需要和现实结合起来，实施动态管理，否则，缺乏灵活性也会导致计划落空。

　　（3）为了避免忘记重要的学习目标和时间表，最好将学业构想和任务方案存入电脑或放在自己能经常看见的地方，如写在日历上，时刻提醒自己。

（4）当作出一个对学习和生活极其重要的决定时，请考虑职业生涯构想和行动规划，并确保正在仔细考虑的决策与自己的本意相符。有时可能有一些重要的诱因，能在短期内获益，但从长期考虑则会有损失。比如，很多大学生在对待毕业后是考研还是就业的问题上犹豫不决，这时就应拿出自己的规划表仔细看一下，明确自己的本意和设想，这样可避免出现随大流的盲目行为。

（5）与亲朋好友讨论自己的职业生涯构想和行动方案，并询问实现该构想的途径。向亲朋公开自己的职业生涯规划，往往能督促自己行动。如果计划只是自己知道，在遇到困难时很容易退却。反之，如果事先将自己的设想告诉家人和朋友，先征求别人的意见和建议，再采取行动，一方面可以集中集体智慧，帮助自己设计最优的策略和方案；另一方面，可对自己进行监督、约束，增加责任心。

（6）保证至少每三个月检查一次自己的学习进度。过程监督十分重要，监督可以发现职业生涯规划中存在的问题，可以考察计划的落实情况，可以有针对性地提出解决方案。如果感到生活过于忙乱，那就意味着目标定低了，需要进行调整，适时适当地调高目标，这样，可以使自己的目标更合理，使达到的成就水平更高。如果感到自己的生活节奏很慢，效率很低，没有实现原职业生涯规划的目标，则需要考虑自己的动机水平是否足够。

（7）要有毅力，在大学里，可能朋友交际会比较多，有时很多人都在娱乐，自己也有兴趣参加，如果没有职业生涯规划观念和自觉性，通常会使计划流产，一旦最初的职业生涯规划落空，以后也容易放弃，这是需要特别注意的地方。

第二节 大学生职业生涯规划方案的评估与修正

影响职业生涯规划的因素很多，有的因素是可以预测的，而有的因素则难以预测。因此，要使生涯实施方案行之有效，就需要不断地对职业生涯规划进行评估与修正。

一、职业生涯规划评估

职业生涯规划评估主要是对各阶段的预定目标和实际结果之间的差距进行分析，找出差距产生的原因。

(一)差距产生的原因

目标和结果出现差距的原因主要有以下几个：

1.目标定得过高或过低

（1）目标过高，超出个人能力，再努力也白搭，这时要适当调低自己的目标，否则会挫伤自己的自信心。

（2）目标过低，不需要花费很大的精力就可以达成，那这种目标也没有什么价值，这种情况你就要及时调高自己的预期目标，使自己的能力得到充分发挥。

2.目标合适而行动方案与之不配

当目标合适而行动方案与之不配时，也可能导致目标无法实现。如大一的学业规划目标有通过英语四级考试，但却在实施方案中没有安排足够的时间学习英语和做练习。

3.目标和行动方案都合适，但执行不力

比如，目标是考大学英语四级，实施方案中也安排了学习英语的具体时间，但由于其他事情耽误了英语学习，导致目标无法实现。这是执行过程中存在的问题，应引起特别重视。

(二)职业生涯评估的要点

一般来说，职业生涯规划的评估可以归结为自我素质和行为对现实环境的适应性判断，分析自己的现状，特别是针对变化的环境，找出偏差所在，并作出修正。

1.抓住最重要的内容

如果有人同时瞄准几只兔子，那么他可能一只兔子也打不到。同样，在大学生的职业生涯规划中也不必面面俱到，而是只抓住一两个关键的目标和最主要的策略方案进行追踪。在大学生职业生涯的某一阶段，1～2年内或者3～5年内，总有一个最重要的目标，其他目标都是指向这个核心的，你完全可以通过优先顺

序，重点评估那些可能达到这个核心目标的主要策略的执行效果。

2. 分离出最新的需求

针对变化了的内外环境，要善于发掘最新的趋势和影响。对于新的变化和需求，什么样的策略才是最有效且最有新意的，在大学生职业生涯规划过程中，要善于抓外部环境的最新变化而作出适当的调整，使自己的职业规划不落伍。

3. 找到突破方向

有时候，在某一点上取得突破性的进展将使整个局面发生意想不到的改变。想一想，你先前规划中的策略方案，哪一条对目标的达成有积极的影响，这就是你的突破方向。

4. 关注最弱点

管理学中有个著名的木桶理论，即一只口沿不齐的木桶，其容量的大小，不取决于最长的那块木板，而取决于最短的那块木板。在反馈评估过程中，当然要肯定自己取得的成绩与长处，但是更重要的是切合变化的环境，发现自己的素质与策略的"短木板"，然后想办法修正，或者把这块木板换下，或者把它加长，唯有如此，你的职业生涯这只桶才有更大的容量。你可以在1年、2年或3～5年等任何时候回过头来，看看你在制订实施策略前，通过 SWOT 分析发现的劣势如今是否通过阶段性的努力使之有所改观？如果没有好的改变，则要认真思考个中缘由。

一般而言，你的"短木板"可能存在于以下方面：

（1）观念差距。观念陈旧往往会造成策略失误，导致行动失败。因此，要不断检查、更新自己的观念。

（2）知识差距。若自身的知识储备与实施方案之间存在较大的差距，则可能导致没有能力达成目标。因此要取得职业的成功，需更加注重建立合理、科学的知识结构，通过各种途径不断拓展自己的知识领域和积累更多的相关专业知识。

（3）能力差距。环境在变化，对人的能力要求也是在不断变化的。彼时，你通过种种努力提高了某些能力，但此时，可能又有新的差距出现。随着目标的推进，不断要求个人具备更高、更新的技能，因此"活到老，学到老"就是必需的。

（4）心理素质差距。很多时候，我们没有取得预期的进步，并不是规划得不够好或措施不够得当，而是心理素质不够好。一个人职业生涯的发展，也是心理素质的成长过程。因此，个体应不断加强心理素质锻炼，提高心理的适应力、承受力，树立良好的职业心态，积极地面对出现的一切困难。

二、评估的方法

（一）情况记录法

许多高校建立了严格的学生活动情况登记制度，班级团支部定期填写活动记载本，团小组活动登记有团小组活动手册，团员个人参与活动登记大学生素质拓展卡。如果没有活动登记制度，大学生本人可以自己建立活动档案。活动记录本要从思想道德素质、智育素质、体育素质、文化素质和心理素质等方面来记录，形成一个综合素质评价值，并定期检查督促，及时反馈，这样可以使大学生知道自己的哪些能力需要发展提高，从而改进其学习、工作表现和行为。

（二）分析、调查、总结法

每个月或每个学期结束后，要认真总结自己这段时间有哪些收获，这些收获对达到最高目标有无帮助。有的大学生把考研当作近期最主要的目标；有的大学生想节省时间，第二学位成了他们的最好选择；还有的大学生准备毕业后踏入社会，因此为了给自己积累资本，各种职业证书就成了他们要攻克的难关，如英语四级和六级、国家计算机二级等专业证书；有的大学生选择加入学生会，并把学生会锻炼当作大学阶段必不可少的一门实践课。大学生可以根据自己的阶段成果获得情况，提供正确的信息反馈，发现合格大学生的标准和条件。大学生生涯规划在每一近期目标实现后，调查、分析对下一步的主（客）环境、条件，看看条件是否变化、哪些变好、哪些变坏、总体如何，要心中有数，然后，根据变化了的情况，恰如其分地修改下一步拟订的计划。

（三）对比法

每个人有自己的方法，所以在制订职业生涯规划时应多比、多思、多学，吸取别人科学的方法。对别人的职业生涯规划的分析，有助于对自己的职业生涯规划进行修改。

(四) 交流法

这种方式非常简单，就是大学生在日常学习、工作交流中互相提供反馈信息。大学生首先要把自己的职业生涯规划、追求公告于知己学友，让他们关注自己，由老师或同学、朋友对自己的缺点或错误提出意见。其次，虚心、主动、积极地征求别人对自己计划的看法及修改意见，往往会受益匪浅。还可以通过写感谢信、当众表扬或老师当面赞许等方式来传递正面的反馈信息。例如，学习上相互帮助；上课前，通过寝室卧床会的交流等以便取长补短；在实训课结束后马上进行总结。通过日常交流和非正式反馈，学生可以建立起重要的人际交流渠道，为职业生涯规划进行正式反馈铺平道路。

(五) 反思法

回顾职业生涯规划实践，如职业生涯规划中计划的学习时间达到了没有，学习效率如何，学习有什么收获，还有哪些问题，方法上有何体会，等等。

(六) 全方面评价反馈法

全方面评价反馈也称360度反馈，最早由被誉为"美国力量象征"的典范企业英特尔首先提出并加以实施。在360度反馈法中，评价者不仅是被评价者的上级主管，还包括其他与之秘密接触的人员，如同事、下属、客户等，同时也包括自评。可以说，这是一种上级、同事、下级和客户等收集信息、评价绩效并提供反馈的方法。大学生职业生涯规划全方位评价反馈应包含领导、老师、同学、被评价者自身等主体。实施大学生职业生涯规划全方位评价反馈要重点做好以下三个环节。

(1) 做好同学间评议。借助同学们的智慧与经验，让被评价的学生更清醒地认识到自身的优势和不足，明确努力方向。

(2) 做好自我评价。自我评价便于大学生进行自我反思，由被动接受评价转变为主动反省，总结学习工作的得失，同时可以以情商加学习成绩作为核心创新点，使大学生评估成为自我认识、自我改进、自我管理、自我完善的有效途径，使评价成为大学生专业发展的"助推器"。

(3) 落实评价反馈。大学生全方位反馈评估最后能否改善职业生涯规划状况，在很大程度上取决于评价结果的反馈。因而应通过选择合适的时间、地点和反馈途径，把综合各方面的评估信息经过实际分析反馈给自己，并帮助我们评价和调整职业生涯规划的发展和行动计划，从而增强反馈的效能。

三、职业生涯规划的修正

人生目标往往是基于特定社会环境和条件而制订或实现的，这样的环境和条件总是在变化的，因此人生目标也应该进行适时的修改和更新。

对大学生来说，就业环境不断变化，职业生涯规划也应相应地修正，并及时更新。

(一) 职业生涯与发展规划评估及修正的目的

通过评估及修正，应该达到下列目的：

①对自己的强项充满自信（我知道我的强项是什么）；

②对自己的发展机会有清楚的了解（我知道自己什么地方还有待改进）；

③找出有待改进的关键之处；

④为这些有待改进之处制订详细的行动计划；

⑤以适当的方式答复那些给予反馈的人，并表示感谢；

⑥实施你的行动计划，并确保你能够取得显著的进步和成就。

(二) 职业生涯规划修正的内容

以上问题的答案将作为修正新的职业生涯规划的参考依据，对职业生涯规划进行修正的内容包括：

①职业的重新选择；

②职业生涯路线的选择；

③阶段目标的修正；

④人生目标的修正；

⑤实施措施与计划的变更等。

(三) 在此过程中注意回答以下问题

①你的人生价值是什么？

②你拥有的技能和优势是什么？

③你最感兴趣的事情是什么？

④你的人格特质是什么？

⑤你是否好高骛远？

⑥你建立了自己的就业信息网络吗？

总之，职业生涯规划完成并实施后，我们必须对阶段性结果进行评估。根据评估结果找出规划与结果之间的差距，分析产生差距的原因，有针对性地对计划进行调整，并按新调整方案有效地围绕目标开展行动，评估和修正可以按表5-6的格式进行。

表 5-6　大学生职业生涯规划阶段目标评估和修正表

阶段目标 （预计结果）	实施结果	评估差距	分析差距	分析差距 产生原因	修正措施

第三节　大学生职业生涯规划实施方案应用举例

导入案例

有这样一个故事：三个人，分别是美国人、法国人和犹太人，他们将要被关进监狱三年。依照当地的法律规定，他们每人可以提一个要求。

美国人爱抽烟，就要了一箱雪茄；法国人最浪漫，要一个美丽的女子相伴；犹太人说，他要一部与外界沟通的电话。

三年过后，第一个冲出来的是美国人，嘴里、鼻孔里塞满了雪茄，大喊道："给我火，给我火！"原来他忘记要打火机了。接着出来的是法国人，只见他手里抱着一个小孩子，美丽女子手里牵着一个小孩子，肚子里还怀着第三个孩子。最后出来的是犹太人，他紧紧握住监狱长的手说："这三年来我每天与外界联系，我的生意不但没有停顿，反而更好了，为了表示感谢，我将送你一辆劳斯莱斯！"

这个故事告诉我们，什么样的选择决定什么样的生活。如果你是一名刚跨入大学校门的新生，那么请你记住：今天的生活是由三年前的选择决定的，而今天的选择又将决定你四年后的生活。如今，很多大学生在毕业时会感慨："假如时光可以倒流，我会选择另外的生活方式。"还有毕业生说："回首四年大学生活，我浪费了太多时光，好像什么都没有学到，好像自己什么都不行。"为什么会这样？就是因为这些大学生没有做好大学的生涯规划，在茫然、混沌中凭感觉度过了宝贵的大学四年时光，其结果自然可想而知。

所幸，现在的高校和大学生都开始意识到职业生涯规划的重要性，不少学生从大一开始就制订了自己的大学职业生涯规划，开始规划自己的人生蓝图。这里收集了几位大学生制作的大学生涯规划书，以供在校大学生参考。

案例1

大学学习应该"宁可备而不用，不可用而不备"。这是老师对我们的谆谆教诲。我对此语深信不疑，因为我始终相信机遇只会青睐那些时刻有准备的人，为成为一个"好准备的人"，我制订了如下的大学生涯规划。

一、制订大学期间的整体目标

整体目标，也就是大学四年要完成的任务，具体为：通过英语四、六级考试，考取导游证、普通话证、计算机二级证和三级证及汽车驾驶证等；参加学生组织，争取担任学生会或班级里的重要职务；每学期获得一等或二等奖学金；考取复旦大学硕士研究生。

二、进行自我分析

自我评价：本人属于完美型和力量型性格。追求完美、稳重、有活力，待人热情、真诚，有领导才能，工作认真负责，积极主动，能吃苦耐劳，具有较强的专业理论知识，基础扎实，实践能力强，能在专业领域提出自己独特的见解，为人诚信，勤奋务实，有较强的适应能力和团队协作能力，富有责任心和正义感，热爱集体，愿意服从集体利益的需要，热爱公益事业，具有奉献精神。

兴趣爱好：旅游、音乐、体育活动。

优势盘点：时间观念非常强，做事有计划、有条理，忠诚，有责任心，有说服人的能力和较强的领导才能，好强的性格塑造了我越挫越勇的工作态度，凡事力求完美。

劣势盘点：做事情不够大胆，遇事有些犹豫不决，决策不够果断坚决，考虑问题不够周全细致。

工作中的优势：诚实正直，从而鼓励着人们重视我的想法；对事情专注执着；有领导能力，并有高度的组织能力；能透过眼前现状看到事情发展的宏观趋势，以及意识与未来行动的潜在联系；有不做出成绩、不达目的不罢休的干劲。

工作中的劣势：决策不够果断，方法不够灵活，做事太认真，有时过分专心致志，可能导致死板；很难做与价值观相冲突的事；有时过分关注自己的观点是否被尊重和采纳，而不是以结果为导向。

适合的类型：本人属于力量型性格，重权力和领导，希望加入学生组织，进一步培养自己的领导才能，喜欢挑战性工作，积极参与实践锻炼，如从事营销、导游带团活动等；善于处理学习与工作之间的不协调关系，做到两不误。

个人发展建议：在工作中要有灵活果断的风格，以便能有实效地促进事情的正面转化；和他人一起检讨自己，更客观地看待自己的不足和进步，从中获得动力和源泉；要放松，对于目前不能完成的事情应当持更开放的态度。

三、具体生涯规划及实施方案

2014 年 9 月—2015 年 8 月为酝酿阶段

目标：

1. 参加一个社团，1 年内争取担任社团的委员及以上职务。

2. 语文、数学、外语、计算机基础、职业生涯五门基础课优秀。

3. 熟悉校园环境、城市环境。

4. 保持身体健康。

5. 建立人际关系。

实施方案：

1.2014 年 9—10 月底了解学校的社团组织，参加 3 次以上会议，然后选准一个社团参与进去。

2014 年 11 月—2015 年 5 月参加社团活动 20 次，并自己策划和主持活动 1 次。

2015 年 5—8 月担任社团某委员。

2. 在学习上，无特殊情况，每天坚持不迟到、早退，认真上课、做笔记；上课时要踊跃发言，学会学习；除正常上课之外，坚持每天晚上 7—9 点复习功课、写学习日记；12 月底之前，试做一份大学期间生涯规划，请老师指导。

3. 每天早上 6 点起床，锻炼 30 分钟；晚上 9:30—10:00 锻炼。晚上 10:30 准时休息。

4. 每天早上 6:30—7:30 为英语学习时间，背诵英语单词；晚上 9:00—9:30 学习英语。

5. 周日为休息时间，9—10 月底，熟悉城市环境，到旅游风景点参观。

6. 在班上与 5 个以上同学建立较好的友谊；在学校结识同乡或中学校友 3 个；与中学 6 个以上好友保持联系。

2015 年 9 月—2016 年 8 月

目标：

1. 通过英语四级考试。

2. 通过计算机二级考试。

3. 担任社团主席或学院学生会部长及以上职务。

4. 成为预备党员。

5. 拿二等以上奖学金。

6. 向正规出版刊物投稿 1 篇以上。

实施方案：

1.2015 年 9—12 月利用业余时间，重点复习英语四级考试的资料，2015 年 12 月参加英语四级考试。

2.2016 年 1—5 月重点复习计算机等级考试资料，2016 年 5 月参加计算机等级考试。

3. 参加社团及学校活动 20 次以上，竞选社团副主席或学院学生会部长。

4.2016 年 1—5 月参加党课 6 次以上，2016 年 6 月递交入党申请书。

5.2016 年 5—6 月结合专业搜集相关资料，写综述性论文一篇。

2016 年 9 月—2017 年 8 月。

目标：

1. 考取外语导游证。

2. 担任校学生会（副）主席。

3. 考过英语六级考试。

4. 转为正式党员。

5. 暑假前拿到驾驶证。

6. 拿到奖学金。

7. 争取获得省级以上荣誉证书。

8. 在国家或省市校级刊物上发表文章等。

实施方案（略）。

2017 年 9 月—2018 年 6 月。

目标：

1. 到酒店等企业实习。

2.准备保送或考取研究生或考取国家公务员。

3.准备毕业论文并完成答辩。

4.拿到本科毕业证书和学士学位证书等。

实施方案（略）。

案例 2

一、自我盘点

1. 兴趣爱好

业余爱好：读书、听音乐、无线电维修、画画

喜欢的文学作品：《红楼梦》《战争与和平》《老人与海》《平凡的世界》

喜欢的歌曲：《爱拼才会赢》《红日》《流年》

心中偶像：周恩来、比尔·盖茨、邓小平

2. 优势与优点

学习成绩优秀，担任班干部，班级中群众基础好，有父母、亲人、班主任、任课老师关爱，动手能力较强，友善待人，做事仔细认真、踏实、锲而不舍，勤于思考，考虑问题比较全面。

3. 劣势与缺点

目前手头经济状况较为窘迫，身材偏瘦，体质偏弱；性格偏内向，交际能力差，固执、胆小，思想上偏于保守，缺乏自信心和冒险精神，主动性不够；做事拖拉，惰性较大。

4. 生活中的成功经验与失败教训

成功经验：成功竞选为班委会一员，成功组织过学习研讨主题班会并获得年组评选第一名；个人学习成绩、综合积分均为班级第一；通过考核以很大优势加入系学生实验室，工作中全班同学的全力支持是我最大的财富。

失败教训：高考失利打击较大；一位好朋友与我有误解而形同陌路；竞选系学生会学习部长失利；老听别人侃侃而谈自己却接不上话，心里特难受。

解决自身劣势和缺点的方法：所谓江山易改，本性难移，内向并不是

缺点，至少它使我少一份张扬、多一点内敛。但应该相应加强与他人的交流沟通，积极参加各种场合的各项有益活动，使自己多一份自信、激扬，少一份沉默、怯场。充分利用一直关心支持我的庞大亲友团的优势，真心向同学、老师、朋友请教，及时指出自身存在的各种不足并制订相应计划加以改正。

加强锻炼，增强体质，提高体育成绩，以弥补身高不足而带来的负面影响，积极争取条件，参加校内外的各项勤工俭学活动，以解决短期内的生活费问题并增强自身的社会工作阅历，为以后创造更多的精神财富和物质财富打下坚实基础。

5. 职业取向分析测试

为了进一步认清自我，初步确定个人未来数年内更适宜从事的工作，我选择了霍兰德职业倾向测验量表，并对其中的相关内容进行了认真的测验，从而初步得出了自己的未来职业取向。

心目中从事的理想职业：公务员、科技工作者、医生。

职业倾向：木匠、农民、操作 X 光的技师、工程师、飞机机械师、鱼类和野生动物专家、自动化技师、机械工（车工、钳工等）、电工、无线电报务员、火车司机、长途公共汽车司机、机械制图员、机器修理工、电器师、厨师、林务员、跳水员、潜水员、染色员、电器修理、眼镜制作、纺织机器装配工、服务员、装玻璃工人、发电厂工人、焊接工。

综上所述，本人的职业倾向类型主要为工程技术，即无线电服务、电工类。

二、未来职业规划

1. 确定职业通路

根据已确定的职业发展领域，确定自己的职业通路及发展计划。

职业类型：工程技术型。

典型特征：性格内向，喜欢独立思考，做事谨慎细致，选择职业时，主要侧重点是工作的实际技术，即使提升，也不愿到全面管理的位置，只愿在技术职能区提升。

成功标准：在所从事的专业技术区做到最高管理位置，保持自己的技术优势。

主要职业领域：工程技术、电工类。

个人职业通路设计：一线操作员—技术维修员—助理工程师—工程师—高级工程师—副总工程师—总工程师。在担任高级工程师两年后，如果本企业发展不佳，到大中型企业发展。

培训和准备：3年内取得助理工程师资格，7年内取得工程师资格，担任工程师后5年内成为高级工程师。在业余时间进修管理学知识。需要提高处理信息的能力，保持积极的心态。

2. 未来人生职业总规划

围绕可能的职业发展通路，本人对未来几十年作如下初步规划：

2014—2017年学业有成期：充分利用校园环境及条件优势，认真学好专业知识，培养学习、工作、生活能力，全面提高个人综合素质，并做好专升本或就业准备。

2017—2020年熟悉适应期：利用3年左右的时间，经过不断尝试努力，初步找到适合自身发展的工作环境、岗位。

2021—2031年稳步发展期：在此10年左右的时间里，努力奋斗，使自己在本单位、本岗位上业务精湛，并小有成就。

2031—2051年事业有成期：此为职业生涯发展的黄金时期，应抓好这阶段，使个人事业发展到顶峰。

2051—2057年发挥余热期：此时已退休，若体力、精力还不错，可继续参加业余工作，为社会尽自己的力量，同时也为充实自己的老年生活，注意劳逸结合，千万不能过度劳累，时间视具体情况而定，但若有不适就提前停止工作，进入下一时期。

2057年以后颐养天年期：忙碌了一辈子，该休息了。在家可养花弄草，闲庭信步，外出游览祖国大好河山，儿孙膝下承欢，尽享天伦之乐。这时候，我终于可以慢慢回顾自己过去走过的路，有可能的话还可以写一部个人回忆录。无论在别人的眼中我的一生过得如何，我总可以很自豪地在回忆录的最后一页写上两个字：成功！

三、短期目标规划

千里之行，始于足下。本人计划先以目前在校的三年短期规划作为自己职业生涯总规划的开始。希望能够走好第一步，为以后更长的路打下坚实基础。

1. 在校期间总的目标规划

思想政治及道德素质方面：以马列主义、毛泽东思想、邓小平理论和"三个代表"等重要思想为指导，树立正确的人生观、价值观、道德观、奋斗观、创业观，坚持正确的人生价值取向，定期递交对党章的学习、认识及实践，以及自己的言、行等感受，争取早日通过审核，加入中国共产党；积极参加党团活动等。

社会实践与志愿服务方面：适时参加社会调查活动，下厂参观实习；适时参加义务献血、植树活动、青年志愿服务活动等公益事业。

科技学术创新创业方面：扎实学习专业技能，同时，充分利用校内图书馆、校外购书城及网络信息，开阔视野，扩展知识范围，以此，拓展思路，尝试开展学术创新、科技创新活动。

文体艺术、社团活动与身体发展方面：积极参加校内外文体艺术活动、校内社团活动、演讲赛、辩论赛、书画比赛等，以此充分锻炼胆量、能力，展示个人风采，积极进行身体锻炼，参加校运动会，每周平均参加体育活动3～4次，每次半小时左右。

技能培训方面：为了后期踏入社会、参加工作时能具备一定的基本能力，并具有较为扎实而全面的专业基本技能，要加强与力争做到：

（1）大二上半学期通过计算机二级考试；

（2）大二下半学期参加英语四级等级考试并通过；

（3）大三上半学期参加英语六级考试并力争通过；

（4）大三时期在技能培训方面注重电子信息技术专业英语的学习、积累，参加无线电调试工（高级）、通信终端维修工等专业考试并通过。

学业方面：平时，无特殊情况绝不迟到、请假，更不旷课，保证好学习听讲时间及学习质量。除去上课时间，应充分利用课余时间，除去必要适当的身体锻炼、娱乐活动及休闲时间外，均应安心、踏实、专注地攻读职业方向类、专业类书籍和其他类别的实用书籍。学习时应注意预习、听课、复习、综合分析、对比联系，以及所用时间比例。知识积累不仅应做到广、博，还应做到专、精，博采众长。

2. 三年阶段规划

（1）大学一年级时期：初步了解职业，特别是自己未来可能从事的职业，即自己所学专业——电子信息技术对口的专业，并通过参加进修课的形式学习文学艺术类课程，努力提高本人的人际沟通能力。多和师长们进行交流，多参加学校、院系的各种活动，以提高交流的技巧，丰富社会阅历。

（2）大学二年级定向期，做好两手准备：①继续学习深造，专业方向为电子信息技术类；②就业，在有合适单位、岗位的情况下，可以考虑先工作。围绕这两个方面，本学年一方面做好专升本考试的准备工作，了解与之相关的要求，做好迎考复习；同时注意提高自身的基本素质，通过参加学生会或社团等组织，锻炼自己的各种能力，同时检验自己的知识技能；开始尝试兼职、社会实践活动，在课余时间从事与自己未来职业有关的专业类工作，提高自己的责任感、主动性和受挫能力。

（3）大学三年级分化、冲刺期：若大二时专升本成功，到新的学校继续学习专业知识；若不幸落第，则把成功毕业并找到工作锁定为主要目标，注意提高求职技能、搜集就业信息。在平时的学习、研讨中，锻炼自己独立解决问题的能力和创造性；学习写简历、求职信，了解搜集工作信息的渠道。尝试向已经毕业的校友了解往年的求职情况，开始毕业前工作的申请，积极参加相关活动，在实践中检验自己的积累和准备；最后，预习或模拟面试，积极利用学校提供的条件，了解就业指导中心提供的用人单位资料信息，强化求职技巧，进行模拟面试等训练，尽可能地做好充分准备，为自己的三年大学学习生涯交上一份令自己和所有关心我的人满意的答卷。

　　制订好计划固然好，但更重要的在于其具体实施并取得成效，任何目标，只说不做到头都只会是一场空。然而，现实和未来是未知多变的，制订的目标计划随时都可能受到各方面因素的影响，每个人都应有充分的心理准备。因此，在遇到突发因素、不良影响时，要注意保持清醒冷静的头脑，不仅要及时面对、分析所遇问题，更应快速果断地拿出应对方案；对所发生的事情能挽救的尽量挽救，不能挽救的要积极采取措施，争取做出最优矫正。相信如此一来，即使将来的作为和目标相比有所偏差，也不至于相距太远。其实，每个人心中都有一座山峰，雕刻着理想、信念、追求、抱负；每个人心中都有一片森林，承载着收获、芬芳、失意、磨砺。但是，无论眼底闪过多少刀光剑影，只要没有付诸行动，那么，一切都只是镜中花、水中月，可望而不可即。一个人，若要获得成功，必须拿出勇气，付出努力、拼搏、奋斗。成功，不相信眼泪；成功，不相信颓废；成功，不相信幻影。成功，只垂青有充分磨砺、充分付出的人，未来掌握在自己手中，未来只能掌握在自己手中。人生好比是海上的波浪，有时起，有时落，三分天注定，七分靠打拼！爱拼才会赢！

【思考与讨论】

　　1. 讨论如何制订职业生涯规划的实施方案。

　　2. 了解、掌握职业生涯规划的修正与反馈方法。

　　3. 根据自身的现状和特点，制订一份完整、可行的职业生涯规划书。

第六章　职业道德与职业素养

【学习目标】

1. 了解职业道德与职业发展的关系。

2. 了解职业道德内涵。

3. 掌握提升职业道德修养的方法。

　　面对越来越庞大的就业大军，用人单位有更多的选择空间，同时也提出了更高、更具体的要求，这不仅有对就业者技能、学识的要求，而且更多用人单位把对职业道德的要求放在了不可替代的位置。

　　对此，搜狐公司总裁张朝阳有这样一番话值得我们深思："我们公司聘人的标准是敬业精神。对待工作的态度，我认为是个道德问题——职业道德。"例如，一个人的技能和学识的层次高低，其效应是累加的，是无数个累加的"1"，最终得出一个人的素质能力分数；而职业道德就是这些数字总和之前的"+"号或"-"号，良好的职业道德可以使这个人的才华得到充分发挥，并能为自己、集体创造无限的价值，而一旦职业道德方面有缺陷，无论这个人的素质能力有多高，都不会是一个让人满意的分数。

第一节　职业道德与职业发展

一、道德与职业道德

(一)道德的基本内涵

　　道德是一种社会意识形态，是人们共同生活及其行为的准则与规范。道德包含客观和主观两个方面的内容。客观方面，道德指一定的社会关系对社会成员的客观要求，包括道德关系、道德理想、道德标准、道德原则和规范等。它贯彻到社会生活的各个领域，表现为政治道德、职业道德、婚姻家庭道德和社会公共生活准则等。主观方面，道德包括道德行为或道德活动主体的道德意识、道德判断、道德信念、道德情感、道德意志、道德修养和道德品质等。这方面的内容构成了道德原则和规范，它要求转化为个人道德的实践，实现这个转化过程，需要通过道德教育和社会舆论，提高个人对道德理想和道德原则、规范的认识，从而逐渐形成个人的道德信念、道德习惯和道德风格。

2001 年 9 月 20 日，中共中央颁发的《公民道德建设实施纲要》中这样规定公民道德建设的主要内容：从我国历史和现实的国情出发，社会主义道德建设要坚持以为人民服务为核心，以集体主义为原则，以爱祖国、爱人民、爱劳动、爱科学、爱社会主义为基本要求，以社会公德、职业道德、家庭美德、个人品德为着力点。在公民道德建设中，应当把这些主要内容具体化、规范化，使之成为全体公民普遍认同和自觉遵守的行为准则。

(二) 职业道德的基本内涵

职业道德是与人们的职业活动密切相关的，符合职业特征所要求的道德准则、道德情操与道德品质的总和。它既是对人在职业活动中行为的要求，同时又是职业对社会所负的道德责任与义务的要求。

职业道德的概念有广义和狭义之分。广义的职业道德是指从业人员在职业活动中应该遵循的行为准则，涵盖了从业人员与服务对象、职业与职工、职业与职业之间的关系。狭义的职业道德是指在一定职业活动中应遵循的、体现一定职业特征的、调整一定职业关系的职业行为准则和规范。

根据《公民道德建设实施纲要》的规定，职业道德的主要内容是爱岗敬业、诚实守信、办事公道、服务群众、奉献社会。

正确理解职业道德，需要从以下几个方面去思考：

首先，职业道德是社会主义道德的一个组成部分，社会主义道德是与社会规律发展相一致的先进道德体系，对经济基础有积极的推动作用。

其次，除了具有最基本的社会道德要求之外，职业道德还与不同的职业特征紧密相连。比如，我们说到空姐，就会想到"亲切热情"；说到医生，就会想到"严谨认真"；说到法官，就会想到"严肃公正"。职业道德往往表现为从事某一职业的人们所特有的道德心理和道德品质。因此，要正确理解职业道德，就要对自己从事的职业有深刻的认识和了解，把抽象的道德规范与具体的工作实践联系起来。职业道德只反映和约束本职业部门的利益和行为，并不适用于其他职业类型，正如我们不能用空姐的职业道德去要求法官。由于各种职业的职业责任和义务的区别，每个职业都有相对独立的职业道德规范体系。

最后，在实际生活中为了表达和传播的需要，职业道德往往比较简明，通常以工作守则、员工守则的方式出现。这种简明扼要的概括，朗朗上口，好记好学，便于指导人们的实践。这就使得职业道德有了丰富的外延，足以指导实际工作的方方面面。因此在理解职业道德的时候，要与社会实践相结合，与时俱进，用发展的眼光来看，千万不可教条僵化。

二、职业道德在职业发展中的作用

（一）职业道德的作用

职业道德是社会道德体系的重要组成部分，它一方面具有其他社会道德的约束、指导作用，另一方面它又具有自身的特殊作用，具体表现在：

1. 有助于提高整个社会的道德水平

职业道德是整个社会道德的主要内容。职业道德一方面涉及每个从业者如何对待职业、如何对待工作，同时也是一个从业人员的生活态度、价值观念的表现。另一方面，职业道德也是一个职业集体，甚至一个行业全体人员的行为表现，如果每个行业、每个职业集体都具备优良的道德，对整个社会道德水平的提高肯定会发挥重要作用。

在我国社会主义建设中，无论是 20 世纪五六十年代的劳模时传祥（环卫工人）、张秉贵（售货员）、王进喜（石油工人），还是改革开放以来的劳模许振超（青岛港桥吊队长）、徐虎（物业工人），都以其高度负责、精益求精的职业精神获得了全社会的认同，提高了整个社会的道德水平。

西方市场经济国家也深知职业道德对企业、行业长期发展的重要性，因此十分重视职业道德建设，这些职业道德建设最终内化为一个社会、民族、国家的道德体系的重要部分。例如，日本人的精细、节俭，德国人的严谨、创新的道德品质，与其职业道德的长期熏陶与培养是分不开的。

2. 有助于规范行业发展，提高企业和行业信誉

行业的发展取决于经济效益，而经济效益的源头就是劳动者的高素质。员工素质主要包含知识、能力、道德品质三个方面，其中道德品质是最重要的。行业的发展与劳动者的素质密不可分，要靠劳动者的贡献来推动。

一个行业、一个企业的信誉，也就是它们的形象、信用和声誉，是指企业及其产品与服务在社会公众中的信任程度。提高企业的信誉主要靠产品的质量和服务质量，而从业人员职业道德水平高是产品质量和服务质量的有效保证，良好的职业道德能有效维护行业信誉和形象。

案　例

晚清著名商人胡雪岩以良好的职业道德提高企业信誉，最终获得了超额回报的故事就是一个典型案例。当初胡雪岩白手起家创立了阜康钱庄，由于是新创办的企业，生意很冷清。虽然胡雪岩一开始就积极向杭州的上层人士进行公关宣传活动，在浙江上层社会有了一些声誉，但存款数额还是很少。当时有一名军官罗尚德听到巡抚衙门门房刘二的介绍，决定在阜康钱庄存银一万两。由于当时战乱，罗尚德对阜康钱庄声明，只要本钱，不要利息，只要钱庄答应万一他战死，将本钱替他交给外地的亲属即可。出于对胡雪岩的信任，他将存折寄放在阜康钱庄。后来罗尚德战死，阜康钱庄如约将本钱交给其亲属，同时还按三年定期计算了利息。这个消息传开后，阜康钱庄的信誉陡然提高，引来无数官军将士前来存款。

大学生作为未来职场的后备军，一定要树立起一种理念，那就是：每一个职场中的个体，他的所作所为都直接关乎一个企业、一个行业的形象、声誉。个人的职业道德良好，会促进企业、行业的稳步发展。企业、行业的稳步发展反过来会让个体有更大的事业发展空间。而如果相反，每一个个体都不注意职业道德的修炼，最终会导致整个企业、行业走向衰败。

3. 有助于调节职业交往中从业人员内部以及从业人员与服务对象间的关系

职业道德的基本职能是调节职能。一方面，它可以调节从业人员内部的关

系，即运用职业道德规范约束职业内部人员的行为，促进职业内部人员的团结与合作。如职业道德规范要求各行各业的从业人员，都要团结、互助、爱岗、敬业、齐心协力地为发展本行业、本职业服务。IBM 前营销总裁巴克·罗杰斯说："我们要从工作当中找到尊严、乐趣、成就感以及和谐的人际关系，这些都是我们自己的责任。"另一方面，职业道德又可以协调职业活动中人与人的关系，例如工作者和服务对象等，这就使得职业环境日趋和谐，从而减少矛盾纷争。

（二）职业道德在职业发展中的作用

遵守职业道德不仅能获得道德上的满足，而且会对一个人的职业生涯发展产生深远的影响。

1. 帮助劳动者更好地适应工作环境，理解工作需求

职业道德就像一本教科书，帮助我们了解这个行业，尽早进入职业状态。我们常常发现，刚毕业的大学生和已经工作数年的劳动者，一眼就能看出分别，前者缺少一种职业气质，而后者身上的职业气质正是在职业道德的熏陶下和职业规则的约束下形成的。

今天的大学生成长于改革开放的新环境下，他们自我意识较强，注重个人奋斗，有强烈的实现自我价值和自我发展的需要。他们对自己的职业理想有美好的憧憬和规划，希望凭借自己的努力证明自我价值，但同时他们也有一些迷惘。一些学生对自己所学专业并不了解，对职业的职责、权利、义务没有清晰的认识，对工作中发生的一些事情不知道如何处理。职业道德作为一种规范，能给出最简单适用的答案，帮助大学生尽快适应职业生活。

2. 能帮助劳动者正确看待工作中的各种现象，避免心理上的焦虑

大学生一直生活在单纯的校园环境中，刚走进职场，难免会有不适应，特别是看到职场中复杂的人际关系、社会上一些不公平的现象，内心会有非常深刻的矛盾。大学生带着希望走进社会，难免会碰壁。职业道德能够帮助他们正确地理解职场规则，正确看待各种现象，为他们提供理论支持和情感帮助，引导他们正确处理个人与工作单位、社会的关系。

3. 能帮助劳动者脚踏实地做出成绩

在中国传统商业的人才培养中，一个新入行的小伙计被指派的工作往往是没

有任何技术含量的杂活，如端茶、倒水、擦桌子、伺候掌柜及其家人等。只有通过了这些琐碎工作的考验，小伙计才能获得正式学习商业技能的资格。这些琐碎工作表面上看起来没有任何技术含量，似乎是浪费时间和青春，实际上正是在处理这些琐碎事务的过程中，能够显出一个人的职业道德，如责任心、学习能力、创新精神等。晋商能够在中国脱颖而出，并且开疆拓土将钱庄票号开到日本、朝鲜、俄罗斯，其中一个原因就是他们的职业经理人有不少是从基层人员选拔出来的。

大学生是职场中的晚辈，有很多地方需要学习。完善的职业道德能提供系统化的职业规范流程，指导大学生脚踏实地、一步一个脚印做出优异的工作成绩。

第二节　职业道德的内涵

职业道德的基本规范有在岗爱岗，敬业乐岗；诚实守信，平等竞争；办事公道，廉洁自律；顾全大局，团结协作；注重效益，奉献社会。我们从以下几个主要的方面来阐释。

一、敬业

国外的一项调查表明，学历已不是企业招聘时的首要考虑因素，相当多的企业领导人认为，敬业的工作态度是企业招聘时优先考虑的，其次是职业技能，接着是工作经验。这样一种趋势在国内也越来越明显，当一个应聘者一开始就给人以散漫随意、不负责任的印象时，他基本上已经把自己的求职之路堵死了。而敬业精神不是一朝一夕就可以养成的，需要长期熏陶、培养。

(一) 敬业的含义

宋朝朱熹说，"敬业"就是"专心致志，以事其业"，就是用一种恭敬严肃的态度对待自己的工作，认真负责，一心一意，兢兢业业，任劳任怨，精益求精。敬业精神是从业者以明确的目标选择、朴素的价值观、忘我投入的乐趣、认真负责的态度，进行职业活动时表现出的个人品质。敬业精神是做好本职工作的重要前提和可靠保障。

《公民道德建设实施纲要》将"敬业"作为公民道德规范，指出敬业的基本内容是忠于职守、精益求精、德艺双馨、遵守职业道德。

案例

　　一个在日本打工的留学生，同其他留学生一样，在课余时间为日本餐馆洗盘子以赚取学费。日本的餐馆业有一个不成文的行规，即餐馆的盘子必须用水洗七遍，由于洗盘子的工作是按件计酬的，这位留学生一天累下来，也得不到多少钱。于是他计上心头，以后洗盘子时便少洗两遍，果然劳动效率大大提高，他因此受到老板的器重，工钱自然迅速增加。一起洗盘子的日本学生便向他讨教技术，他说："洗七遍的盘子和洗了五遍的盘子有区别吗？"日本学生摇了摇头走开了。在一次抽查中老板用专用的试纸测出了盘子清洗程度不够，并责问这位留学生时，他振振有词地说："洗五遍和洗七遍不是一样保持盘子清洁吗？"老板淡淡地说："你是一个不敬业的人，请你离开！"……为了生计他又去该社区的另一家餐厅应聘洗盘子的工作，这位老板打量了他半天才说："你就是那位洗五遍盘子的留学生吧！对不起，我们不需要你！"第二家，第三家，这位留学生屡屡碰壁。不仅如此，他的房东也要求他退房，因为他的名声不好；他就读的学校也找他谈话希望他转学，因为他影响了学校的生源。万般无奈之下，他只好收拾行李搬到了另一座城市，一切从头开始。

（案例来源：冀教版语文拓展阅读《一定要洗七遍》，有删改）

　　在一个诚信的社会，缺少了敬业精神，也就失去了立身之本。在这个例子中，这名中国留学生的举动就是对工作的责任心不足，敷衍了事。敬业是人们内心的一个尺度，不管有无别人监督，是我们心中都要坚守的一个底线。没有这样一个职业道德底线，我们很难想象一个人在未来的职业生涯中能够成功，能够获得上级、同事、竞争者、顾客的认同与由衷敬佩。

（二）敬业的作用和意义

　　敬业是职业生涯成功的秘诀。《普莱尔报告》曾经对美国排名前 200 位的企业总裁进行调查，其中有这样一个问题：在你碰到的成功人士中，在人际关系、决心、敬业、知识、运气好等因素中，他们成功的主要因素是什么？ 40% 的受访者选择了"敬业"，38% 的受访者选择了"决心"，两者相加占到了 78%。而"决心"和"敬业"都是敬业精神的范畴。一个人一旦对自己的工作有一种恭敬严肃的态度，充满了兴趣和快乐，他就一定能够激发起内心的潜力，做出旁人难以想象和难以企及的优异成绩。

1. 敬业使人产生强烈的责任心和使命感

每一种职业都与社会需要有关，都是为社会各界提供产品或服务。因此，工作的好坏直接关系到我们为社会提供的产品或服务的好坏。一个有起码良知的人，应当在从事任何一个职业时，想到自己的工作对社会产生的影响。当我们对职业拥有了这样一种恭敬严肃的态度时，自然就会产生强烈的责任心和使命感，会把本来看似平常琐碎的工作做得细致入微，力求至善至美。

案例

日本东京的羽田机场，蝉联"世界上最干净的机场"。这里几乎一尘不染，就连吸烟室里的每个烟缸，都闪得发亮，洗手间更是没有任何异味。在这背后，要归功于一位清洁女工——新津春子。她虽然只是普通的机场清洁工，但兢兢业业做了几十年，一直做到日本"国宝级匠人"，并且成为无数主妇心目中的偶像。

春子不仅工作十分努力，而且很"走心"。比如市面上常用的有 80 多种清洁剂，春子对各种清洁剂的功效倒背如流，哪种污渍该用哪种清洁剂，烂熟于心。为了对付洗手间瓷砖上的顽固霉菌。她不断在家调试，最后自制出 3∶1 水醋混合清洁剂，几乎快赶上化学家了。春子还很细心，她发现小孩子喜欢坐在机场地面上玩，还喜欢贴着玻璃对外张望，所以她会特别注意地面和玻璃的清洁，在所有小孩可能碰到的地方，都不使用刺激性清洁剂。

2015 年，日本 NHK 制作了春子的纪录片特辑《全心全意，是每天理所当然的事情》，成为当年全日本收视率最高的节目。

NHK电视台这样评价春子的工作："虽然清洁工的社会地位不高，但能把工作做到极致，清洁工也是匠人，同样应该受到最好的尊敬。"

可能对大部分人来说，清洁工是没什么技术含量的体力活，往往被视为社会底层。但新津春子一直认为，在这个世界上，每份工作只要用心，都可以是专业人士，包括清洁工在内。带着这样的心情，春子在羽田机场工作了二十多年，一直做到日本国宝级匠人。我们可以在新津春子的身上感受到对工作强烈的责任心和使命感，这就是敬业精神。无论是何工种，我们都要拿出最认真的态度和责任心对待工作。

2. 敬业使人感受到工作的快乐和心理满足

在对工作的尽职努力中，我们会获得工作圆满完成后的喜悦，收获人们对我们工作成果的赞扬。这种心理体验是金钱、地位、权势等所不能替代的。

案例

2005年感动中国人物的获奖人物李春燕是贵州从江县大塘村乡村医生，李春燕卫校毕业后嫁给了大塘村一个苗族青年，成为一名乡村卫生员，并且在自己家里开设了一间卫生室，成为苗寨2500多名苗族村民中第一位受过专业训练的医生。由于苗寨村民收入微薄，李春燕的卫生室长期亏本经营，多年来全靠社会热心人士的支持才得以继续运转。尽管如此，她却在努力支撑的同时收获了工作的快乐和心理满足。"我的生活就像悬挂在树梢上的月亮一般，时缺时圆，还有许多乡民，都在等着我为他们治疗，又不知道有多少新的生命，在等着我的双手去迎接他们，他们幼小的生命就好像从零开始，如今他们个个都有着健壮的身体，在他们的父母身边蹦蹦跳跳，顽皮地笑着，是多么可爱，渐渐长大了……"在与志愿者的通信中，李春燕写下了这样的话，从这些话语里可以感受到她在为村民服务的过程中收获的快乐与满足。

我们不一定都能做到像李春燕这样品德高尚，但我们从李春燕的敬业爱岗行为中可以学到如何正确对待职业，如何在工作中度过央乐的人生。

（三）如何培养敬业精神

敬业精神是长期熏陶、培养的结果，需要从业者通过了解职业、向长辈学习、自我培养等多种途径来达成。

1.培养敬业精神，要从学生时代开始

学生时代，要首先做好学生的本分——学习，要认真学习，争取优秀的成绩。与此同时，还要开始通过见习、实习等环节了解职业状况，培养初步的职业精神。

> **案例**
>
> 一家科技产业有限公司招聘了一批大学生。在随后几个月的时间里，该公司陆续开除了其中的一部分人。该公司反映，这些大学生被开除的主要原因是自身素质和道德修养不能胜任公司的人才需求。一名女生喜欢睡懒觉，上班经常迟到，还在工作时间化妆、上网聊天，经多次警告仍置若罔闻。另一名男生在与客户吃工作餐时张嘴吐痰，一口痰刚好落在了客户脚边，惊得客户一下子从凳子上跳了起来，该男生却熟视无睹地继续吃饭。有一次，公司老总带领员工到外地搞促销，在海边租了一套别墅，有20多间客房，但员工有100多人，一些新来的大学生迅速占据自己选定的房间，锁上房门看电视，很多老员工甚至老总都只能睡在过道上。诸如此类的个人素质问题让这些大学生在短时间内被"炒"。

这则报道给我们最大的启示就是，在校期间进行职业道德、敬业精神的培养很重要。如果这些大学生在校期间曾经有过见习、实习经历，曾经得到过学校老师、实习单位指导老师的指导、教育，可能就不会出现那么严重的问题。根据笔者组织大学生实习的经验，大学生在工作中出现的职业道德、敬业精神问题完全可以通过教育、训练较好地解决。通过见习、实习前的指导，见习、

实习过程中实习单位指导老师的"传帮带"，是可以培养学生的职业道德素养和敬业精神的。

2. 在工作岗位上深化敬业精神

很多企业在新人入职时都有上岗培训，在工作中也有各种类型的培训，这些培训活动有不少都与敬业精神的培养有关。作为职业人，应当抓住这些机会深化敬业精神。在任职的企业、行业，很容易遇到出类拔萃的行业领军人物，无论在重大事项的决策中，还是在细枝末节工作的处理上，他们都显示出超越凡俗的敬业精神，这些优秀人物都是我们学习的榜样。

3. 敬业精神的自我培养

任何职业最基本的目的都是谋生，但一个人要想把工作做得出类拔萃，就绝不能仅仅定位在谋生这个层次上，而要将它上升到更高的层次。

因此，每一个求职的人，首先应当考虑的不是"薪水""热门"等问题，而应当是自己是否喜欢，自己的性格、兴趣、知识、能力等是否适合这个职业等因素。一个人如果不喜欢自己的职业，他是很难培养敬业精神的。陈景润、爱迪生对科技工作的敬业，正是源于深厚的兴趣。其次，即使出于各种原因，自己获得的工作不是最理想的职业，也要及时调整心态，发掘自己的潜力，在工作中找到自己的兴趣和快乐，兢兢业业地干好当前的工作。

二、诚信

(一) 诚信的含义

诚信就是言行一致、表里如一，不欺诈、不弄虚作假，真诚对待生活及职业经历的每一个方面。言而无信、欺诈隐瞒将会给自己以及单位造成严重的后果。诺贝尔经济学奖获得者道格拉斯·诺斯（Douglass C. North）说过："自由市场经济制度本身并不能保证效率，一个有效率的自由市场制度，除了需要一个有效的产权和法律制度相配合之外，还需要诚实、正直、公正、正义等方面有良好道德的人去操作这个市场。"诚实守信不仅是职业道德规范、企业经营规范，其本身就是为人处世的基本道德原则。今天，几乎所有的企业都把"诚信"作为宣传重点，以表示自己经商的诚意。没有诚信，一个企业也许能获得暂时的暴利，但无法走得长远。同样，没有诚信，个人也许能获得暂时的利益，却无法谋求更大的发展。

（二）诚信的意义

诚信是最基本的从业要求，对各行各业都适用，不诚信往往是最不能饶恕的失德行为。很多用人单位在回答"最不喜欢什么样的应聘者"这个问题时都会提到"夸夸而谈""弄虚作假"。

> **案例**
>
> 由于简历和面试时的不诚信，通往求职之路的大门也会因此关闭。
>
> 张某凭借河南某大学企业管理专业毕业生的身份，到上海某公司应聘，经面试考核等程序被录用。
>
> 张某所提供的个人简历中受教育情况内注明在"河南某大学"读企业管理专业，获本科毕业证、学位证、英语六级。但公司在教育部指定的网上查询却没有找到张某所称的"河南某大学"。公司和张某联系，他辩称其简历写错了，应该是另一所院校。但后来查询，张某重新提供的毕业证书查无此人。由此，张某以假学历进行应聘已被证明是事实。尽管张某声称可以胜任现在的工作岗位，但是公司还是毫不犹豫地解除了和张某之间的劳动关系。违背诚信的张某最终没有实现自己的"上海梦"。
>
> （案例来源：搜狐网，《大学生就业诚信为先》节选，有删改）

（三）诚信的作用

1. 诚信能使职业者尽快进入职业环境，获得良好的职业开端

在职场新人开始职业经历之后，往往是被动地让别人去了解、接受，有的人选择伪装，或许能得到一些暂时的好处或赞赏，但得不到真正的朋友，得不到坦荡的职业路程。

对大多数刚进入职场的大学毕业生来说，正在经历一个培养职业理念和素养的过程，这时落下的不诚信的印象也许会留下终身的阴影。有的人觉得诚信是负担，只会给自己带来麻烦，不诚信还能占便宜。持这样的想法时间久了，就很难

纠正，即使自己的行为有所改变，也很难改变别人的刻板印象。

没有诚信就无法在行业立足，更不用说有良好的职业开端了。

2. 诚信能使企业充满责任感，履行承诺，从而得到市场认可

信誉是企业的生命，是产品的灵魂，只有真正履行"顾客就是上帝"的承诺，才能真正为顾客提供优质的产品和服务，得到消费者的认可，从而得到市场的认可。今天的部分中国产品在国外遭遇抵制，一方面有不公平竞争的原因，另一方面也和个别中国产品的质量、信誉有关。"made in China"在某些外国人眼里，就是"低质低价"的代名词。近年来，我国有很多名牌产品打入外国市场，质量精湛、价格合理、服务优质，最终赢得了国际市场的良好声誉。

（四）如何培养诚信精神

1. 第一是不说假话

诚信讲究不弄虚作假，讲信誉、不欺诈。我们在日常生活中，每一天的工作中，都要时刻约束自己真诚待人，不说假话。

2. 第二是信守诺言

答应别人的事情，一定要做到，言出必行，不空口承诺，不吹牛、不妄言。在商业环境中尤其要注意信守合同，在商业利益和商业信誉面前，诚实的信誉胜过丰厚的商业利益。

3. 第三是以诚信面对危机，勇于承担责任

金无足赤，人无完人，每个人都有可能犯错误。犯错本身并不可怕，可怕的是不肯承认，自欺欺人，尤其是为自己的错误找各种理由。这样不仅不能使自己真正找到错误的原因，更会失去别人的信任。因此，面对危机，我们应该诚信、诚实，勇于承担自己的责任，这样最终一定能顺利渡过难关，赢得别人的信任。

三、公道

（一）公道的含义

公道是中华传统文化中所推崇的为人处世原则和美德，它要求我们清白正直做人、公平公正办事。对私严格要求，公私分明；对公遵纪守法，问心无愧。

（二）公道的重要性

1. 办事公道是对个人在工作中的基本素质和要求

德国哲学家康德说过："如果没有了正义和公道，人生在世就不会有任何价值。"社会由无数个个体组成，因为各种各样的关系而交往，只有在一个公平公道的基础上，这张网才能确保平衡，各种关系才能健康发展，最终人人受益。

作为最起码的职业素养，公道就是在职业中严格要求自己，公平对待他人和集体，不偏袒，不倾斜。

2. 办事公道是企业生存和发展的保障

不同职业代表着不同的权力，可能关系到别人的生命健康，或者巨额资产，这些权力同时也对应着不可推卸的责任。在巨大的责任面前，需要用公道来约束企业的行为。

前些年，成都曾出现一种以"合同索赔"为业的公司。这些公司先是和一些企业签订购销合同，然后按合同向对方支付定金，待首批货物到手后，立即送到权威质检部门按合同规定的质量标准进行鉴定，发现质量不符合标准，马上向对方索赔退还双倍定金。这些公司的操作并没有违背现行法律，但他们购货是假，索赔是真，因此常常把质量标准提高，给供货单位设下陷阱，或找那些管理混乱、产品质量不佳的企业，所以往往能索赔成功，这些公司被媒体称为"钻空子公司"。针对这样的公司的争论不少，但这也说明一个问题，如果每一个公司都能以公道之心来约束自己，严格按照质量标准生产产品，这些"钻空子公司"哪里有"空子"可钻呢？可见公道就像"紧箍咒"，一方面约束自己，另一方面也是在维护公正，保护自己。

3. 办事公道是维护社会正义公平的保障

公平的社会秩序需要规则来维护，公道是维护社会正义公平的保障和依据，对违背公平正义的行为应该进行反击。

（三）如何培养公道精神

1. 明辨是非，坚持真理

在大是大非面前立场坚定，在大风大浪面前保持头脑清醒，服从大局，服从集体利益，拒绝不正之风。

某些人常会因贪小便宜，而惹来别人的非议和不信任，如用办公电话长时间打私人电话，把办公用品拿回家等，他们也许确实得到了一些利益，但却失去了自己的公道，失去了别人的信任。

对一些已经掌握权力和资源的人来说，公道尤为重要。职业人生是很长的一段历程，一步错，步步错，只有秉持公道，才能走得踏实、走得长远。

2. 正确看待现实，保持一身正气

大学生就业过程中难免会遇到一些不公平、不公正的待遇，今天的社会中也存在一些不正之风，但这也不能成为违背良心、放弃公道的借口。有的人满眼全是社会的不公正，消极地对待生活，总是抱怨所有的事情，这样对自己、对别人都没有好处。一个心态健康的人应该懂得社会是发展的，缺陷是客观的，"穷则独善其身，达则兼济天下"，这句话用在当代大学生身上也一样适合。也许我们无法改变大环境中的某些现象，但至少能够做到"独善其身"，保持自己的正气，相信世间自有公道，问心无愧，带着责任感和使命感去工作。

3. 正派做人，用心做事，公平公正，不徇私情

人非草木，孰能无情。人们在工作中难免带有个人感情，但不能以个人的喜好而片面对待问题，而应该保持标准、尺度的一致。公道不仅是一个普通工作者应有的素质，更是一个管理者必不可少的。通过观察一个人待人处事是否公道，就可以看出一个人是否具有领导能力，这也是选拔人才的一项标准。

四、遵纪守法

(一) 遵纪守法的含义

遵纪守法是指每个从业人员都要遵守纪律和法律，尤其要遵守职业纪律和与职业活动相关的法律法规。遵纪守法是每个公民应尽的义务，是建设中国特色社会主义和谐社会的基石。

每个企业都有员工管理制度，管理者根据相应规定做到赏罚分明；普通员工则应根据相应的规定做好分内之事，爱岗敬业。

现在，总是有招聘单位抱怨大学生太自由散漫，毫无纪律观念。例如，面试

迟到，几乎每个公司都会遇到这样的大学生应聘者，尽管他们都有路上堵车、临时有事等各种各样的理由，但这并不能为他们不遵守纪律的行为买单，并不能得到招聘单位的原谅。有分析认为，之所以出现这样的现象，是因为今天的大学生大多是独生子女，从小娇生惯养，我行我素。但无论在家如何被娇惯，进入职场，我们都是成年人，都要接受职业纪律的约束，任何人不得例外。

（二）遵纪守法的重要性

1. 遵纪守法是个人行事做人的行为尺度和保障

法律法规和纪律约束着每一个人的行为，如果违反，后果非常严重，不仅会失去个人信誉，甚至会为此付出自由和生命的代价。

> **案例**
>
> 小杨，南京某大学经济专业毕业，主攻期货学科。2015年到上海打工，开始炒期货。2015年11月，小杨在网上看到某期货经纪公司的招聘启事后便前去应聘。他假装对期货一无所知，却满怀好学之情，趁机到客户操作区"虚心求教"，并迅速记下了客户沈某的账号和密码。
>
> 此后，小杨用窃取的账号和密码，进入沈某的账户，通过用自己的账户与沈某的账户进行期货交易"对倒"（低买高卖）的方式，不久就完成了五六笔交易，从中牟利8000余元。等到沈某发现账户有交易异常报案后，通过交易所申请冻结账户，其实际损失已达万余元，并已不可挽回。普陀区人民检察院以盗窃罪对被告人杨某提起公诉，杨某不遵守行业纪律，最终将自己送进了监狱。

2. 遵纪守法是企业生存发展的行为尺度和保障

个人违法会受到相应的法律惩处，企业如果违法同样要承担责任，不仅会造成经济损失，还会失去市场信誉，其相关责任人也会受到相应处罚。这样的案例不胜枚举，尤其是事关人们生命、健康等的企业更应该做到遵纪守法。

案例

2018 年 7 月 15 日,国家药品监督管理局发布通告指出,长春长生生物科技有限公司冻干人用狂犬病疫苗生产存在记录造假等行为。这是长生生物自 2017 年 11 月份被发现百白破疫苗效价指标不符合规定后不到一年再次曝出疫苗质量问题。2018 年 7 月 24 日,长春长生生物科技有限责任公司董事长高某芳等 15 名涉案人员因涉嫌刑事犯罪,被长春新区公安分局依法采取刑事拘留强制措施。2018 年 7 月 29 日,依据《中华人民共和国刑事诉讼法》第 79 条规定,长春新区公安分局以涉嫌生产、销售劣药罪,对长春长生生物科技有限责任公司董事长高某芳等 18 名犯罪嫌疑人向检察机关提请批准逮捕。这些人目无法纪,视人们的生命和身体健康如儿戏,最终受到了法律的制裁,这样的企业也失去了信誉,恐怕也很难再在市场立足。

(三) 如何遵纪守法

1. 认真学习法律法规条文,自觉接受约束,遵守各行各业的职业纪律

有的人是知法犯法,有的人是犯法不知法。很多接受交通违章罚款的司机总是抱怨"不知道这个规定""没听说过",这并不是理由,不知道并不意味着可以不遵守,相反更说明了没有尽到学习知晓的责任。

有的公司规定上班时间不能浏览与工作无关的网站,不能使用 QQ 聊天,不能打游戏。但刚毕业的大学生觉得这样太苛刻,趁别人不注意就看一看,玩一会儿,觉得不耽误事就行,被领导发现了还理直气壮地说这样的规定不合理。且不说这样的纪律是否合理、必要,但既来之,则"守"之,既然在这个公司任职,就应该遵守这里的规章制度,不能任性。

2. 接受职业纪律的约束,首先还意味着违反了纪律要勇敢地承担责任,接受惩罚

错了并不可怕,勇敢地接受也许会给我们留下深刻的记忆,时时提醒自己。今天很多年轻人在犯错之后怕接受惩罚,总是找其他借口试图推卸责任。

一位人事经理说："我总能见到在面试时迟到的人，从心里讲，我确实生气。但看到那些明显就是在为自己的迟到编理由的人，我更为生气。其实，迟到了，就是因为自己没有合理安排好时间，如果能由衷地说声抱歉，我也不会那么不近人情。"

> **案例**
>
> 两位快递员在工作中不小心把一件易碎包裹摔坏了。一个人对老板说："老板，不是我的错，我什么都不知道，都怪他。"另一个人说："老板，对不起，这件事是我的失职，是我没有尽到责任。我愿意接受任何惩罚，来弥补给公司造成的损失。"
>
> 老板听完两个人的话，很平静地说："至于损失，保险可以承担一部分，你们的负担不会太重。我很高兴因为这件事情我找到了一个敢于承担责任、值得信任的人，这正是我需要的客户经理的最佳人选。我想你们更清楚我指的是哪一个人。"

五、节约

世界上大部分资源都是有限的，人口却在逐年增多。古今中外的事例都说明，一个人、一个集体、一个国家能够实现事业的成功，其中一个重要因素就是节约。

(一) 节约的含义

节约就是珍惜劳动成果，节制个人欲望，它反映了一个人对劳动以及生活的态度。

勤俭节约是中华民族的传统美德，也是中华民族历经诸多苦难仍能奋发图强的法宝。北宋著名政治家、史学家、文学家司马光为了教导儿子崇尚节俭，特意写了一篇家训——《训俭示康》，其中说"然以功业大人莫之非，子孙习其家风，今多穷困，其余以俭立名，以侈自败者多矣，不可遍数"。意思是靠俭朴而立身成名，因奢侈而自招失败，这样的例子举不胜举。节约不仅是个人道德的重要组成部分，对职业道德也有很好的约束和指导作用。清代魏禧在《日录里言》中说"凡不能俭于己者，必妄取于人"，意即一个对自己不能节俭的人，是很难在工作行为中约束自己的欲望的。

（二）节约的重要性

1. 节约是一种对工作负责的行为，是负责任、成熟理智的标志

节约并不会过时，一个人节约也不会让别人看不起。节约是一种对生活乐观的态度，很多节约的人其实也是能很好地规划生活的人。在艰苦的日子里，我们要勤俭节约；在安逸的日子里，我们同样要勤俭节约，这两点将决定我们能否立业、守业、成大业。在一个不缺乏物质财富的时代，节约所带来的心理满足远远胜过这种行为本身积攒的财富。

> **案例**
>
> 关于节约，许多伟人、名人都给我们树立了榜样。
>
> 1962年夏，周总理到辽宁省视察工作，刚一住下，他就从口袋里掏出一张纸，交给负责接待的同志说："上面写的东西都不能做。"原来，这张单子开着20多种禁吃的菜名，鸡鸭鱼肉之类都包括在内。
>
> 拥有16家大公司，每年营业额达1650亿新台币，曾以资产40亿美元名列世界富豪第16名的台塑集团总裁王永庆说："每一分钱都来之不易。"他很少在外面宴请客户，一般都是在台塑大楼后栋顶楼的招待所内宴客。还经常采用"中菜西吃"的方式，让大家围在圆桌边，由侍者逐个分菜，一人一份，吃完再加，既卫生又不浪费。他还时常提醒厨师要节约能源，他说："汤煮开以后，应立即将火关小，汤的温度达到沸点100度以后继续用大火烧，那只是浪费电而已。"

2. 节约是一个公司可持续、稳定、长久发展的秘诀

节约已经成为很多大型公司从上到下奉行的企业文化之一。例如，美国的沃尔玛超市。

案例

沃尔玛公司的名称充分体现了沃尔顿的节俭习性。美国人习惯用创业者的姓氏为公司命名。沃尔玛本应叫"沃尔顿玛特"（Walton-Mart），但沃尔顿在为公司定名时把制作霓虹灯、广告牌和电气照明的成本等全都计算了一遍，他认为省去"ton"三个字母可以节约一笔钱，于是只保留了WALMART七个字母——它不仅是公司的名称，也是创业者节俭品德的象征。

沃尔玛中国总店的管理者们对老沃尔顿的本意心领神会，他们没有把WALMART译成"沃尔玛特"，而是译成"沃尔玛"。一字之省，足见精神。如果全世界4000多家沃尔玛连锁店全都节省一个字，那么整个沃尔玛公司在店名、广告、霓虹灯方面就会节约一笔不小的费用。

沃尔玛有一个规定，高级管理人员出差只许乘坐二等舱，住双人间，连沃尔顿本人也不例外。当公司总资产达到100亿美元时，他出差依然住中档酒店，与同行人员合住一个房间，只在廉价的家庭饭馆就餐，他还常常亲自驾驶货车把商品送往连锁店。

3. 节约也是一种科学的生活方式

国家现在提倡建设资源节约型社会，必然要求在消费领域大力倡导健康文明、节约资源的消费模式，在全社会形成崇尚节俭、合理适度消费的理念。比如，在日常生活中，节约用水、用电，不浪费食物等，这些都是一种科学的生活方式，不但可以节约资源，而且有利于环境保护。

（三）如何培养节约精神

首先要树立正确的价值观、消费观，正如广告里说的，"不买贵的，只买对的"，价高未必一定适合自己。

案例

思科从1994年起就把所有的人事流程搬到了网上。一位在思科工作多年的员工这样评价："在思科你将体验到一种自助式的环境，你几乎可以在网上独立完成任何事情，有不同的软件帮助你完成各种工作：制订会议日程、预定会议室、提交旅行开支、调整工资抵扣等。"网络的利用节省了对人力的需求，也节约了生产力。思科曾计算过，在2000年，这种自助式技术支持为公司节省了1.73亿美元；2002年又节省了19.4亿美元。

在思科总部一间办公室的玻璃窗上，贴着一组从报纸上剪下的三幅漫画。漫画中有两个人物，一个被吊在天花板上接受审问，另一个站在下面大发雷霆。

第一幅，在下者张大嘴巴发问："不是说好出差伙食费控制在10美元内吗，为什么超标？"

第二幅，在下者仍在发怒："早就和你说了，开车时顺便逮只鸽子，到旅馆后用电熨斗把毛烫掉吃下去，省点钱。"

第三幅，在上者嗫嚅着："我确实照办了，但电熨斗烫毛的速度太慢。"在下者大喊："为什么不把它调到最大挡上？"

漫画注释，被吊者是思科员工，大为光火的是其CFO拉里·卡特。漫画反映的正是思科近乎"抠门"的节俭。

事实上这一点也不夸张，思科的确是一家有着节俭传统的公司，在自助餐厅和休息室的墙上都挂着省钱技巧，比如，乘坐协议公司的航班，每张机票平均可节省100美元；把会议地点定在思科会议中心，比在酒店更便宜等。

另一处体现思科节俭精神的地方是其对硬件、软件的标准化使用。思科只用一种品牌的个人电脑、一种品牌的服务器及一家软件商提供的数据库软件，其他公司的任何同类产品都不在考虑范围之内。思科的首席信息官（CIO）严格地推动着标准化，在相对较小的范围内选择软、硬件可以让公司在采购、维护和修理所需的设备和软件支出上，通过规模经济节约成本。

节约并不代表一毛不拔，它只是提醒员工在哪些地方花了钱，而那些花费又对公司的盈利有着多大的影响。

因为在思科员工的待遇就是工资加股权，思科40%的股票由员工持有，几乎所有的正式职工都持有公司股票。因此，大家都是公司的主人，节俭的观念也深入人心。

六、合作

（一）合作的含义

合作是基于团队而言的，团队是指因企业的某项关联工作而使各成员联合起来在行为上彼此影响，交互作用，在心理上能意识到其他成员的存在，并有彼此相互归属感受和工作精神的集团。

合作就是在行业内部和外部团结协作，加强联系，互帮互助，消除隔膜，增添活力，把个人力量和其他人的力量结合起来形成集体的合力。

每一个人在职场中都不是单打独斗的，都是生活在一个合作环境中。在今天这个强化竞争观念的社会中，合作同样不可缺少，在集体中的合作能使团队更强大更和谐。汪中求先生说："团队就是格式化。经过格式化的模式，达到一定默契的队伍就叫团队，否则只能叫乌合之众，是不可能有战斗力的。所以必须严格地要求，格式化地操作。"

（二）合作的重要性

1.合作是个人能力充分发挥、提高个人素质的基础

当代大学生，大多数都是独生子女，从小个性就较强，不善于从别人的角度思考问题，比较自我，欠缺团队意识，因而在团队中常因人际关系、上下级关系矛盾影响工作。他们觉得很多事情仅凭个人努力是可以实现的，但实际上，离开了集体，不仅个人无法全面发展，要走很多弯路，还会影响集体中的成员关系，影响集体的工作效率。只有在合作的环境中，个人的能力才能得到较好的发挥，从而不断提高个人的综合素质。

2.合作是企业集中最大优势发展创新的基础

每个人都有长处和短处，只有在集体中，个人才能取长补短、扬长避短，为自己寻求更大的发展空间。离开了团队的支持，每个人的力量都是有限的。在一个合作的团队中，成员间互相尊重、互相学习，个人的成长与团队的成长密切相关。只有在合作的环境中，企业才能集中最大优势，研发新技术、新产品，不断创新发展才能使企业在激烈的市场竞争中立于不败之地。

3.合作是企业扬长避短、发挥优势的途径

我们所熟知的"木桶效应"，由美国管理学家彼得提出，是指一只木桶能盛多少水，并不取决于最长的那块木板，而是取决于最短的那块木板，也可称为短板效应。这就是说任何一个组织，可能面临的一个共同问题，即构成组织的各个部分往往是优劣不齐的，而劣势部分往往决定整个组织的水平。因此，整个社会与我们每个人都应思考一下自己的"短板"，并尽早补足它。

集体中每个人的水平不同，企业如果想得到最大化的效益，必须考虑到最弱的个体的影响。合作能有效照顾最弱的个体，使他在集体中成长进步。

（三）如何培养合作精神

1.学会欣赏他人，学会平等待人，一视同仁，虚心请教学习

团队的默契来自成员之间的信任和理解，在这样的集体中才能做到发自内心地合作，互相尊重换来互相体谅、互相支持。"三人行，必有我师"，团队中的每一个人都有可能给我们指点，因此应该虚心请教。团队中每一个成员的建议也许就是提升个人素质的捷径。

案例

有这样一个保险公司的推销员，虽然每天都勤奋工作，但收入仍少得可怜。有一天他来到一家名叫"村云别院"的佛教寺庙，滔滔不绝地向一位老和尚介绍保险的好处。但老和尚说："听完你的介绍，丝毫不能引起我投保的意愿。人与人之间，像这样相对而坐的时候，一定要具备强烈地吸引对方的魅力，如果你做不到这一点，将来就没什么前途可言了。小伙

子，好好想想吧！"

于是，这位推销员组织了专门针对自己的"批评会"，每月一次，每次请几个同事或客户吃饭，为此，他甚至不惜把衣物送去典当，只为让他们找出自己的缺点。

"你的个性太急躁了，常常沉不住气。"

"你有些自以为是，往往听不进别人的意见，这样很容易招致大家的反感。"

"你面对的是形形色色的人，你必须有丰富的知识，你的常识不够丰富，所以必须加强进修，以便能很快与客户找到共同的话题，拉近彼此间的距离。"

他不断总结、改正、进步、成长，他总结出了含义不同的39种笑容，并一一列出各种笑容要表达的心情与意义，然后对着镜子反复练习，直到镜中出现所需要的笑容为止。从1948年开始，连续15年他的销售业绩保持全日本第一。他就是被誉为"世界上最伟大的推销员"的推销大师原一平。

2. 积极参与团队培训，提高协作能力

很多知名企业都非常注重员工的职业培训和企业文化培训，通过培训不仅能提升员工的工作能力，更主要的是加深员工对企业文化、团队精神的理解。

日本富士通公司非常注重团队中人才的高水平协作能力。他们认为无论开发设计，还是市场营销，都需要达到国际水准，这样的人才聚集到一起组成一个团队，可能对高精技术进行攻关。但与此同时，每个人只可能对某一方面的知识做到深入，任何人都不可能仅仅依靠自己的能力就可以取得成功，只有一个个有能力的人很好地与他人组成一个团队，这才是完美的。

3. 提高沟通能力

有的人总说自己性格内向，很难与别人沟通，即使有很强烈的沟通愿望，也无法及时表达。沟通能力在团队中尤为重要，个人的观点、建议、批评等都需要通过沟通与别人分享，同时通过沟通发现自己的不足。一个沟通顺畅的团队，能增进彼此间的信任，使合作更加默契。对于团队沟通问题，有人力资源培训专家

这样指导——最重要的八个字：我承认我犯过错误！最重要的七个字：你做了一件好事！最重要的六个字：你的看法如何？最重要的五个字：咱们一起干！最重要的四个字：不妨试试！最重要的三个字：谢谢您！最重要的两个字：我们！最重要的一个字：您！

七、奉献

（一）奉献的含义

"只要人人都献出一点爱，世界将变成美好的人间。"一曲《爱的奉献》之所以能久唱不衰，是因为它唱出了大家共同的心声。一心索取的人，贪欲永远得不到满足，只有奉献，才能获得心灵的满足。简单地说，"奉献"指满怀感情地为他人服务、作出贡献，是不计回报的无偿服务。

在工作中，"奉献精神"是一种爱，是对自己事业的不求回报的爱和全身心的付出。对个人而言，就是要在这份爱的召唤之下，把本职工作当成一项事业来热爱和完成，努力做好每一件事，善待每一个人。

（二）奉献的重要性

1. 奉献是个人价值实现的途径，是个人事业成功的保障

人的社会价值是指个人通过自己的实践活动为满足社会的需要所作出的贡献，个人价值是指社会在社会生活和社会活动中为满足个人需要所做的给予。完整的价值包含两个方面，一方面是贡献，另一方面是满足，这种满足感源自奉献之后社会的认可。

2. 奉献是敬业精神的来源和精神支柱

敬业是中国人民的传统美德。敬业精神是人们基于对一件事情、一种职业的热爱而产生的一种全身心投入的精神，是社会对人们工作态度的一种道德要求。它的核心是无私奉献的精神。奉献的人看起来是吃亏了，比别人付出得多，但收获的人格魅力、诚信、尊敬、机会等却是无法估量的财富。只有无私奉献的人，才能干一行爱一行，摆脱单纯追求个人和小集团利益的狭隘眼界，在任何行业里都做到爱岗敬业。

3. 奉献是社会健康发展的保障

美国前总统肯尼迪说过："不要问国家能为你做什么，要问你能为国家做什么。"社会的发展离不开每个人的奉献，也正是有无数人的无私奉献，我们的生活才越来越美好，社会才一天天进步。没有奉献的人没有资格索取和享受。

中华人民共和国成立至今，经济建设之所以能够高速发展，与各个时代出现的甘于奉献的人密不可分，与整个社会洋溢着的牺牲奉献精神密不可分。

(三) 如何培养奉献精神

作为一种职业道德，特别是对于刚入职场的大学生来说，奉献并不是一种遥不可及的高尚的道德品质，它更有着深刻的现实意义。我们可以从以下几个方面理解奉献的含义，践行奉献的标准：

1. 奉献就是从小事做起，热爱每一份工作并为之奉献

近年来，大学生就业一直是一个严峻的现实问题，一方面是庞大的就业大军，一方面是求贤若渴的用人单位。很多学生在工作面前挑三拣四，不去小企业，不去中西部……在今天这样的就业环境中，如此挑拣是非常不明智的。

金融界巨子罗基尔·基奇曾说："一个年轻人，如果既无阅历又无背景，只有自己可以依靠。那么，他最好的起步方法是：第一，获得一份工作；第二，珍惜他的第一份工作；第三，培养勤奋、忠诚、敬业的习惯；第四，认真学习和观察，获取真经；第五，要努力成为不可或缺、举足轻重的人；第六，成为一个谦虚、有修养的人。"

2. 奉献就是先人后己，不计回报

在工作中，经常会有这样的情况，团队中也许会有人付出较多但回报较少，小到午餐盒饭的多少，大到奖金的分配。职场新人应该勇敢地面对这些牺牲并欣然接受，因为在对这个集体没有任何奉献的时候，我们没有资格去讨论"应该得到什么"。只有当你真心为其奉献，并因你的努力而为其创造了价值，你才可以安享一份回报。

3. 奉献就是向出色的人学习，不断提升自己

《感动中国 2020 年度人物颁奖盛典》在央视频道播出，改变山区女童命运的公益校长张桂梅等获评"感动中国 2020 年度人物"。

在颁奖典礼的现场，有这样一个人，她双手贴满膏药出现在全国观众面前，主持人动容谈道："大姐这是在拼命啊。"她却理所应当地说出"拼就拼一点吧，现在是当妈的感觉……"这个人就是张桂梅。一句朴实无华的话语诠释出她作为一名支教教师、一位女高中校长、一名优秀共产党员的无私大爱。

她是华坪女子高级中学的校长，12年来，张桂梅将家安在华坪女高宿舍，每天清晨5时许，就会看到她拿着小喇叭喊大家起床的场景。工作忙至凌晨，是她作为校长的常态。在被查出患有子宫肌瘤且已经2.5千克大，需立即住院治疗时，为了不耽误教学进度，她偷偷把检验结果藏起来，收拾心情继续站在讲台上，直到将负责的几个班级学生全部送进高考考场后，才住院接受手术。手术后，不顾医生反复劝说叮嘱，仅仅24天后，她又站在了自己热爱的三尺讲台上。

"春蚕到死丝方尽，蜡炬成灰泪始干。"身为一名教师，张桂梅无私奉献，生动诠释了教师职业的伟大，诠释了高尚的奉献精神和职业操守。

第三节　提升职业道德修养

一、职业道德修养的含义

"修养"一词源于《孟子》的"修身养性"说，北宋哲学家程颐第一次把"修身"和"养性"结合起来，正式提出了"修养"这一概念。

职业道德修养，是指从事各种职业活动的人员，按照职业道德基本原则和规范，在职业活动中所进行的自我教育、自我改造、自我完善，使自己形成良好的职业道德品质和达到一定的职业道德境界。

职业道德修养是一种自律行为，关键在于"自我锻炼"和"自我体悟"。每个人职业道德素质的提高，一方面靠他律，即社会的培养和组织的监督、教育；另一方面就取决于自己的主观努力，即自我修养。两个方面缺一不可，而后者更为重要。

二、提升职业道德修养的途径

（一）开设相关职业道德课程

职业教育及职业道德课程是大学生的思想修养必修课，是高等学校道德教育的重要内容。职业道德教育与职业技能教育以及其他专业教育相辅相成，缺一不可。

高等学校职业教育要注重与时俱进，与实践结合，避免空洞说教，立足学生实际，动之以情，晓之以理，让学生主动地接受职业教育。

(二)组织职业道德讲座、论坛、展览、报告会等宣讲形式

课堂教学是系统的、宏观的教学，虽涉及面广，但未必突出重点。组织相应的讲座、论坛、展览、报告会等宣讲形式就是一个有益的补充。它们的主讲人往往是有实际社会经验的劳动者，有的还是道德方面的楷模，他们的实际经历能给学生更直观、更深刻的职业道德教育，也能使我们的职业道德教育避免空洞地说教，从而使学生有发自内心的感想和思考。

(三)学生工作部、党团组织的指导

高校中学生工作部以及党团组织的各类学生活动丰富多彩，特别是有的学校每学期都有相应的主题学习，这些都给职业道德教育提供了良好的活动基础和活动平台。职业道德教育可以适当与学校学生思想政治工作结合，各级学生党团组织也应通过开展各种活动使学生增强职业道德观念，提升职业道德素养。

(四)开展职业实践活动

目前各高校大力推动学生各类实习实践活动，其中校外的实习实践活动给学生提供了一个真实的职业道德学习课堂。学生在实际工作中面对职业道德矛盾冲突，面临道德观、价值观的选择，以实际行动展现出自己的道德标准。这些都应该作为学生实习实践考核的项目，与工作技能一起成为学生的实习实践成绩。

(五)自我教育与自我批评

形成良好的职业道德教育，关键是自身的主动性、积极性。仅靠外部教育是不够的，还需要强调个人的职业道德行为养成。学生辅导员应该帮助学生养成勤思多想的习惯，时刻注重自我学习、自我教育，纠正错误意识，对自身不足的地方自我批评，不断完善自己的职业道德观。

中国传统道德中讲的"慎独"，就是强调在独自一人的环境下也要有道德约

束不能违规行事。

总之，在这样一个外部和内部共同作用的环境下，才能有效提升一个劳动者的职业道德修养。

三、提升职业道德修养的方法

"道德认知、道德情感、道德意志、道德行为四要素共同构成了职业道德品质。一个人只有做到了道德认知、道德情感、道德意志、道德行为的统一，才表明他具备了某种道德品质。对职业道德品质的这四个要素的分析和研究，有利于正确认识职业道德品质养成的特点及方法，更好地进行职业道德教育。"提升职业道德修养应该从以下几个方面入手：

(一) 树立正确的人生观、价值观

人生观是对人生的看法，也就是对于人类生存的目的、价值和意义的看法。正确的人生观指引人走上人生的正道，用自己的劳动去创造人生业绩，成为一个有益于社会、有益于人民的高尚的人。价值观是社会成员用来评价行为、事物以及从各种可能的目标中选择自己合意目标的准则，能否树立正确的价值观和科学、合理的价值取向，对一个人的发展是至关重要的。

人生的价值体现在两个方面，即个人的社会价值和自我价值。个人的社会价值指的是个人对社会的责任和贡献，个人的自我价值指的是社会对个人的尊重和满足。两者的关系是辩证统一的，个人的社会价值体现在个人对社会和他人的奉献上，只有充分实现个人的社会价值，才能体现出个人的自我价值。个人的自我价值是通过社会活动将自己的能力充分发挥出来，创造物质财富和精神财富，以此满足社会和他人的需要，进而得到社会和他人的尊重和承认。要提升职业道德修养，首先必须树立正确的人生观、价值观，正确理解并合理处理社会价值和自我价值的辩证关系。

案　例

中国"共和国勋章"获得者袁隆平，一生致力于杂交水稻技术的研

究、应用和推广，他毕生的梦想就是让所有人远离饥饿。作为曾获得过2001 年我国首届国家最高科学技术奖、2004 年世界粮食奖和以色列"沃尔夫奖"等 16 项国内和国际大奖的"世界杂交水稻之父"，袁老的人生很辉煌，青史留名，但他在生前依然坚持在田里劳作和研究，并且声称"到100 岁我也还想在田里"。

2021 年 10 月 6 日，前身为博学中学的武汉四中 110 周年校庆，"杂交水稻之父"袁隆平重回母校，捐赠 10 万元奖励优秀学子。对于一份评估报告所称的"袁隆平身价为 1000 亿元"的说法，袁隆平表示，"用财富衡量科学家价值太低级、太庸俗"。

在他的身上，我们看到人生真正的价值在于对社会的责任和贡献，提升职业道德修养，才能得到社会和他人的尊重与承认。

（二）加强业务学习

职业技能是职业活动开展的技术保证，学习专业知识的同时也正是一个了解职业行为、职业特征、职业理想的过程。职业道德和职业技能相互支撑，密不可分。职业道德通过职业技能的学习养成，并指导职业活动；反过来，职业技能的学习和实践能不断充实职业道德的内涵。我们不提倡只有职业道德没有职业技能的庸碌老好人，注重职业道德修养和提高职业道德技能并不矛盾。加强专业知识的学习过程就是一个强化职业意识、提升职业道德修养的过程。

对大学生的职业道德修养的提升，除了需要加强专业知识的学习，还要注重道德思想的教育，特别是要采取灵活有效的方式。加强职业道德理论学习，职业道德基本规范的教育和训练，能帮助大学生树立正确的职业理想、培养良好的职业素质。避免死板的理论灌输，把课堂与实践相结合，把行业职业道德的特殊性与专业知识技能的学习相结合，把专业课要求与职业道德的要求，如敬业、诚实守信、合作、节约、公正等要求结合起来，使学生在专业课的学习与实习过程中，体会本专业的业务要求和职业道德要求，达到职业道德教育的目的。

(三) 注重自觉自省

自省即自我反省。孔子说："见贤思齐焉，见不贤而内自省也。"（《论语·里仁》）"自省"就是通过自我意识来省察自己言行的过程，是行之有效地提升德行修养的方法。经过不断学习和进步，加以自我检查和批评，看看自己的行为和言语是否有什么不合规则，善于认识自己、批评自己。客观地认识自己，经过深思熟虑，认识到自己的行为与职业道德规范之间的差距，从而达到对职业道德规范的体悟，由衷地认可和接受职业道德规范，使自我不断完善。

(四) 虚心接受建议和批评

没有人能永远正确，更何况是没有工作经验的大学生，犯错是难免的。只有在别人的指点和帮助下，才能找出错误的根源。别人对错误也许有更客观、更公正的评价。因此，虚心接受别人的批评也是提升职业道德修养的一个重要方法。

【思考与讨论】

1. 什么是职业道德以及职业道德的特点是什么？
2. 职业道德在职业发展中的作用是什么？
3. 职业道德的内涵包括哪些方面？
4. 提升职业道德修养的方法和途径是什么？
5. 作为当代大学生，请阐述诚信在求职中的重要性。

第七章　自我管理与职业发展

【学习目标】

1. 了解情绪产生的原因及情绪的功能。
2. 掌握情绪管理、压力管理、时间管理、人际关系管理的方法。
3. 了解自我管理与职业发展之间的关系。

　　大学生在职业生涯规划中扮演着主人公的角色，其自我管理在一定程度上直接决定了职业生涯的发展方向和发展潜力。本章重点围绕当前大学生在情绪管理、压力管理、时间管理、人际关系管理方面普遍存在的问题及解决方法展开讨论，使在校大学生通过实践努力提升和完善自我管理能力，在职业生涯规划过程中发挥积极主动的作用。在毕业求职及未来的职场中掌握主动权，尽快适应职业环境，早日成为行业中的精英。

第一节　情绪管理

导入案例 1

　　小敏，女，19岁，某大学英语专业的大一新生。大家好不容易盼到周末，都想睡个懒觉。但一大早，就听见小敏翻箱倒柜地找东西，发出的声音吵得大家都睡不着觉。娇娇虽然心有不满，但看小敏找得那么急，仍关心地问："小敏，找什么东西呢？"小敏没好气地回道："不找什么，睡不着觉，翻翻柜子。"大家听后，虽有些生气，但还是用建议的语气说："小敏，你既然已经睡醒了，那就到外面走走，让我们再睡会儿。"大家不知道哪句说错了，小敏非常生气地回道："我愿意在哪儿就在哪儿，愿意干什么就什么！"然后继续她的"寻找"。忽然，小敏发现圆圆的书在她桌子上放着，于是怒气冲冲地说："为什么把书放在我的桌子上？"随即把书扔在地上，圆圆起身争辩道："难道放一下也不行吗？"小敏撅着嘴说："放我这里，我就扔掉。"圆圆听后都有了想打她的冲动，幸亏被大家拦住，才避免了这次"战争"。周末的早上一下子就被阴沉的气氛笼罩。

导入案例2

小茜，女，20岁，某大学电子商务专业大二学生。小茜生活在一个比较保守的家庭，从小长辈们对她的要求就比较严格，各方面必须优秀，一旦出错就会挨打。小茜以优异的成绩考入大学后，发现大学里人才济济，自己显得那么微不足道，大一时像迎接高考一样努力，可成绩并不理想，小茜受了很大打击。但小茜告诉自己，不能让信任自己的人失望，她不能失败，一旦失败，大家就会认为她是个没用的人。大二时，小茜在学习上更加努力，即使吃饭有时也会觉得是浪费时间，身体也渐渐消瘦。她开始变得特别敏感，总是感觉别人会看不起自己，在背后说自己很差劲等坏话。

导入案例3

小峰，男，22岁，某大学数字艺术专业大四学生。小峰特别喜欢漫画，他的理想是当一名漫画家。高中毕业，小峰如愿以偿地考上了数字艺术专业，在校期间积极参加校报策划。大四实习期间，小峰成功进入一家心仪的杂志社做美术编辑。刚开始工作时，他朝气蓬勃、满怀自信，做起事情得心应手，精明干练。主编很器重他，除了本职工作之外，还会让他做一些额外的重要事情，他为此感到特别自豪。可时间不长，他就感觉压力越来越大，每天好像有做不完的事情，心里堵得慌，根本没有自己创作的时间。有时来上班时心情还很好，一旦坐到办公桌前，看到铺天盖地的资料，他就觉得沉重得喘不过气，电话铃声一响就会使他特别烦躁。最近一段时间，他的胃口和睡眠都不佳，整个人处于极端的焦虑和疲惫状态。

【指导建议】

　　从以上三名同学的案例可以看出，他们都有一个共同的问题，就是缺乏对自己情绪的正确认识和有效管理，容易让负性情绪扩大化，影响个人生活尤其是人际交往。然而对大学生来说，只有善于管理情绪的人，才能够正确了解自我、管理自我、激励自我，才能敏锐客观地察觉别人的所需，合理处理与别人的关系。同样，要想学业有成、家庭幸福、事业成功也离不开情绪管理能力。只有对情绪进行有效管理，恰当地处理消极情绪，才能避免它给我们的学习和生活带来各种不利影响，让我们做自己情绪的主人。

一、情绪成因

　　情绪是人类天性的重要组成部分，没有情绪，也许我们都会成为精神病患者，尤其对大学生来说，如果对情绪没有充分的认识，就会犯很多情绪错误。如果你了解情绪，并知道如何管理情绪，那么就能轻松愉快地学习、工作，并维持良好的人际关系。

　　普通心理学认为，"情绪是指伴随着认知和意识过程产生的对外界事物的态度，是对客观事物和主体需求之间关系的反应，是以个体的愿望和需要为中介的一种心理活动。情绪包含情绪体验、情绪行为、情绪唤醒和对刺激物的认知等复杂成分"。情绪是身体对行为成功的可能性乃至必然性，在生理反应上的评价和体验，包括"喜""怒""忧""思""悲""恐""惊"七种。行为在身体动作上表现得越强烈就说明其情绪越强烈，如"喜"会手舞足蹈、"怒"会咬牙切齿、"忧"会茶饭不思、"悲"会痛心疾首，这些就是情绪在身体动作上的反应。情绪是信心的一部分，它与信心中的外向认知、外在意识具有协调一致性，是信心在生理上暂时的较剧烈的生理评价和体验。

　　情绪形成的原因有很多，大学生正处于生理、心理及思想变化时期，心理状态及情绪很不稳定，再加上缺乏社会生活的磨炼，心理承受能力相对较差。在这些巨大的冲击面前，缺乏适应能力，极易导致焦虑、抑郁、自卑、逆反等负性情绪产生。一般来说，适度的、情境性的负性情绪，如考试中的紧张和焦虑、失意后的悲伤等都是正常的。但是，如果大学生因生活事件引起的不愉快甚至痛苦的情绪对行动起抑制或阻碍作用，且持续很长时间无法消除，将对个体的心理健康产生不良影响。

1. 社会因素的影响

随着社会主义市场经济体制的建立和发展，竞争机制被引入，人们的生活节奏明显加快，传统价值观念在悄然发生变化。社会腐败、职工下岗、社会治安混乱和贫富差距加大等社会问题不断涌现，这些刺激给社会阅历浅、心理应对和承受能力弱的大学生带来了很大的冲击，容易引发大学生的心理与行为严重失调，产生不良情绪。面对这些问题，大学生的首要任务是要全方位塑造自己，将自己融入社会，接受社会的选择，学会接纳和肯定自己，增强自信心。

2. 学校因素的影响

随着我国高校教育体制改革的深入，只靠学习成绩或一纸文凭的时代将永远成为历史。高校为了适应社会的需要，提高自身办学水平，培养优秀人才，对学生的学习、综合素质等方面的要求更高，大学生稍有松懈就会在竞争中失利，这成为大学生产生消极情绪的诱因之一。另外，目前高校改革不断深化，招生规模不断扩大，由此带来了高校办学的一系列变化，教育产业化实行的上学缴费制度、奖贷金制度、考试淘汰机制及择业制度的变更、完善，无不牵动着每一个大学生、冲击着当代大学生动荡不安的心理，影响着大学生的情绪。

3. 家庭因素的影响

家庭是我们的启蒙学校，家庭的经济状况、家长的教育态度、教育内容与方式，家庭成员之间的亲疏关系，对学生的情绪、情感水平的培养有非常重要的影响。当前，社会环境变化对家庭的冲击较大，单亲家庭、下岗家庭等问题家庭增多，越来越深刻地影响着大学生的情绪。另外，家长对子女过高的期望值或要求，过于急切地"望子成龙，望女成凤"，对加重子女的心理负担、焦虑不安等情绪起了推波助澜的作用。一些大学生因害怕不能满足家长的要求或不能为家庭增光添彩，最终引发焦虑、抑郁等负性情绪反应，家长应该积极地鼓励子女，多从正面引导子女。

4. 主观因素的影响

虽然外在客观环境刺激对大学生情绪问题的产生有深刻影响，但影响大学生的情绪变化的决定性因素还在于大学生自身。

（1）不能正确地评价自我

每位大学生都有一段"辉煌的历史"。但是，大学校园是群英荟萃、人才济济的地方，这样的变化常常会使一部分学生感到失落，变得不知所措而逐渐产生自卑感。因此，每个大学生都需要重新认识自我，摆正位置，寻找新的起点。如果一味沉溺于过去，不愿正视现实，遇到困难、挫折时很容易产生自卑情绪。相反，习惯高估自己，常常觉得自己什么都比别人强的人，自然容易滋生骄傲自满的情绪体验，一旦遇到挫折，就会一蹶不振、自暴自弃。

（2）依赖性与自主性的矛盾

在大学时代，大学生进入了较为自由和开放的环境，独立意识日益增强，希望能独立自主，凡事想依靠自己的力量，处处想显示个人的主张。他们渴望在各个方面取得成功，关心时事政治，积极参加校内外各种活动，力求处处显示出自己的能力。但是，由于他们的心理成熟落后于生理成熟，认识能力落后于活动能力，在经济上、行为上尚不能完全独立，长期形成的依赖心理一时难以摆脱，面对复杂的环境，常常不知所措。另外，有些学生独立性比较差，有较强的依赖性，缺乏社会经验和独立生活能力，而当大学生活中的一切事务都要自己亲自处理时，缺乏必要的心理准备。这种依赖性和自主性的矛盾极易导致部分学生对大学生活严重不适，经常处于悲伤、抑郁状态。

（3）期望值偏高与现实状况的反差

处在青春期的大学生，一般比较自信，对自己的前途和未来怀有美好的向往，成就动机很强，自我期望值很高。但现实状况却不尽如人意，如果大学生经过一个阶段的努力仍然不能实现自己的愿望，就会感到理想破灭，一旦遇到困难和挫折，就很容易萎靡不振，情绪低落，或者产生逆反情绪，与社会对立、对抗。

（4）性和恋爱引起的情绪波动

一方面，由于大学生的性机能日益成熟，对感情的欲望逐渐加强，他们渴望与异性交往，追求美好爱情。但大学生心理尚未完全成熟、情绪波动性较大、性格尚未定型、挫折承受能力较差，对爱情的理解又过于浪漫而不切实际，一旦情感问题上遭受挫折（如失恋、单相思）便难以接受而灰心丧气、一蹶不振，甚至走向极端，采取自我毁灭的行为。

另一方面，有些大学生缺乏必要的性教育而导致谈"性"色变，性心理常处于压抑状态，本能的释放性与心理压抑性的矛盾必然导致性焦虑。个别大学生因此蒙受精神痛苦，心灵备受煎熬，情绪波动明显，常会陷入惶恐不安、担心害怕、心神不宁、头昏脑涨、失眠多梦的心境中。

（5）人际交往的受挫

一些大学生对人际交往具有浓厚的理想主义色彩，对友谊的渴求十分强烈，人际交往的期望值过高，一旦期望值难以达到，就容易对人际交往采取消极冷漠的态度。当出现心理困扰，又苦于无人倾诉排解，若得不到及时的帮助与治疗，就可能引发精神上的疾病。

另外，不少大学生或多或少地有封闭心理，担心自己在社交场合不善言谈，担心自己缺少社交风度和气质，不会被人重视接纳。有些同学很想正常地与人交往，却因生性内向，过于腼腆，存在思想顾虑，从而游离于校园交际圈之外。一旦在心理上与人群格格不入，就不可避免地陷入紧张、焦虑情绪中。

（6）重要丧失

大学期间的重要丧失也会对大学生的情绪产生重大影响。大学生的重要丧失主要包括：一是与大学生活有关的重要丧失，如考试失利、学业失败、考研失利等；二是与大学生自我发展有关的荣誉的丧失，如入党评优失利等；三是情感方面的重要丧失，如失恋、好友失和等；四是重要他人的丧失，如家庭发生重大变故等，都会对大学生的情绪产生影响，特别是负面生活事件对大学生不良情绪的滋长与蔓延起着推波助澜的作用。如果不及时调整，就容易引发情绪问题。

二、情绪的功能

1. 情绪的主要功能

情绪是人对客观事物的态度体验及相应的行为反应。情绪是以主体的愿望、需要等倾向为中介的一种心理现象。符合主体的需求和愿望，会引起积极的、肯定的情绪，相反就会引起消极的、否定的情绪。情绪具有独特的生理唤醒、主体体验和外部表现三种成分。情绪的功能主要有以下几个：

（1）适应功能

有机体在生存和发展的过程中，有多种适应方式。情绪是有机体适应生存和发展的一种重要方式。

（2）动机功能

情绪是动机的源泉之一，是动机系统的一个基本成分。它能够激励人的活动，提高人的活动效率。适度的情绪兴奋可以使身心处于活动的最佳状态，进而推动人们有效地完成工作任务。研究表明，适度的紧张和焦虑能促使人积极地思考和解决问题。

（3）组织功能

情绪是一个独立的心理过程，有自己的发生机制和发生、发展的过程。心理学家斯鲁夫认为情绪作为脑内的一个检测系统，对其他心理活动具有组织作用，这种作用表现为积极情绪的协调作用和消极情绪的破坏瓦解作用。中等强度的愉快情绪有利于提高认知活动的效果。而消极的情绪如恐惧、痛苦等会对操作效果产生负面影响，消极情绪的激活水平越高，操作效果越差。情绪的组织功能还表现在人的行为上，当人们处在积极、乐观的情绪状态时，很容易注意事物美好的一面，其行为也比较开放，愿意接纳外界事物。而当人们处在消极情绪状态时，容易失望、悲观、放弃自己的愿望，有时甚至产生攻击性行为。

（4）信号功能

情绪在人际间具有传递信息、沟通思想的功能。这种功能是通过情绪的外部表现，即表情来实现的。表情是思想的信号，在许多场合，只能通过表情来传递信息，如用微笑表示赞赏、用点头表示默认等。表情也是语言交流的重要补充，加手势、语调等能使语言信息表达更加明确或确定。从信息交流的发生上看，表情的交流比言语交流要早得多，如在前言语阶段，婴儿与成人相互交流的唯一手段就是情绪，情绪的适应功能也是通过信号交流作用来实现的。

2. 情绪智慧

情绪智慧，又称为"情绪智商""情绪智力"，简称为"情商"，主要是指人在情绪、意志、耐受挫折等方面的能力。最新的研究显示，一个人的成功，只有

20%归诸智商，80%则取决于情商。美国哈佛大学教授丹尼尔·戈尔曼认为："情商是决定人生成功与否的关键。"1990年，美国新罕布什尔大学心理学家梅耶和耶鲁大学心理学家萨洛维一起正式提出情绪智力理论，并对其进行实证测量。1994年戈尔曼出版《情绪智力》（Emotional Intelligence）一书，甚至将EQ（情商）与情绪管理画上等号。根据一些心理专家的观点，情绪智慧涵盖下列5种能力：

（1）觉察自我情绪的能力

觉察自我情绪，就是能认识自己的感觉、情绪、情感、动机、性格、欲望和基本的价值取向等，并以此作为行动的依据。它是情绪智慧的核心能力。一个人所具备的、能够监控自己的情绪以及对经常变化的情绪状态的直觉，是自我理解和心理领悟力的基础。如果一个人不具有这种对情绪的自我觉察能力，或者不认识自己的真实情绪感受的话，就容易听凭自己的情绪摆布，以至于做出许多令人遗憾的事情来。

（2）妥善管理自身情绪的能力

妥善管理自身情绪，是指对自己的快乐、愤怒、恐惧、爱、惊讶、厌恶、悲伤、焦虑等体验能够自我认识、自我协调。比如，自我安慰，主动摆脱焦虑、不安情绪。有人发现，当自己情绪不佳时，可用以下方法调适情绪：①正确查明使自己心烦的问题是什么；②找出问题的原因；③进行一些建设性引动。情绪管理必须建立在自我认知的基础上，并强调如何摆脱焦虑、愤怒、灰暗或不安等负性情绪。

（3）自我激励的能力

自我激励，是指面对自己欲实现的目标，随时进行自我鞭策、自我说服，始终保持高度热忱、专注和自制，使自己有更高的办事效率。

（4）识别他人情绪的能力

识别他人情绪，是指对他人的各种感受，能"设身处地"地、快速地进行直觉判断。了解他人的情绪、性情、动机、欲望等，并能作出适当的反应。在人际交往中，常从对方的语言及其语调、语气和表情、手势、姿势等来作判断。通常真正透露情绪情感的就是这些表达方式。因此，要捕捉人的真实性情绪情感需要依据这些关键信息，而不是对方"说了什么"。

（5）人际关系管理的能力

人际关系管理，是指管理他人情绪的艺术。一个人的人缘、人际和谐程度都和这项能力有关。在处理人际关系过程时，重要的是能否正确地向他人展示自己的情绪情感，因为，一个人的情绪表现会立即对接受者产生影响。如果你发出的情绪信息能够感染和影响对方，那么，人际交往就会顺利进行并且深入发展。具备这种能力的人，能与任何人愉悦自在地相处，这种人能担任集体感情的代言人，引导群体走向共同目标。

3. 情绪对大学生的影响

（1）情绪对大学生健康的影响

《礼记》上说"心宽体胖"，意思是情绪畅快时，人会越来越胖，而且越来越健康。现代生理学、心理学和医学的研究成果也表明，情绪对人的身心健康具有直接影响。若能保持愉快的心境，为人开朗乐观、积极向上，则人体免疫功能活跃旺盛，可以减少患病的机会，有益健康。不仅如此，良好的情绪能使大学生对生活充满希望，对自己满怀自信，而且能够使他们的求知欲增强、思维敏捷、富于创造力、爱好广泛、建立良好的人际关系，促进他们全方位发展。

与此相反，消极的情绪对人的身心健康危害极大。在压抑、紧张、焦虑、恐惧等消极情绪的长期作用下，人的免疫能力下降，容易患各种传染性疾病，内脏功能也会受到损害。许多研究表明，消极情绪是健康的大敌。突然而强烈的紧张情绪会抑制大脑皮层高度心智活动，破坏大脑皮层的兴奋和抑制的平衡，使人的意识范围狭窄、判断力减弱，失去理智和自制力。

（2）情绪对大学生学习的影响

情绪不仅与大学生的身心健康有关，而且与大学生的潜能开发、工作效率有关。良好的情绪情感往往使大学生乐于行动，有兴趣学习、工作和活动，有助于大学生开阔思路，集中注意力，富有创造性。有研究表明，精神愉快、心情舒畅、适度紧张是思考和创造的最佳状态，能有效地进行智力活动。

心理学家用实验方法研究情绪与学习成绩的关系时，通常将焦虑程度与学习成绩分别作为自变量和因变量，然后采用自我评定法和生理反应法来研究它们之间的函数关系。研究结果表明，焦虑程度与学习成绩的关系呈倒"U"形。适度的焦虑能使大学生保持最好的学习效率，焦虑程度过高或过低，均难以取得优异的学习成绩。在生活中常有这种现象，有的大学生在考试时过分紧张，结果出现"晕场"现象；反之，有的大学生对考试采取不以为意的态度，考试成绩也不理想。

（3）情绪对大学生人际关系的影响

乐观、热情、自尊、自信是人际间相互吸引的重要条件。具有良好情绪特征的人，能使彼此间的心理距离缩短、情感更融洽。自卑、情绪压抑、易发怒的人，往往不能与他人正常相处，难以沟通，使人与人之间的关系疏远。

由于情绪具有感染性与传染性，具有良好的、积极而稳定、适度的情绪反应，正性情绪大于负性情绪的人，在人群中更受欢迎，更容易获得别人的赞赏，容易建立良好的人际关系。一位大学生这样形容宿舍另一位同学，他的情绪如六月的天，喜怒无常，无法把握，与他相处，有些如履薄冰，我们时刻要受他的情绪支配与感染。我们认为他没有用坏情绪影响我们好心情的权利，因而我们只好选择尽量少与他交往。

与此同时，大学生在人际交往中，注重提高自身修养，学会适度控制与调适自己的情绪，做情绪的主人，才能拥有良好的人际关系。

（4）情绪对大学生行为目标的影响

研究表明，当体验到的是高兴、亲切、安全、平静、积极的情绪时，大学生的行为目标往往也是积极、生动的，对新经验的接受和开放程度、对周围人的尊重和理解、对价值和长远目标的献身精神等，都会明显增强。当体验到的是痛苦、愤怒、紧张或受威胁等消极情绪时，部分大学生的社会兴趣会下降，反社会行为会增加，对新经验持审慎甚至闭锁的态度，还有一部分大学生的行为并没有向消极方面转化，而是吸取教训，总结经验，重新开始。

积极的情绪体验与积极的行为变化总是一致的。因此，在大学生活中要尽可能多地缔造这种关系。大学生要积极引导消极情绪，使之转化成为长远目标和价值献身的动力。

三、情绪管理

情绪管理即以最恰当的方式来表达情绪，如同亚里士多德所言，"任何人都会生气，这没什么难的，但要能适时适所，以适当方式对适当的对象恰如其分地生气，可就难上加难"。对当代大学生而言，学会恰当地表达情绪，掌握管理情绪的方法是非常重要的。

1. 大学生情绪健康的标准

健康的情绪是健全人格的必要条件之一。一般而言，情绪的目的性恰当、反应适度，不带有幼稚的、冲动的特征，符合社会规范的要求，就是健康的情绪。美国社会心理学家瑞尼斯等人提出情绪健康的六项指标如下：

①发展出某些技巧以应付挫折情境。

②能重新解释和接纳自己与情绪的关系，不会一直自我防卫，能避免挫折并安排替代的目标。

③知觉某些情境会引起挫折，可以避开并找寻替代目标，以获得情绪满足。

④能找出方法，缓解生活中的不愉快。

⑤能认清各种防卫机制的功能，包括幻想、退化、反抗、投射、合理化、补偿，避免成为错误的习惯，以致防卫过度，造成情绪困扰。

⑥能寻求专家的帮助。

以色列家心理学家索尔·库格尔马斯也指出情绪健康的八个特点：

• 独立，不依赖父母。

• 增强责任感及工作能力，减少被外界接纳的渴望。

• 去除自卑情结、个人主义及竞争心理。

• 适度的社会化与教化，能与人合作，并符合个人良心。

• 成熟的性态度，能组织幸福家庭。

• 培养适应能力，避免敌意与攻击。

• 对现实有正确的了解。

• 具有弹性以及适应力。

对大学生来说，情绪健康具体表现为情绪的基调是积极、乐观、愉快、稳定的，对不良情绪具有自我调控能力，情绪反应适度；高级的社会情感（理智感、道德感、美感等）能得到良好的发展。

2.情绪的表现形式

情绪的表现形式是多种多样的，在日常生活中，我们会明显感到别人的喜、怒、哀、乐。但有时情绪更多是隐性的，即使它并不通过人的面部表情和语言表现出来，你仍可以感觉到它的存在。依据情绪发生的强度、持续的时间、紧张的程度，我们可以把情绪分为心境、激情和应激反应。

（1）心境

心境，是一种微弱、平静而持久的带有渲染性的情绪状态。心境往往会长时间影响人的言行和情绪。工作成败、生活条件、健康状况等也会对心境产生不同程度的影响。心境很容易被渲染，心情舒畅的时候，我们会觉得身边的一切都是那么美好，就算下雨天，也会觉得雨滴仿佛也和着节拍跳舞，充满诗意；而当人们心情烦躁时，就会觉得诸事不顺，连老天爷都和自己作对，心情自然也好不起来。心境受到个人的思维方式、方法、理想以及人生观、价值观和世界观影响，不同的环境也许会造成不同的心境；而在同样的外部环境，不同思维方式、不同价值观的人也会有不同的情绪。例如在恶劣环境中，那些意志坚强的人，就会临危不惧，始终保持着乐观向上的心境。

（2）激情

激情是一种强烈的情感表现形式，往往发生在强烈刺激或突如其来的变化之后，具有迅猛、激烈、难以抑制等特点。人们常说的暴跳如雷、大惊失色、欣喜若狂都是激情所致。总的来说，大学处于从学校向社会过渡的时期，在大多数情况下，大学生不善于管理和控制自己的情绪，有时候就以一种激情的方式表现出来，而这种表现方式往往很极端。近年来，大学生激情犯罪的案件呈逐年上升的趋势，其主要心理方面原因就在于大学生群体自制力差，情绪控制能力低，心理调节机制不健全，缺乏处理情感纠葛、危机的经验，易冲动行事。因此，建立健全大学生心理疏导机制、心理咨询服务机制是正确引导情绪障碍学生的有效方式。

（3）应激反应

应激反应是因出乎意料的紧急情况所引起的急速而高度的紧张情绪。人们在生活中经常会遇到突发事件，它要求人们及时而迅速地作出反应和决定，对应这样紧急情况所产生的情绪体验就是应激反应。在平静的状况下，人们的情绪变化差异不是很明显，当应激反应出现时，人们的情绪差异立刻就显现出来。应激反应在表现方式和结果上也是千差万别的，更多时候，有经验的人比没有经验的人更擅长处理应激情况。此外，个体的性格、态度和心理素质水平也决定了在特定情况下和处理应激事件的差异。但人们经常处于应激反应之下，情绪必然很紧张，身心长期处于紧张之中的人更容易产生极端行为。相关研究表明：长期处于应激状态会使人体内部的生化防御系统紊乱，身体的抵抗力降低，更容易患病。因此，我们要避免长期处于高度紧张的应激反应中。

3. 情绪的身体感觉

当我们受到情绪干扰时，身体也会在潜移默化中发生变化。人或许会感觉到心跳加速却不知道自己在害怕。他可能会感到身体发热、发冷，胃绞痛，耳鸣，刺痛感甚至剧痛。他可能会有源自情绪的"知觉"，却对情绪本身一无所知。例如，你忍受了室友的种种埋怨和指责，情绪在激动过后已恢复平静，但是你也许仍然会说："我额头上似乎有一条禁锢带。"而且你会说："我有种奇怪的感觉，好像我的头要裂了，我对进寝室门似乎有种恐惧……"的确，情绪在你毫无察觉的时候，已经悄悄侵袭了你的身体。

在缺乏情绪管理能力时，人们常依靠吃药来解决源自情绪的身体感觉，虽然这些药物可能有副作用，但是能帮助人们暂时解决情绪上的困境。药物能消除头痛、胃痛以及身体的其他知觉，令他们不去想有待他们关注的情绪问题，但情绪问题仍未解决，药物或许能暂时消除或改善不愉快的知觉，却使身体的化学状态失去平衡，导致短期或长期性伤害。

如果习惯性地服用大量药物或酒精，人们就不能准确地解析自己的身体经验。这些经验是情绪化的或化学作用的、夸大的或轻描淡写的、健康的或病态的，一个大量吃药的人是很难分辨这些感觉的。在这种缺乏情绪感知的状态下，人们会很容易对他人造成情绪上的伤害，不明所以的强烈情绪很有可能导致不理性的行为，痛苦和麻痹而无理性的行为又会导致恶性循环，人们发泄情绪时有极大的罪恶感，然后又再关闭，窄化其情绪感知从而产生人们所熟知的循环：自虐、麻木，以及无法解决的不良情绪。

4. 大学生的情绪特点

（1）丰富性和复杂性

从生理发展来看，大学生正处于多梦的年龄阶段，几乎人类所具有的各种情绪，都可在大学生身上体现出来，并且各类情绪表现强度不一，如有悲哀、遗憾、失望、难过、悲伤、哀痛、绝望之分。从自我意识的发展来看，大学生表现出较多的自我体验，自我尊重的需要强烈，易产生自卑、自负等情绪体验。从社交方面来看，大学生的交际范围日益扩大，与同学、朋友及师长之间的交往更细腻、更复杂，有的大学生还开始体验一种更突出的情感——恋爱，而恋爱活动往往又伴随着深刻的情绪体验，这种特殊的体验对大学生有十分重要的影响。从情绪体验的内容看，大学生的情绪呈现出相当丰富多彩的特征，以惧怕的情绪来说，大学生所怕的事物，主要与社会的、文化的、想象的、抽象复杂的事物有关。例如，怕考试、怕陌生人、怕惩罚、怕寂寞等。

（2）波动性和两极性

大学时期是人生面临多种选择的时期，学习、交友、恋爱等人生大事基本在这一阶段完成。社会、家庭、学校及生活事件，都会对大学生的情绪产生影响。尽管大学生的认识水平有了一定的提高，对自己的情绪已有了一定的控制能力，情绪亦趋于稳定，但同成年人相比，大学生仍相对敏感，情绪带有明显的波动性。一句善意的话语，一个感人的故事，一支动听的歌曲，一首情理交融的诗歌，都可以使大学生的情绪发生骤然变化。特别是在社会转型过程中，社会的变迁、体制的变革、新旧价值观的更替，种种复杂的社会现象更容易使大学生产生困惑和迷茫，产生情绪的困扰与波动。

同时，大学生正处于情绪表现的"动荡"时期，自我认知、生理发展及心理发展还未成熟，他们的情绪起伏较大，带有明显的两极化特征，胜利时得意忘形，失败时垂头丧气；喜欢时花草皆笑，悲伤时草木流泪，情绪的反应摇摆不定，跌宕起伏。有人对大学生进行调查，发现他们70%的情绪都是经常两极波动的，也就是像波动曲线一样，忽高忽低，忽而愉快、忽而愁闷。

（3）冲动性和爆发性

心理学家霍尔认为青年期处于"蒙昧时代"向"文明时代"演化的过滤期，其特点是动摇的、起伏的，他把这一时期称为"急风暴雨"时期。因知识水平和认知能力的提高，大学生对自己的情绪有一定的控制. 但他们兴趣广泛，对外界事物较为敏感，加之年轻气盛和从众心理，因而在许多情况下，其情绪极易被激发，犹如急风暴雨般不计后果，带有很大的冲动性。他们往往对符合自己信念、观点和理想的事件或行为迅速产生热烈的情绪；对不符合自己信念、观点和理想的事件或行为，则迅速表现出否定情绪。个别人有时甚至会盲目狂热，而一旦遇到挫折或失败又会灰心丧气，其情绪来得快，平息得也快。

大学生情绪的冲动性常与其爆发性相连。大学生的自制力较弱，一旦出现某种外部的强烈刺激，情绪便会突然爆发，借助冲动的力量驱使，以至于在语言、神态及动作等方面失去理智的控制，忘却了其他任何事物的存在，极易产生破坏性的行为和后果。

（4）阶段性和层次性

大学阶段由于不同年级的培养目标和培养重点不同，教育方式和课程设置有所区别，各个年级面临的问题不同，大学生的情绪特点也不同，呈现出阶段性和层次性的特点。大学新生面临适应新环境、改变学习方法、熟悉新的交往对象、了解和确立新目标等问题。大一新生自豪感和自卑感混杂，放松感和压力感并存，新鲜感和恋旧感交替，情绪波动大。经过一年级的适应后，他们能渐渐融入校园生活，情绪渐趋稳定。大四学生面临毕业论文（毕业设计）及择业等重大问题，压力大、情绪波动大，消极情绪多。另外，因社会、家庭及自身要求、期望不同，能力、心理素质的差别，大学生也会体现出不同的情绪状态。

（5）外显性和内隐性

大学生对外界刺激的反应迅速、敏感，喜、怒、哀、乐常形于色，比起成年人更外露和直接；但比起中小学生，大学生则会掩饰、隐藏或抑制自己的真实情感，表现出内隐、含蓄的特点。

5. 从情绪的来源入手管理情绪

情绪是一种心理状态。我们经历的各种事情，给我们带来许多感受：人们有时精神焕发，有时萎靡不振；人们时而冷静，时而冲动；人们有时能理智地思考，有时会失去控制、暴跳如雷；人们有时觉得生活充满了甜蜜和幸福，而有时又感觉生活是那么无味而沉闷、抑郁、痛苦。情绪存在于每个人心中，而且在不同时期、不同场合产生着奇妙的效果。

然而，为什么我们会高兴、悲伤、恐惧？通常情况下，似乎对烦扰我们的不良情绪感到受到局限，这些局限不是来自能够识别和超越的各种不良情绪，而是来自那些我们尚没有意识到、没有说出来、没有深入了解的情绪。如果没有意识到它们的存在，它们当然就不可能成为前进路上的良师益友，我们也无法从中获得智慧、信心、决心和勇气。如果我们不知道它们的存在，那么就不可能改善心理状态。

俗话讲，"没有无缘无故的爱，也没有无缘无故的恨"，情绪的变化往往受环境和思想变化的影响。当完全理解和看透自己的不良情绪时，如果能够再提出一些问题，不断地进行递进式提问，审视自己内心，那么许多影响我们情绪的因素便会拨云见日。找到问题的症结后，下一步行动就会轻松很多。当然，对提出的问题通常有两项要求：深度和广度。这样，才会更加真切和深刻地看清自己情绪的核心。

6. 情绪的自我管理方法

（1）心理暗示法

从心理学角度讲，就是个人通过语言、形象、想象等方式，对自身施加影响的心理过程。这个概念最初于 1920 年由法国心理学家、欧洲心理暗示研究的集大成者埃米尔·库埃提出，他的名言是"我每天在各方面都变得越来越好"。自我暗示包括积极自我暗示与消极自我暗示。积极自我暗示，是指在不知不觉中对自己的意志、心理以至生理状态产生影响，积极的自我暗示令我们保持好的心情、乐观的情绪、充满自信，从而调动人的内在因素，发挥主观能动性。心理学上所讲的"皮格马利翁效应"也称期望效应，就是指积极的自我暗示。而消极的自我暗示会强化个性中的弱点，唤醒潜藏在心灵深处的自卑、怯懦、嫉妒等，从而产生负面情绪。

与此同时，可以利用语言的指导和暗示作用，来调适和放松心理的紧张状态，使不良情绪得到缓解。心理学的实验表明，当人静坐时，默默地说"勃然大怒""暴跳如雷""气死我了"等语句时心跳会加剧，呼吸也会加快，仿佛真的发怒。相反，如果默念"喜笑颜开""兴高采烈""把人乐坏了"之类的语句，心里也会产生一种乐滋滋的体验。由此可见，言语活动既能唤起人们愉快的体验，也能唤起不愉快的体验；既能引起某种情绪反应，也能抑制某种情绪反应。当人们在生活中遇到情绪问题时，应当充分利用语言的作用，用内部语言或书面语言对自身进行暗示，缓解不良情绪，保持心理平衡。比如默想或用笔在纸上写出"冷静""三思而后行""制怒""镇定"等词语。实践证明，这种暗示对人的不良情绪和行为有奇妙的影响和调控作用，既可以松弛过分紧张的情绪，又可用来激励自己。

（2）注意力转移法

注意力转移法，就是把注意力从引起不良情绪反应的刺激情境中，转移到其他事物上或从事其他活动的自我调节方法。当出现情绪不佳的情况时，要把注意力转移到使自己感兴趣的事情上，如外出散步、看看电影或电视、读读书、打打球、下盘棋、找朋友聊天、换换环境等，有助于使自己的情绪平复下来，在活动中寻找新的快乐。这种转移注意力的方法，一方面终止了不良的刺激源，防止不良情绪泛化、蔓延；另一方面，通过参与新的活动，尤其是自己感兴趣的活动而达到强化积极情绪体验的目的。

（3）适度宣泄法

过分压抑只会使情绪困扰加重，而适度宣泄则可以把不良情绪释放出来，从而使紧张情绪得以缓解、轻松。因此，遇有不良情绪时，最简单的办法就是"宣泄"。宣泄一般是在背地里、在知心朋友面前进行的。采取的形式或是用过激的言辞抨击、谩骂、抱怨恼怒的对象，或是尽情地向至亲好友倾诉自己认为的不平和委屈等，一旦发泄完毕，心情也就随之平静下来；或是通过体育运动、劳动等方式来尽情发泄；或是到空旷的山林原野，确定一个假想目标，然后大声叫骂，发泄胸中怨气。这里必须指出，在采取宣泄法来调节自己的不良情绪时，必须增强自制力，不要随便发泄不满或者不愉快的情绪，也不要随意向任何人发泄，要采取正确的方式，选择适当的场合和对象，以免引发不良后果。

（4）自我安慰法

当一个人遭遇不幸或挫折时，为了避免精神上的痛苦或不安，可以找出一种合乎内心需要的理由来说明或辩解。如为某次失败找一个适当的理由，用以安慰自己，或寻找理由强调自己所有的东西都是好的，以此冲淡内心的不安与痛苦。

这种方法对帮助人们在巨大挫折面前接受现实，保护自己，避免精神崩溃是很有益处的。因此，当人们遇到情绪问题时，经常用"胜败乃兵家常事""塞翁失马，焉知非福"等词语来进行自我安慰，可以摆脱烦恼，缓解矛盾冲突，消除焦虑、抑郁和失望，促进自我激励，有助于保持情绪的稳定。

（5）交往调节法

某些不良情绪常常是由人际关系矛盾和人际交往障碍引起的。因此，当我们遇到不顺心、不如意的事时，能主动地找亲朋好友倾诉、谈心，比一个人独处胡思乱想、自怨自艾要好得多。因此，在情绪不稳定的时候，找人谈一谈，具有缓和、抚慰、稳定情绪的作用。同时，人际交往还有助于交流思想、沟通情感，增强自己战胜不良情绪的信心和勇气，能更理智地对待不良情绪。

（6）情绪升华法

情绪升华法是改变不为社会所接受的动机和欲望，而使之符合社会规范和时代要求，是对消极情绪的一种高水平的宣泄，是将消极情感引导到对人、对己、对社会都有利的方向去。如有的同学因失恋而痛苦万分，但他没有因此而消沉，而是把注意力转移到学习上，立志干出一番成绩，证明自己的能力。

在上述方法都失效的情况下，仍不要灰心，在有条件的情况下，可以去找心理医生进行咨询、倾诉，在心理医生的指导、帮助下，克服不良情绪。

（7）合理情绪疗法

合理情绪疗法是 20 世纪 50 年代由美国心理学家阿尔伯特·艾利斯创立的，它是认知疗法的一种，因采用了一些行为治疗的方法，故又被称为认知行为疗法。合理情绪疗法的基本理论主要是 ABC 理论，这一理论又是建立在艾利斯对人的基本看法之上的。

艾利斯对人的本性的看法可归纳为以下几点：

①人既可以是有理性的、合理的，也可以是无理性的、不合理的。当人们按照理性去思维、去行动时，他们就会很愉快、富有竞争精神且行动有成效。

②情绪是伴随人们的思维而产生的，情绪上或心理上的困扰是由不合理的、不合逻辑的思维造成的。

③人具有一种生物学和社会学的倾向性，倾向于其在有理性的合理思维和无

理性的不合理思维。即任何人都不可避免地具有或多或少的不合理思维与信念。

④人是有语言的动物，思维借助于语言而进行，不断地用内化语言重复某种不合理的信念，这将导致无法排解的情绪困扰。

⑤情绪困扰的持续，实际上就是那些内化语言持续作用的结果。正如艾利斯所说："那些我们持续不断地对自己所说的话经常就变成了我们的思想和情绪。"

为此，艾利斯称：人的情绪不是由某一诱发性事件的本身所引起的，而是由经历了这一事件的人对这一事件的解释和评价所引起的，这就是 ABC 理论的基本观点。在 ABC 理论模式中，A 是指诱发性事件；B 是指个体在遇到诱发事件之后相应而生的信念，即他对这一事件的看法、解释和评价；C 是指特定情景下，个体的情绪及行为的结果，通常人们会认为，人的情绪的行为反应是直接由诱发性事件 A 引起的，即 A 引起了 C。ABC 理论则指出，诱发性事件 A 只是引起情绪及行为反应的间接原因，而人们对诱发性事件所持的信念、看法、解释 B 才是引起人的情绪及行为反应的更直接的原因。

例如：两个人在街上闲逛，他们的领导迎面走来，但并没有与他们打招呼，而是径直走过去了。这两人中的一个对此是这样想的："他可能正在想别的事情，没有注意到我们。看到我们即使没理睬，也可能有什么特殊的原因。"而另一个人却可能有不同的想法："是不是我上次顶撞了他一句，他故意不理我了，下一步可能就要故意找我的碴儿了。"

两种不同的想法就会导致两种不同的情绪和行为反应。前者可能觉得无所谓，该干什么仍继续干自己的；而后者可能会忧心忡忡，甚至无法冷静下来干好自己的工作。从这个简单的例子可以看出，人的情绪及行为反应与人们对事物的想法、看法有直接关系。在这些想法和看法背后，有着人们对某一类事物的共同看法，这就是信念。这两个人的信念，前者在合理情绪疗法中被称为合理的信念，而后者则被称为不合理的信念。合理的信念会引起人们对事物适当、适度的情绪和行为反应；而不合理的信念则相反，往往会导致不适当的情绪和行为反应。当人们坚持某些不合理的信念，长期处于不良情绪状态时，最终会产生情绪障碍。

最后，我们通过一个案例来回顾如何提高情绪管理能力，争做自己情绪的主人。

案 例

小方，男，21岁，大连某大学英语专业学生。该生高考英语成绩处于年级中等水平，大学入学后，专业老师发现，小方学习特别刻苦，英语基础非常好，平时单词考试均能接近满分。经过和辅导员沟通才知道，小方虽然平时英语成绩非常好，但是一到期中考试或期末考试，就会出现紧张状况，表现为大量出汗、手抖、焦躁不安、易激动，甚至因考试自带草纸不听监考老师劝阻而与老师发生激烈冲突，事后又非常后悔。经过了解后得知，小方家庭经济状况不好，家里供养两个孩子上大学很拮据，父母非常看重他的学习成绩，考试时，他心理压力很大，结果反而影响考试的发挥，导致他心情更加沮丧。辅导员和任课老师共同努力，让他尝试多在课堂上发言，积极参加社团活动。起初，他认为参加活动是对学习时间的浪费，后来在老师的鼓励下，他组织并参加单词大赛、英文演讲大赛、英文大赛等，既提高了他的学习成绩，又锻炼了他的综合素质，尤其是心理素质。又到期末考试，他发现，原来考场没那么压抑，监考老师也很随和。渐渐地，他开始参加体育活动，并加入体育部。通过社团活动，小方的性格变得越来越开朗，也学会了承受失败，并从中总结经验教训。在大三参加的全国英语竞赛中，他还取得三等奖的好成绩，大四顺利通过研究生考试，成功考入山东医科大学。回想大学四年，小方感慨万千，不能让情绪主宰自己，应该学会做情绪的主人。

第二节 压力管理

导入案例 1

张×，男，21岁，某大学软件工程专业的大一学生。自新生报到以后，张×总是喜欢独处，不主动与人交往。白天军训休息时，张×就独自躲到一边休息，晚上回到寝室，只要有空闲时间就给家里打电话，非常想家,对学习、生活、军训等毫无兴趣,注意力不集中,总是高兴不起来。白天军训打不起精神,晚上睡不好觉。张×也希望能像寝室的同学那样无忧无虑地生活,可是不管他怎样努力,总是觉得浑身不自在,跟同学也无话可说,想控制也控制不了。最后,张×给家里打电话,提出想休学回家,表示无法再继续在校学习。

导入案例2

姜×,男,23岁,某大学网络工程专业的大三学生。高中的时候学习一直非常努力,后来考取了这所大学,大学期间学习也非常努力,但很少参加学校组织的集体活动。半年前开始出现睡眠不好的症状,翻来覆去不能入眠,即使睡着了,也总是做梦,而且很容易醒。虽然尚能入睡,但等到第二天早晨便头昏脑涨,全身疲惫乏力。上课时打不起精神,注意力难以集中,他即使抬着头听课,但脑子也在想着别的事情。上自习时,看一会儿书就会不经意地走神,无法控制自己。同时姜×感觉记忆力明显下降,经常忘事,学习成绩也受到很大的影响。姜×原来学习成绩优秀,总是排在班里前十名,近一年来成绩明显下降,甚至出现了不及格,总感觉学习困难重重,做事情也没耐心,时常为一点儿小事发脾气,每次事后又非常后悔,但就是控制不住,内心感到非常痛苦。姜×曾到校医院寻求医生帮助,但情况未见明显改善。后来他求助大学生心理健康中心的心理咨询老师,通过心理咨询老师的帮助,情况才有所缓解。

导入案例3

朱×,女,22岁,某大学软件技术专业的大二学生。朱×平时沉默寡言,身边没有一个知心朋友。无论是上课、放学,还是外出活动都是一个人。朱×从来不愿意收拾寝室卫生,也不注意个人卫生,经常与寝室同学发生矛盾,甚至有时觉得老师和同学都讨厌她。为此寝室老师给她调过几次寝室,但她还是很难跟寝室其他人和睦相处,经常与寝室同学发生争吵,有时甚至发生肢体冲突，同学关系非常紧张。朱×总是不能很好地处理人际关系，迫于无奈，最后只好办理走读，并由母亲陪读直至大学毕业。

导入案例 4

李×，女，24岁，某大学计算机科学与技术专业的大四学生。她看着周围的同学都在为自己的工作和实习紧张地忙碌着，自己也不甘落后。于是，她开始准备求职简历，不断地向招聘单位投递个人简历，积极参加企业面试。可是，每次面试她都不能很好地发挥，屡屡受挫，心情也因此变得越来越差，对找工作也渐渐失去了信心。时间慢慢地过去，她整天都觉得心烦意乱，一想起找工作遇到的各种挫折和失落，不仅饭吃不下，而且睡眠质量也明显下降。她非常苦恼，甚至有时感到突然紧张，不知被什么压得喘不过气来。李×觉得自己没有任何本事，在就业这条道路上就是一个失败者，于是不敢再去参加各类招聘会。

【指导建议】

进入理想的大学后，环境适应问题、学习问题、人际交往问题、就业问题等都会给大学生带来不同程度的压力，进而会对大学生的学习生活产生一定的影响。然而，在实际的学习生活中，由于部分大学生未能尽早识别环境适应的压力、学习的压力、人际交往的压力、就业的压力等，不能及时释放压力，从而出现影响正常生活、学习、工作等问题，不但影响了大学生的身心健康，而且也对大学生职业生涯规划影响深远。因此，指导大一新生尽早熟悉并适应新的生活环境，制订科学合理的学习计划，学习人际交往技巧，提高人际交往能力，建立和谐的人际关系，是大学生成长进步的基础。如何做好大学生职业生涯规划，充实大学生活，实现人生梦想都是在校大学生应重点关注的问题。本节我们就针对以上案例中的大学生所存在的问题一起来学习压力管理。希望通过本节课的学习能够让大家正确地认识压力、应对压力、减轻压力，树立远大的理想和人生目标，设计完美的大学生职业生涯规划，让自己的大学生活更加充实、更加精彩。

随着信息时代的到来、经济快速发展、生活节奏加快，社会竞争日益激烈，当代大学生普遍感受到来自环境适应、学习、就业、人际关系、竞争、情感等各方面的压力冲击，那么，作为当代大学生又将如何应对这些压力呢？英国生物学家达尔文在《物种起源》中阐述："物竞天择，适者生存。"然而正是由于种种压力的普遍存在，大学生了解压力的状况、掌握一些测试压力和减轻压力的方法就显得至关重要，对做好大学生职业生涯规划起着非常重要的作用。

一、压力测试

1. 压力的定义

压力是指一种动态过程，当个体在实现对自己有重要意义的目标过程中，遇到机会、障碍或要求时，便会处于压力状态。简言之，压力是环境刺激与个体反应相互作用的结果。那么，我们也不难看出压力是一种来自外部环境和事件的刺激，也是一种主观反应，同时还是人体对伤害侵入的一种生理反应。

压力的概念包括三个方面的内容：第一，压力是指那些使人感到紧张的事件或环境。例如，大学生需要参加期末考试、就业面试等，这些都会给学生带来紧张的感觉。第二，压力是指一种主观反应。从某种意义上说，压力是一种心态，它是人体内部出现的释放性、情感性、防御性的情感反应过程。你的态度决定你的一切，以什么样的态度对待生活，生活就回报你什么样的结果。如果以"五满"（满怀激情、满心欢喜、满脑好事、满眼好人、满嘴好话）的心态对待生活，一定能拥有轻松愉悦的心情。第三，压力可能是对需求或者伤害侵入的一种生理和行为上的反应。当人们有压力时，常常会有手脚冰凉、颤抖、心不静、脸发热的感觉，因此每个人都能体会到身边的压力存在，但是压力却可以给人们带来不同的结果。人生不如意之事十之八九，压力虽然不可避免，但不是所有的压力都是有害的或有破坏性的，压力也可以是积极的，会给人一种积极的动力。有关研究表明，压力的强度与工作绩效之间不是线性关系，而是倒"U"形曲线关系，如图 7-1 所示。也就是说，如果压力强度过低，活动效率也相应较低；如果压力强度过强，就会对活动结果产生阻碍作用。只有当压力处在一个最理想的水平时，活动效率才能达到最高。要保持良好的生活状态和高效的工作效率，一

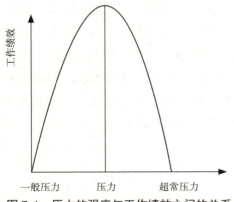

图7-1　压力的强度与工作绩效之间的关系

定的压力是必不可少的，因为它可以激发人们的潜能，成为人们不断前进的动力。然而若压力过大，不但会抑制人们正常水平的发挥，而且还会使人产生紧张、自卑、焦虑、抑郁等负性情绪，严重者甚至会产生身心疾病。

同时，压力也有累加性的特点，生活中一个压力对我们来说无足轻重，不会产生什么影响，但是如果压力过多就会不堪重负，从而影响大学生的身心健康和工作效率。从某种程度上说，每个人有自己的阅历和经验，都会有一定的抗压能力，也会适当地调节压力，但是当压力接踵而至时，如果不能及时减压，就会让人喘不过气来，压力甚至会成为"压死骆驼的最后一根稻草"，大学生要学会及时、适时减压，尽早舒缓过度紧张的压力。

2. 压力的产生及影响

（1）压力的产生

首先，来自自身的压力。当大学生面临压力时会产生一系列心理和生理反应，而这些反应在一定程度上是机体主动适应环境变化的需要，能够唤醒和发挥机体的潜能，增强抗压能力和抗病能力。但是如果压力持续时间过长或强度过大，超出自我调节和控制的能力范围，就会产生身心疾病。压力是一种主观现象，取决于人们对事情的看法和认识。处于这个阶段的大学生要独立面对生活、自主学习、人际交往、自我成长、择业就业、恋爱等诸多问题，遇到挫折就会产生焦虑、抑郁等情绪问题，影响自己的心情，从而影响学习和工作的效率。而这个时期的大学生关注自我、注重个性表达、情绪体验丰富，对新事物和未来充满幻想与憧憬，当有些想法受到大学校园的制约和束缚，不能展示自我、张扬个性时，就会在追求完美的"理想我"与实际评价不高的"现实我"之间形成巨大反差，其压力和情绪便由此产生。

其次，来自社会的压力。经历全球性金融危机的洗礼、严峻的就业形势、人际关系的复杂化、情感的困惑和迷茫、社会竞争的日益激烈，大学生必须不断强化专业知识，提高社会适应能力，锻炼自己的组织协调能力、人际交往能力和就业竞争力，以便在激烈的市场竞争中找到展示自我的舞台。

再次，来自家庭的压力。"望子成龙，望女成凤"是家长的愿望，如今的大学生很多是独生子女，是父母的掌上明珠，一个人担负着所有家庭成员的希望和梦想。因此，他们也在生活中扮演多种角色，肩负各种责任。他们习惯了一帆风顺的生活环境，时时处处受到家长无微不至的关爱，就像温室里的花朵，经不起风雨、挫折、失败的打击，遇到事情不能很好地处理，这些都会给他们带来巨大的压力。

最后，来自学校的压力。随着新生入学，如何尽快适应大学生活？如何协调人际关系？如何全面提高自己的学习能力？如何处理恋爱心理问题？如何在未来的就业竞争中立于不败之地？一系列问题都会随之发生。现实的大学生活离自己的理想生活相差甚远时，学习压力、就业压力、人际关系压力、竞争压力便会随之产生，这就要求在校大学生务必做到：怀揣梦想，规划人生。

（2）压力的影响

人生充满压力，人作为一个生命体，生活在世界上，就必须遵守"适者生存"的法则。由于生存环境的不断变化，因此，不会有毫无压力的人生。压力是不可避免的，是生活的一部分，是不是所有的压力都有负面影响呢？科学证明，如果没有压力也不利于成长，适度的压力能够促进人们努力地完成学习和工作任务，以更好地适应生活。但是当压力超出承受能力时，就会使人感到紧张，最终可能被压力压垮。可见，压力既有积极影响，也有负面影响。俗话说得好，"没有压力就没有动力"，说明压力也具有推动力的作用。具体来说，压力可以给我们带来三个好处：

第一，提高解决问题的能力。当问题出现时，常常会伴着压力，只有我们意识到有压力时，投入更多精力思考要解决的问题，才会达到最佳效果。这正是大学生有时参加考试、竞赛等活动时，发挥得要比平时好很多的原因。

第二，满足人们寻求刺激的需要。人们天生具有好奇心、寻求刺激的需要，尽管这种需要随着年龄的增长而有所减退，这种需要往往会在克服压力之后得到满足，实现自我满足感和成就感，更能让人们体会到来之不易的成功所带来的喜悦，因为没有任何压力的事情是不具备刺激性质的。这对大学生来说，可以促进学习的主动性和积极性，有利于提高大学生自主学习的能力。

第三，有利于心理调适能力的提高。我们感到压力的同时，也在探求解决压力、释放压力的方法，一旦克服压力，便会有新的力量产生，自信心增强，应对压力的能力得到提高，面临新压力时的恐慌也会随之降低。

3. 压力的来源

（1）内部压力与外部压力

根据压力的来源，可以将压力分为内部压力和外部压力。内部压力来自人的自身内部，包括个人的心理、态度、情感和思想。生活中的困难、挫折、冲突、失败，容易给人带来压力。大学生活并不是一帆风顺的，大学生遇到反复的挫折和打击而产生压力，面临焦虑困惑和恐惧时也会产生压力。外部压力来自人的外部，包括专业学习、学生工作、家庭、人际交往、就业竞争、金钱花销等。大学毕业生在激烈的人才竞争中角逐，为了一个岗位全力以赴时，便会产生不同程度的压力；在与班级同学、老师、家庭、朋友的交往过程中，由于人际交往经验的匮乏、人际交往技巧的欠缺，都会产生压力。只有摆正心态，积极面对，才会释放压力，促进大学生的成长与进步。

（2）大学生面临的五大压力

①适应压力。新生入学开始接触新同学和陌生的环境，面对新的学习方式、陌生的人际关系、相对宽松自由的校园环境，许多大学生无所适从，过去的自信荡然无存。因此，有些大学生开始想家、想念自己的朋友，无法全身心投入新的学习生活，便会产生适应压力。要想解决这个问题，大学生要正确面对压力，提高心理承受能力，认识到大学生活并不总是称心如意的，困难也是不可避免的。遇到困难时不要退缩，要积极应对，采取乐观的态度看待压力。因为压力可以磨炼人的意志，激发人的智慧和潜能，把压力看成生活的挑战、成长的机会，那么，大学生就会很快适应大学生活。

②人际交往压力。随着环境的熟悉和生活的适应，避免不了与周围同学及朋友交往，良好的人际关系是大学生成长与社会化过程中的重要组成部分，也是保

持良好心理状态的必备条件。人际关系和社会的复杂化与学生心理的单纯性，使得大学生常常在人际交往中碰壁，甚至受挫。在人际交往的过程中，如果处理不当，就会产生人际交往压力，从而造成人际交往障碍。在大学生活中，必须学习人际交往的技巧以及灵活处事的艺术，彰显个性魅力，幽默风趣的为人处世态度，为自己和团队的成功打下坚实基础。

③学习压力。学习是大学生群体最根本的任务，尽管这一压力的强度有张有弛，并非永恒不变，但积压压力的时间过长，其影响之大不可低估。尤其是众多大学生为了在激烈的社会竞争中站稳脚跟，必须付出更多努力，创造一切条件，要么准备升本、考研，要么参加各种技能的培训班，为的是获取各种证书。这些占用了大学生很多的精力和时间，也给大学生带来学习的压力。每个人都有自己的目标和人生追求，只要大家平衡心态，用一颗积极向上的心去面对生活，努力拼搏，大学生活必定硕果累累。

④情感压力。对处于青春期的大学生来说，他们渐渐有人开始谈恋爱，情感问题的顺利与否，同样也会形成情感压力。这对每个人来说都是迟早会经历的，但是正确处理情感问题，又会对大学生产生很深远的影响，处理得当会对大学生起到促进作用，学业与爱情双丰收；处理不当就会打乱大学生正常的生活和学习计划，甚至会迷失方向。大学生应理智处理情感问题，讲究文明恋爱，以学习为导向浇灌爱情之花。

⑤就业压力。大学生经过三四年的大学学习之后，加入激烈的就业竞争行列时，有些人显得力不从心，很难找到称心如意的工作，总是高不成、低不就，当自己的能力得不到企业认可，就业压力就会越来越大。而对毕业生来说，要想在毕业时能有很强的专业技术能力、很好的综合素质，当然要靠大学四年的辛勤付出与积累。大学生职业生涯规划做得好的毕业生，在选择工作单位时，游刃有余、优中选优；而部分学生没有很好地规划大学生活，虚度美好时光，蹉跎岁月，在就业选择时必然困难重重。俗话说得好，"人无远虑，必有近忧"。每个大学生在入学之前就应树立自己的人生目标，进入大学后更要做好大学生职业生涯规划，向着自己的梦想努力奋斗。

对在校大学生来说，各种压力无处不在，但如前文所讲，并不是所有的压力都会产生消极的影响。正是压力的存在，人们才有了前进的动力，并在努力的过程中，磨炼自己的意志品质，为自己的成长与进步起到推动力的作用。

　4. 压力测试

　　压力测试方式包括两种：一种是生理测试，另一种是心理测试。生理测试主要从生物学角度研究个体反应来测试个体感受的压力，如体温高低、血压高低等。这种方式实施起来比较困难，不易应用和推广。心理测试是利用问卷让个体对自己所感受到的压力作出主观评价，应用范围极其广泛。国外研究者主要是从生活事件对人的影响程度、可控程度、重要程度等方面进行测试。我国学者编制出适合我国国情的压力测试工具，这些量表测试的都是压力的来源，如李虹的"中国大学生压力量表"、张林等人的"大学生心理压力感量表"，都是列出具体事件，让被试汇报感受到压力大小如何。

压力测试

1. 发觉手上工作太多，应付不过来。

2. 觉得没时间消遣，老记挂工作。

3. 觉得时间不够用，总是争分夺秒，常常恨不能闯红灯。

4. 工作太多，不能尽善尽美。

5. 输了比赛，会感到愤怒。

6. 担心别人对自己工作的看法。

7. 忧虑自己目前的经济状况。

8. 常头疼、颈疼、背疼、胃疼。

9. 借助吸烟、饮酒、零食来抑制不安情绪。

10. 要服药物才能入睡。

11. 一些家人、朋友、同事常令你乱发脾气。

12. 谈话时，常打断别人话题。

13. 临睡前诸多忧虑，思潮起伏。

14. 内疚自己做事太随意。

15. 在闲暇时让自己轻松一下也感到内疚。

---

16. 觉得自己不应该享乐。

17. 觉得上司、家人并不欣赏自己的工作。

计分方法：如果觉得你的情况与上述描述的不符，记 0 分；如果偶尔发生，记 1 分；如果经常出现，记 2 分。总分是 34 分，你的得分是多少？

0 ～ 5 分：精神压力甚低，不利于自身的进步，没有动力。

6 ～ 10 分：精神压力较低，但可能生活缺乏刺激，比较简单沉闷，动力不大。

11 ～ 15 分：精神压力中等，虽然某些时候感到压力较大，但仍可应付。

16 ～ 17 分：精神压力较大，应反省一下压力来源并寻求解决办法。

以上测试主要是为了引起大学生对精神压力的关注。若发现分数不理想，请你分析产生压力的原因，并作出适当调整。不能对时间过分重视，不能过分忧虑成败，需要开怀轻松，不能让自己成为事业的奴隶，要学会管理压力。

此外，还可以利用一些图片，进行心理压力测试，如图 7-2 所示就是一张心理压力测试图。这是一张静止的图片。不过，你看到的这些静止的图片是不是在动呢？专家认为，图片与心理承受力有关，你的心理承受力越强，图片转动越慢。你看到的图片是什么样子的呢？你看到的图片是以什么样的速度在转动呢？

心理压力测试图 2（图 7-3）说明：人们的心理都在不同程度地发生着变化，

图 7-2　心理压力测试图 1

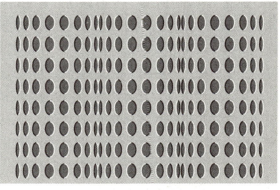

图 7-3　心理压力测试图 2

欲望随机而起。

经心理测试证明：图片转动与每个人的心理承受力有关，你的心理承受力越强，图片转动越慢。美国曾经以此作为犯罪嫌疑人的心理测试，其看到的图片是高速旋转的，而大部分的老人和儿童看到的是这幅图片是静止的。

二、压力管理

进入 21 世纪，社会发生了翻天覆地的变化，信息产业飞速发展，科学技术不断更新，发明创造不断涌现，人工智能不断出现。伴随着社会节奏的加快，社会竞争的日益激烈，社会对当代大学生的要求也越来越高。如今的大学生不得不积极改变和提升自己，强化专业知识和专业技能，提高自身综合素质和社会适应能力，以应对越来越激烈的复合型人才竞争。每个人都承受着不同程度的压力，成就越高，责任越大，压力也就越来越大。虽然有的大学生掌握了如何让自己取得成功的知识和技能，但是却没有学会如何面对压力以及如何有效地管理压力。如果我们了解压力的积极影响和负面影响，也就懂得了正确处理压力的重要性。

1. 压力的危害

第一，压力过大直接影响大学生的身心健康。因为压力过大会引发免疫力下降等很多问题。研究发现，无论是长期的心理压力，还是短期的心理压力，都会影响免疫系统的活力，让人产生不快乐、焦虑、抑郁、痛苦、不满、悲观以及闷闷不乐的感觉，觉得生活失去情趣，自制力下降，突然暴躁、易怒、流泪或是大笑，独立工作能力下降，平时好动的人变得懒散，平时好静的人变得情绪激动，原本随和的性格突然暴躁易怒，对感官刺激无法容忍和回避，对音乐、电光、家庭成员的交谈声等突然无法容忍。压力过大可能会引发身心疾病，如焦虑症、抑郁症、肥胖症、心脏病、糖尿病、癌症等，这些病都与心理压力有关。

第二，压力过大直接影响大学生的学习和工作效率。大学生处于压力过大状态下，无法集中精力，总被压力所困扰，无法安心学习和工作，使学习和工作效率下降，严重者无法正常学习、生活和工作。

第三，严重者甚至产生社会危害。例如，云南某大学学生马加爵残杀 4 名同学；某音乐学院学生药家鑫开车撞人，随后下车用刀刺死伤者后逃逸，又撞伤他人，最后被抓。由此可见，做好压力管理对大学生的健康成长意义重大。因此，大学生要注意处理好生活中的压力，做好压力管理。

2. 压力管理的原则

压力是可以管理的，首先，要对压力有所察觉。轻微的压力能产生纷乱的情绪，压力较大就会让躯体感觉不适，而压力过大就会使身心处在崩溃边缘。其次，我们一定要根据压力大小情况正确释放，增加机体运动，增强精神活力，以达到一种平衡。再次，要在生活中积累一些切实可行的处理压力的方法。最后，始终保持一种积极的心态来对待压力。压力并不可怕，可怕的是不知道如何管理面临的压力，因此大学生必须熟知压力管理的五大原则。

（1）适度原则

进行压力管理并不是一味减轻压力，而是要掌握适度原则。从"驴画家"朱子明被逼为宋徽宗画驴的"压力"故事中，我们可以看出压力管理的作用，压力使他成了天下第一画驴之人，而且受到皇帝的赏识。起初，朱子明只是一名山水画家，被误认为画驴的画家，宋徽宗钟爱驴画，便召他进宫画驴。之前朱子明根本不会画驴，迫于压力只好天天练习。最后，朱子明的驴画竟然得到皇帝的认可，真正成为天下第一画驴之人。

（2）具体原则

由于压力在很大程度上是一个主观感觉，因此在进行压力管理时要区别不同的对象采取不同的策略，根据对象的不同特点做到具体问题具体分析。大连某高校有位在校大学生，连续3次参加全国大学生英语四级考试都没通过，尽管每次他都很努力备考，考试也非常认真，但是考试成绩都不如平时模拟测试的成绩理想。后来，他重新认识了英语过级考试，认为它只是一次英语学习成果的检验，并不决定人生成败，考试的压力自然就减轻了。于是，他以平静而坦然的心态参加了第四次考试，这次居然顺利地通过了。面对生活中的具体事件要正确认识，既不能刻意夸大，也不可漫不经心，而是要客观公正地认识，做到具体问题具体分析，化压力为动力。

（3）岗位原则

一般岗位级别越高、创新性越强、独立性越高的人，承受的压力也就越大，在校大学生也是一样。大学生在校担任的职务越多，承担的责任越大，压力也就越大。所以，大学生要有所选择地进行锻炼和培养，在适合自身发展的空间展示自我，和谐处理工作与学习的关系，全面提升综合素质和能力，以便在未来的工作岗位上得心应手地处理好压力，提高工作效率，成为激励自己进步、磨炼意志的强大动力。

（4）引导原则

压力的产生是无法避免的，引导压力向积极的方面发展就显得至关重要。对大学生而言，有些外部因素是不可控的，比如面对强大的竞争对手，这时可以将压力变为动力，更重视竞争对手，激发心理潜能，最终可能会达到意想不到的效果。

（5）区别原则

在消除压力前，先要找出压力的来源并区别对待。有些压力是可以避免的，比如人际关系复杂造成的压力；而有些压力，比如来自工作本身的压力是不可避免的，只有通过提高自身的工作能力和心理承受能力来解决。因此，根据压力的来源区别对待不同的压力也是相当重要的。

3. 科学有效的压力管理

生活中的一杯水有多重呢？有人说是半斤，有人说是一斤。其实这杯水的重量并不重要，但是你能用手拿多久呢？如果是一分钟，每个人都能做到；一个小时，可能觉得手酸；一天，可能有的人就要去医院了。其实这杯水的重量是不变的，但是拿的时间越久，就越觉得沉重，正像我们在生活中所承受的压力一样，不管压力大小，如果一直背在身上，时间长了就会觉得压力越来越大而无法承受。我们只有放下水杯，休息好了，再拿起来才能承担得更久。这则故事告诉我们一个道理：对于压力，处理得好，它将是你的朋友；处理不当，它将成为你的敌人。无论面对什么样的压力，只要科学面对，就能有效地解决。

（1）适当运动，重视休息

生命在于运动。运动不但可以强健体魄，还可以促进心理健康。适当的运动可以放松心情，让人感觉精力充沛。每天坚持跑步、跳绳、步行等体育运动，可以大大增强心肺功能，还能缓解身心压力。在生理上，运动能促进脑垂体的分泌使个体有舒适的感觉，而有规律的运动可以使胆固醇的存量增加，以体能对抗压力。在心理上，运动可以使个人从焦虑的情绪中解脱出来，甚至使人产生意识状态的改变。此外，经常运动的人会经常与人接触，也有利于缓解压力。大学生应当多参加体育类的集体活动，缓解自己疲惫的心情和压力，通过运动释放压力，使自己的精力更加充沛，学习起来也更有动力和热情，这样也可以大大提高学习和工作效率。

（2）建立和谐的人际关系

和谐的人际关系是大学生成功和成才的动力。随着信息时代的到来，人们彼此间的交往更加方便和频繁，大学生可以远离孤独、寂寞、自卑和迷茫。一个人要想成功，当然少不了人际交往、少不了朋友和同事对你工作的支持和配合，和谐的人际关系是走向成功的关键。在与朋友、同学、老师的交往过程中，可以建立彼此的信任感、安全感、认同感；也可以通过在人际交往中互相倾诉、支持、鼓励、建议、指导等，缓解我们在学习、工作中遇到的困难、挫折、失败造成的压力，不断磨炼自己的意志品质，摆脱各种压力的困扰，让我们变得更加成熟，使我们心情愉悦地生活、学习和工作。在大学生毕业和就业时，人际交往能力比较强的学生更是受益匪浅。一方面，可以利用自己的优势展示自我，寻找适合自己的工作，也很容易得到企业的认可；另一方面，可以利用自己平时结交的朋友，为自己的就业选择提供帮助，不断争取更多的就业机会，并在实际生活中得到他们的大力支持和帮助，为自己的事业成功起到推动作用。

（3）正确看待自己的缺点

生活中的压力往往来源于我们对自己的不满，自我期望过高，凡事都以自我为中心，从而影响正常生活及目标的实现。"金无足赤，人无完人"，只有充分认识自己、接纳自己、肯定自己，才能更好地发展自己、开发自己、完善自己，才能让别人接纳和喜欢自己，让自己的生活充满阳光。因此，我们要学会正视自己的优缺点，看到自己的不足，在实际的学习、工作中扬长避短、取长补短。只有这样，才能拥有积极乐观的生活态度，坚定对未来生活的信心，坦然面对生活中的成功与失败。

（4）学会适当放松自己

凡事张弛有度，不能过犹不及，学习、生活、工作也不例外。学会放松的目的在于通过身体肌肉的松弛及神经系统的舒缓，渐进地达到心理平衡，从而更有效地处理压力。放松状态下大脑皮层的唤醒水平下降，交感神经系统的兴奋性下降，机体消耗能量减少，血氧饱和度增加，血红蛋白量及其携氧能力增强，有助于调节机体功能，增强心理承受能力。听音乐、唱歌、散步、看电影、做深呼吸、出门旅游等都是缓解压力的好方法。很多大学生品学兼优，正是因为懂得合理地利用和规划时间，懂得劳逸结合，全面培养和提升自己。"磨刀不误砍柴工"，学习也是一样，一味地死学习，自然效果不会理想，还会导致学习疲劳；懂得适当放松的人，学习效率会更高，学习和工作也更有激情和动力。

（5）调节饮食，注意营养

增加体内矿物质和维生素，可以帮助人提高承受压力的能力。对大学生而言，多喝牛奶，多吃蔬菜，少食油腻食品，是较好的缓解压力的方法。由于大学生时间比较紧张，个别学生不够重视饮食，出现部分学生不吃早餐的现象，这对身体健康是非常不利的。建议大学生要合理安排作息时间，保证一日三餐的质量和营养搭配，确保身心健康，进而营造舒适健康的学习环境，提高学习、工作的效率。

（6）寻求社会支持，学会倾诉

研究表明，向人倾诉可以缓解一个人的压力。因此，能够和家人、朋友保持良好的联系，遇到困难和压力时，有人可以跟你分担、解忧，对大学生来讲，是很好的解压方法。拥有良好的人际关系，可以提高个人的幸福指数。俗话说，"千金难买是朋友，朋友多了路好走"。正是因为在生活中有很多关心我们的家人、朋友、老师、同学，即使在成长过程中遇到压力，也会因得到他们的支持和帮助，而有战胜困难的信心和勇气，提高做事效率，更为大学生的成长和成功奠定基础。"一个好汉三个帮"，每个人的成功都离不开社会的支持，一个成功者的背后必定有一支默默支持的队伍。

（7）做时间的主人，科学安排学习、工作和生活

我国著名学者郭沫若曾经说过："时间就是生命，时间就是速度，时间就是力量。"大学生要妥善运用时间，学会珍惜时间，科学合理地统筹时间、管理时间，生命就会更加充实，更有意义。对大学生而言，提高自身综合素质、加强能力培养、学会学习，是大学阶段最重要的任务，更要学会时间的统筹管理，做时间的主人。做到重要且紧急的事，马上全力做好，绝不耽搁；重要但不紧急的

事，投入精力，有计划长期坚持，重点做好，不能大意；不重要但紧急的事，量力而行，尽快处理；既不重要又不紧急的事，尽量控制自己不做或少做以免浪费太多的时间和精力。对大学生而言，科学合理地规划好时间，分清事情的主次、轻重、缓急，不仅能在很大程度上为其减轻压力，而且能提高工作的质量和效率，增强个人做事的信心，提高个人的处事能力。

（8）对自己的合理期望

心理学中的自我认知有三个维度："真实的自我""现实的我"和"理想的我"。"真实的自我"指个人所具备的一切潜在条件；"现实的我"指到现在为止个人所具有的身心各方面的状态；"理想的我"指个人对自己的期望，想成为什么样的人，能做什么样的事。如果"现实的我"与"理想的我"差距过大就会产生压力。因此，大学生要根据自身的实际情况，设立切合实际的奋斗目标，做好职业生涯规划，不可好高骛远。在制订大学生职业生涯规划时，要进行自我评估，就是强调不但要有目标，更要结合自身特点，在充分评估自己的前提下，制订切实可行的目标。只有这样，目标才能经过后期的不断努力而实现。合理的期望对大学生的成长和进步也起到激励作用，同时还可以增强大学生的自信心，更勇敢地面对各种困难与挫折。

三、减压方法

1. 宣泄法

情绪需要科学合理地宣泄，而压力也一样需要宣泄，以此来达到心理平衡。有人喜欢写博客来宣泄压力，也有人通过哭、说、写等方式宣泄压力。法国有一种减压的行业：运动消气中心。运动消气中心的工作人员教人们如何大喊大叫、扭毛巾、打枕头、捶沙发等，做一种运动量颇大的"减压消气操"。通过运动方式宣泄自己的压力。其实，这样的中心在国内也有，就是我们平时所说的运动发泄室，有压力的人到发泄室尽情地发泄，以此种方式来发泄自己的压力和不快，使身心得到放松和缓解，有利于保持身心健康，促进工作和学习的效果。

2. 观影法

人们感到生活有压力，是缘于他们强烈的责任感，此时他们需要的是打起精神，可以用"以毒攻毒"的方法激励他们去面对压力。例如，去看一场恐怖电影，让他们感受生活的刺激是极为常见的，逐渐缓解压力的强烈程度，以便调整状态，振奋精神，正视存在的压力，将其变为前进的动力。

3. 食物减压法

研究表明，有的食物可以起到缓解压力的作用，使人们的思维变得敏捷，注意力更加集中。例如，维生素 C 可以缓解心理压力，当人们处在压力情况下，就会消耗大量的维生素 C，可多食用富含维生素 C 的花菜、橙子、西红柿等食物。在国际金融危机的影响下，分享美食成为美国人减压的最佳选择。他们认为吃零食可以让人们开心起来，不良情绪也会不翼而飞。就像有的学生在生气、有压力的时候，喜欢买很多的零食，一边吃着喜欢的零食，一边心情就会轻松下来，高兴起来。

4. 环境减压法

如果你正处于充满压力的环境，那么赶紧离开这令你压抑的是非之地，到走廊或户外去，换换环境，呼吸新鲜空气，停顿几分钟整理一下思绪，欣赏一下大自然的美景。每个人所处的环境都会对人产生影响，当人们处于欢乐愉悦的环境时就会使人心情愉悦，所以良好的环境有助于减轻压力。比如，人们处在压力的环境时，就会选择出去旅游，以此缓解当前的压力，让自己的心情舒畅，感受大自然的馈赠和恩赐，这也会使人精神振奋，提高工作效率。当然也有人喜欢听音乐，时常沉浸在优美的音乐环境中，保持着饱满的工作状态和工作激情，从而取得优秀的工作成绩。尤其是对那些平时工作紧张、任务重、经常处在压力下的工作，企业要努力优化办公环境，让员工的心情得到放松，才能更好地缓解压力。因此，有不少单位定期组织员工外出旅游，以此来减轻员工的工作压力，舒缓他们的心情，从而提高工作效率。

5. 按摩穴位

当一个人有压力时，就会感到心情郁闷，不管做什么事，都无法高兴起来。这时，通过按摩不同的穴位，可以消除压力，让身体重现活力。其方法包括：两手的中指重叠，一边吐气，一边按压鸠尾穴，不管有没有压痛的感觉，用感到舒服的力度按压；双手的拇指用力按压涌泉穴来减轻压力，也可以踩在高尔夫球上，同时转动刺激穴位；用原子笔的前端，以舒服的力道往头的中心内部按压百会穴。这些都是通过按摩穴位减轻压力的方法，当大学生感到压力大时不妨试试。

6. 26 个字母减压法

A——Acceptance：接纳自己和他人，善待自己和他人。

B——Balance：做事有度均作息，平衡生活最相宜。

C——Cry：无害宣泄舒愁怀，释放抑郁心松快。

D——Detour：碰壁时候要变通，一切顺意莫忧愁。

E——Entertainment：看看电影听听歌，松弛神经选择多。

F——Fear Not：为人正直不退缩，不怕背后小人戳。

G——Give：自我中心步难行，关怀他人展胸怀。

H——Humor：戴副"默"镜瞧一瞧，生活乐趣真不少。

I——Imperfect：世上谁人能完美？只要做到尽力而为。

J——Jogging：跑跑步，爬爬山，紧张情绪得舒缓。

K——Knowledge：知多少，识多少，多余烦恼自然少。

L——Laugh：每日对己笑一笑，心情愉悦没烦恼。

M——Management：不怕多，只怕乱，管好时间解疲倦。

N——No：凡人不会样样做得了，必要时候会说"不"。

O——Optimistic：凡事多向乐观看，无须惊出一身汗。

P——Priority：压力之下分轻重，取舍目标莫强求。

Q——Quiet：越是心乱越是慌，越是心静越安详。

R——Reward：心力俱疲忙过期，犒劳自己好主意。

S——Slow Down：忙过一阵松口气，避免发生脑麻痹。

T——Talk：倾诉心声朋友听，压力再大也会轻。

U——Unique：不要盲目去攀比，我是我来你是你。

V——Vacation：放放假，充充电，精力充沛笑开颜。

W——Wear：没事穿穿新衣裳，心情无比欢畅。

X——X-ray：找到症结与源头，对症下药有计谋。

Y——Yes, I can：相信自己有潜能，勇往直前事竟成。

Z——Zero：不背包袱不怕难，每天都是新开端。

除上述六种方法之外，缓解压力的方法还包括印度油滴法、香精水疗法、颜色减压法、音乐减压法等。大学生可以结合自己的实际情况，选择适合自己的减压方法，帮助自己轻松愉悦地生活、学习、工作。下面附上缓解压力的一些小建议：

①养成早起早睡的好习惯。

②穿着宽松舒适。

③合理规划事务性工作的主次、轻重缓急顺序。

④不要和消极的人在一起。

⑤科学合理地利用时间。

⑥笑口常开，生活乐观。

⑦善于将大目标分成小目标来阶段性实现。

⑧学会赞美别人，也要学会悦纳自己。

⑨劳逸结合，张弛有度，提高工作效率。

⑩适时给予自己积极的心理暗示，肯定自己，相信自己。

⑪培养幽默诙谐的艺术。

⑫经常去海边看海，登山远眺，仰望星空。

⑬让生活充满音乐的点缀。

⑭今日事，今日毕。

⑮善于发现生活中的美。

⑯凡事要三思后行，做好充分的准备。

⑰学会倾听。

⑱每天坚持体育运动。

⑲建立自己的交际圈子，学会与朋友分享和求助。

⑳培养赞赏自己、奖励自己的习惯。

最后，我们通过一个案例来了解压力管理是如何帮助大学生战胜压力、最终走向成功的。

案例

　　小刚，某高校2004级的专科学生，高考考了500多分，当时估计能考上一批本科院校，填报志愿时很自信地只报了一批本科，结果没能被录取，后来来到大连某高校计算机应用技术专业。如此悬殊的差距，给他的学习和生活带来了很大的压力。自入学报到那天起，他就下定决心，要用自己的努力，变压力为动力，实现自己的愿望。经过三年的努力，他在校成绩连续三年专业排名第一，并顺利通过全国大学生英语A级、四级、六级考试，顺利获得软件工程师资格证书，还代表学校参加日本国际级PG大赛获得国际特别奖。2007年，他以500分的优异成绩升入一批本科院校，2010年小刚又以优异成绩赴国外留学。他一直坚定自己的奋斗目标，认真做好自己的大学生职业生涯规划，并依靠自己的努力奋斗与积极付出，取得了一次又一次的成功。

第三节　时间管理

导入案例1

　　小张在经历了高中三年的艰苦努力后，考入了自己向往已久的大学。军训中的风吹日晒没有让他感到辛苦，反而觉得这是锻炼自己意志和耐力的机会。同时，也让他对大学未来的生活充满了美好的憧憬。伴随着军训结束，理论课程开始了，可是经过两周的学习后，小张却陷入了迷茫，高中时期盼望的自由时间，却让自己备受煎熬，不知如何支配……

导入案例2

　　毕业在即，同一寝室的小王和小李一同参加一家大型企业的面试。小王因为成绩优异、社会实践丰富，又通过了英语四级考试，顺利被录用了。而小李却被企业委婉地拒绝了。在回来的路上，小王不停地安慰、鼓励着小李。可小李却始终保持沉默，此时小李才意识到自己与小王的差距。回头审视自己的大学生活，当小王奔波于图书馆、自习室、各种社团的时候，自己大多数时间都花在了网络游戏上。小李似乎明白了，为何相同以高考走进了大学，却又以不同的姿态走出了大学……

【指导建议】

　　以上两种现象，在现阶段的大学生活中普遍存在。小张从军训期间对大学的美好憧憬到经过两周理论学习后陷入迷茫，此种态度转变的根本原因是军训期间延续了高中时期的统一管理，而理论教学期间，则比高中有更多的自由时间。习惯了高中时期的按部就班，小张在这部分自由时间里无所适从，不知如何支配。

　　小王和小李，在同样的时光里、同样的环境下，却在检验大学生活的求职过程中，遭遇到了天壤之别的待遇，原因就在于两个人对时间的支配能力不同。

　　如何让自己在最短的时间内从高中生活过渡到大学生活，学会充分利用大学时光，是规划大学生活的基本前提。本节我们将学习努力让自己成为时间的管理者而不是被约束者。

一、时间观念

1. 时间观念的定义

　　时间观念是来自人类观察感知到的自然时间或物理时间。人类的时间观念主要来源于观察到的自然运动（含天体运动）和人文运动（含历史进程）的有序性，来源于此等有序运动的节律性或律动性。

　　大学时期的时间观念，主要是指大学生对待大学时光的态度及其采取的规划方法。俗语说："宁笑老来贫，莫欺少年穷。"意思是说，可以嘲笑一个老人的贫穷，但绝对不能因为一个少年的贫穷而嘲笑他。还有我们常说的："一寸光阴一寸金，寸金难买寸光阴。"诸如此类的训示，都是为了让我们在成长的过程中，树立起正确的时间观念。

2. 时间观念的转变

大学生活与高中生活最根本的区别在于，大学里有更多的时间由自己支配。高中阶段，所有同学基本是在一样的环境里、一样的模式下学习。每天有固定的作息时间，忙碌在教室—食堂—宿舍这三点一线，学生已经习惯遵循这种固定模式，不需要花费太多甚至根本不需要花费精力来规划自己的时间。而大学生对时间的理解，仅局限于高考压力造成的被动认识，至于主动支配时间的能力则少之又少。在高中阶段，学生的时间观念还处于萌芽状态。

进入大学以后，短期的入学教育，并不能使学生完全融入大学生活。高中时期的思想和时间上的双重禁锢，让刚刚走进象牙塔里的广大学子迫不及待地想摆脱原有的生活方式。而大学恰恰给了他们这样一个空间。在这种前提下，因为学生没有树立起正确的时间观念，大部分学生在经历试探性的尝试后，开始了摸着石头过河的生活方式。这种错误的认知，导致"迟到""旷课""早退"等高中时期不曾出现的现象频繁发生，学生对自由的向往演变成放纵，体验不到真正意义上的大学生活。

所以，我们要充分意识到从高中到大学这个时间观念转变的重要性。进入大学，大学生由高中时期的被动者转变为主动掌控时间的支配者，这就需要大学生端正自己对大学生活的态度，培养规划大学生活的能力，树立属于自己的正确的时间观念。

3. 培养正确的时间观念

（1）确立目标

计划都是为实现某一目的或者目标而制订的。大学生职业规划就是想通过合理的大学生活来实现自己的职业竞争力。只有确立了自身的奋斗目标，才会促使自己充分利用现有的时光，通过自己的实际行动来将之实现。所以，培养时间观念的首要任务就是确立自己的奋斗目标。这个目标应该是多个阶段性目标支撑起来的一个最终目标。例如，一个学生毕业后想进入一家知名外企，那么首先要保证自己能够顺利毕业，其次通过英语四级，还要了解企业文化等，这只是最基本的。随着时代的发展，企业的需求也会随之改变，这就要求他在努力的过程中不断地调整自己的阶段性目标。除此之外，制订阶段性目标，还源于学生的信念不够坚强以及对未来把握的局限性。如果一个学生天天嚷着毕业后要怎么样，却不知明天该做什么，那么这样的梦想只能成为一个"梦"，永远无法实现。

所以，确立目标是培养时间观念的首要前提，只有这样才能做到有的放矢，才能有针对性地划分自己的时间使用区域，使时间观念实形化。

（2）坚定信念

前文提到，摆脱了高中生活的禁锢，会让绝大多数同学觉得大学生活很安逸。

随着时间的推移，能够保持和高中一样学习劲头的同学越来越少。几乎所有同学在入学时都会听到这样一句话："如果你能保持将高中一半的精力投入大学生活中，那么你毕业时一定能考上研究生。"起初，大家都觉得很容易。可是当这些同学毕业时回头重新审视这句话，却又觉得是那么的不容易。不错，每个学生在写下自己最初梦想的时候，都是信心百倍的，认为自己有足够的决心来实现这个愿望。可是，由于人的惰性，能够坚持拼搏的人越来越少，这就对仍在坚持拼搏的人提出了严峻的考验。这种考验一方面是志同道合的人越来越少，让自己感觉很无助；另一方面是前方无法预知的重重困难。是坚持还是放弃？这就是考验一个人的信念是否足够坚定的时候。信念的坚定，源于自身对目标义无反顾的追逐。困难与挑战会不断地出现，而一个人的心理承受能力是有限的。当困难累积到无法承受时，个人的信念便开始动摇。这个时候就需要鼓励，当然这种鼓励是外在的，关键还是在于坚定自身的信念。

如何坚定信念？第一，我们可以先让自己停下来，缓解一下身体和精神的疲劳，稍做休息后，继续奋斗。第二，也是在这里要重点强调的，就是将目标的"诱惑"扩大化。这里的"诱惑"是指通过目标实现所带来的物质和精神财富。我们可以憧憬一下目标实现后得到的收获，想象一下美好的未来。当这种"诱惑"的比重大于所遇到的困难时，信念便会得以巩固和坚定。第三，我们可以从成功者的经历中获得启示与激励。在学习的过程中，多阅读一些励志的书籍、一些成功人士的传记。例如，鲁迅的成功，有一个重要的秘诀，就是珍惜时间。鲁迅12岁在绍兴城读私塾的时候，父亲正患着重病，两个弟弟年纪尚幼，鲁迅不仅经常上当铺、跑药店，还得帮助母亲做家务。为避免影响学业，他必须做好精确的时间安排，此后，鲁迅几乎每天都在挤时间，他说："时间，就像海绵里的水，只要你挤，总是有的。"他有一句至理名言："时间就是生命，无端地空耗别人的时间，其实无异于谋财害命。"鲁迅确实惜时如命，他把别人喝咖啡、谈天说地的时间都用在了工作和学习上。所有的成功人士，对时间的认识和理解都值得我们去学习，用来激励自己。

（3）增强时间流逝的敏感性

我们常常会有这样一种感觉，就是当专注或沉溺于某一件事物时，总会觉得时间过得很快。但有时候，我们又会觉得度日如年，就是不愿做这件事情。同时，我们又深知，无论我们快乐还是悲伤，时间都不会因为我们而停下。因此我们要不断地审视自己，定期总结自己在过去某一阶段的行为以及这些行为带来的结果。我们会发现有很多事情不尽如人意，甚至一无所获。空泛、缓慢、无端、茫然、消极，这些词语几乎概括了我们在这段时间里的大部分行为。这样我们才会意识到时间流逝的毫无意义，原来我们还有这么多事情没有做或者没有做好。人们都是在追忆过去的时候，才会有所顿悟，只要学会定期总结自己在前一阶段的行动，不断地提醒自己，培养自己对时间流逝的敏感性，时间观念就会不断加强。

（4）制订严格的时间表

"千里之行，始于足下"，任何目标的实现都离不开实际行动。在时间观念还不成熟的情况下，必要的制度约定是养成时间观念最直接的办法。对于初入大学的新生来说，合理严格的作息时间不仅可以保持高中时期的良好习惯，更是探索大学生活最简单的办法。制订时间表，是为了让自己在规定的时间内完成相应的事情。时刻提醒自己，不同的时间里有不同的事情要做，这样自己的脑子里才会有时间观念。时间观念的最初养成离不开具体行动的支配。

时间观念的培养是一个长期持续的过程，每个人成长的环境不同，理想与愿望也千差万别。时间观念可以描述成一种习惯，当习惯成自然时，一个人的时间观念基本也就养成了。我们会发现，在求学的过程中，同一个班级的学生，有的从来不迟到，而有些同学总是迟到，甚至每次迟到的时间都出奇地相近。而这两种学生在学业上的差别，即使我不说，大家也猜到了。影响一个人时间观念的因素太多，其中家庭因素占相当大的比例。但是进入大学后，这部分因素已成为不可控因素，排除这一点，我们可以掌握的因素有个人目标（价值观）、学习环境、意志力等。只有这些因素达到了某一程度，并有机地结合到一起，才会促使我们形成正确的时间观念。而时间观念的外在体现就是一种习惯，一种不浪费生命的习惯。

二、时间管理

1. 时间管理概述

时间管理是为了提高时间的利用率和有效性，而对时间进行合理的计划和控制、有效安排与运用的管理过程。由于时间所具有的独特性，时间管理的研究对象并不是时间，而是与时间息息相关的"自我管理"，也就是让我们学会如何应对单位时间内发生的事物，使这些事物沿着最理想的方向或目标发展，即必须抛弃陋习，引进新的工作或学习方式以及生活习惯，包括订立目标、完善计划、分配时间、权衡轻重，加上自我约束、持之以恒等才能提高效率，达到事半功倍的效果。

2. 时间管理方法

时间管理方法种类繁多，因其诞生领域的不同，每一种管理方法的优势也不尽相同。下面介绍几种集各种方法之大成的时间管理办法。

（1）帕累托法则

帕累托法则又称为二八定律、关键少数法则、不重要多数法则等，是 19 世纪末和 20 世纪初意大利经济学家帕累托提出的，其核心内容是社会上 20% 的人占有 80% 的社会财富，最初用于经济领域。该法则是说在任何一组东西中，最重要的通常只占其中的小部分（20% 左右），因此对重要但只占少数的部分必须分配更多的资源，更注重对它的管理。在时间管理中运用帕累托法则有助于应付一系列有待完成的工作。将一大堆需要完成的工作列出优先次序，把最应优先完成的作为工作中的重中之重，各花上一段时间集中精力把它们完成。只有这样，那些看起来可能无法完成的工作才能通过我们完成的那几件重要工作而得到解决，获得最大的收益。

犹太民族失去祖国之后，只好四处逃避。在近两千年的恶劣环境下，犹太人逐渐形成了一种生活哲学，因而在任何条件下都能生存下去并且发财致富。在犹太人看来，宇宙与生活是相依生息、相容无悖的。所谓"7822 法则"，它是以一个正方形的内切圆关系计算出来的。假设一个正方形面积是 100，那么，它的内切圆面积 78.5，剩下的面积即 21.5，以整数计算表达，便是 78∶22。

空气中的气体比例中，氮气约占 78%，而氧气约占 22%。人体的比重中，也是由 78% 的水及 22% 的其他物质所构成的。这个 78∶22 的数据，成为人力不可抗拒的宇宙法则。试想，如果空气中氮气占 20%，人类将不能在这样的空气中生存下去；如果把人体的水分降至 60%，那么一定会干枯而死。因此，犹太人认定"78∶22"是个永恒的法则，世界上的一切事物都是按照 78∶22 来进行排列组合的。其实无论是帕累托法则还是犹太法则，其根本在于强调任何事物本质都是取决于 20% 左右的核心内容。

（2）时间"四象限"法

著名管理学家柯维提出了一个时间管理的理论，把工作按照重要和紧急两个不同的程度进行划分，基本上可以分为四个"象限"：既紧急又重要、重要但不紧急、紧急但不重要、既不紧急也不重要。时间管理理论的一个重要观念是应有重点地把主要精力和时间集中地放在处理那些重要但不紧急的工作上，这样可以做到未雨绸缪，防患于未然。在人们的日常工作中，很多时候往往有机会去很好地计划和完成一件事，但常常又没有及时地去做，随着时间的推移，造成工作质量下降。因此，把主要精力有重点地放在重要但不紧急这个"象限"的事务上是必要的。要把精力主要放在重要但不紧急的事务处理上，需要很好地安排时间。一个好的方法是建立预约。建立了预约，自己的时间才不会被别人占据，从而有效地开展工作。

如果以"轻—重"为横坐标，"急—缓"为纵坐标，我们可以建立一个时间管理坐标体系，如图 7-4 所示，把各项事务放入这个坐标体系。

人们通常会把紧急的事情放在第一位，但这并不是管理时间的有效办法。在最初，我们可能会重视事情的重要程度，做的是"重要且紧急"的事情，但应避免习惯于"紧急"状态，否则，我们会不由自主地喜欢"到处救火"的感觉，把自己当成"救火队

图 7-4　时间管理坐标体系

员"，转而去做那些"紧急不重要"的事情。这样一来，人们没有时间去做那些"重要不紧急"的事，而这些事往往有着更深远的影响。将大部分时间花在"重要不紧急"的事情上，可以让我们避免掉进"嗜急成瘾"的陷阱中，更可以避免在事情变得紧急后才疲于应付。例如，小周明天就要进行英语四级考试，而今天突然接到高中同学要来到访的消息，本来计划做完最后一套模拟题，再把泡在盆里的衣服洗了，然后早点儿休息，养足精神准备明天的考试。可是同学的突然到访，计划一下子被打乱了。经过认真地思考，小周决定先把同学接到寝室安顿好（紧急不重要的事情），在同学休息时抓紧时间将模拟题做完，准备好明天的考试用具（紧急且重要的事情），然后晚上再陪同学好好吃顿饭，衣服就不洗了（不重要且不紧急的事务）。有些同学可能会问，重要不紧急的事情哪去了，重要不紧急的事情就是小周为过四级的学习过程，这也是小周主要精力所在。如果小周在日常的四级学习过程中，投入了大部分精力，即使最后一套模拟题不做，也会通过英语四级。而最后一套模拟题不做，就有充足的时间来陪突然到访的同学。所以，时间管理的四象限法则的精要就是未雨绸缪。

（3）6点优先工作制

该方法是效率大师艾维·李在向美国一家钢铁公司提供咨询时提出的，它使这家公司用5年的时间，从濒临破产一跃成为当时全美国最大的私营钢铁企业，艾维·李因此获得了2.5万美元咨询费，故管理界将该方法喻为"价值2.5万美元的时间管理方法"。

这一方法要求把每天要做的事情按重要性排序，分别从"1"到"6"标出6件最重要的事情。每天一开始，先全力以赴做好标号为"1"的事情，直到它被完成或被完全准备好，然后再全力以赴地做标号为"2"的事，以此类推。

艾维·李认为，一般情况下，如果一个人每天都能全力以赴地完成6件最重要的大事，那么，他一定是一位高效率人士。

（4）莫法特休息法

《圣经新约》的翻译者詹姆斯·莫法特的书房里有3张桌子：第一张桌子摆着他正在翻译的《圣经》译稿；第二张桌子摆的是他的一篇论文的原稿；第三张桌子摆的是他正在写的一篇侦探小说。莫法特的休息方法就是从一张书桌搬到另一张书桌，继续工作。

这种时间法则和农业上的"间作套种"原理是非常相似的。"间作套种"是农业上常用的一种科学种田的方法。人们在实践中发现，连续几季都种相同的作物，土壤的肥力就会下降很多，因为同一种作物吸收的是同一类养分，长此以往，地力就会枯竭。人的脑力和体力也是这样，紧张的工作未必使精神或体力感到疲劳，往往是单调乏味的工作让我们产生厌烦情绪，进而感到浑身乏力，难以支持。如果每隔一段时间就变换不同的工作内容，就会产生新的优势兴奋灶，而原来的兴奋灶则得到抑制，这样人的脑力和体力就可以得到有效的调剂和放松，进而提高时间效率。

3. 大学生时间管理现状

在校期间的时间基本可以分为课上和课下两部分，而这两部分的比例几乎近于1:1。其中课堂上的时间管理基本是由课堂上的任课教师来统一安排，大家基本无差别，唯一的差别就是听课效率因人而异。重点在于课余时间，如何有效利用这部分时间，才是一个大学生成功的关键。课下时间可以分为延伸学习、娱乐、处理生活琐事以及少部分时间用于兼职、社团活动等。但是经过调查发现，目前高校的大部分学生时间管理状态不容乐观，具体表现在：

（1）时间分配不合理

多数大学生的上课学习时间与日常的生活时间占其所有时间的40%～55%，课余学习时间占所有时间的24%左右，而用于上网、聊天、运动、影视等娱乐时间占到所有时间的27%之多。

（2）每学期不同阶段的学习时间安排不均衡

开学初，大多数学生还沉溺于假期，心思没有调整过来，用于学习的时间最少。平时只是完成日常作业，处于一种慵懒的状态。而期末，随着考试的临近，同学们才开始投入大量的时间来复习，甚至通宵达旦。

（3）不会合理规划大学四年学习时间

当大一新生不能以主动自学为主要的学习方式，面对大量的可支配课余时间和大学校园丰富多彩的课余生活时，很容易迷茫，找不到正确的学习方向，不会合理地计划和管理时间，从而放任自流，用上网玩游戏、谈恋爱等来打发时间。大二期间，对大学的考试方式有了一定的了解，有的学生平时用于学习时间较少，作业拖拉、抄袭现象普遍存在；有的学生将课外时间大量用于上网，学习和体育锻炼的时间明显减少。大三期间，学生的心理相对成熟，意识到学习的重要性，开始为自己的未来做计划，这时他们面对学习、考证、参加会实践和课程实习，显得时间不够用而分身乏术。大四时期，随着毕业的临近，时间主要分配在实习、找工作或考研、升学上，而真正用于静下心来在课堂里听课的时间却少得可怜，从各项学习内容所占时间比例来看，为了求职，备战英语四、六级花在英语学习上的时间比重明显增大，而花在专业课上的时间却少之又少。

4. 大学生在时间管理上存在的问题

根据大学生时间管理现状，大学生在时间管理方面主要存在着以下问题：

（1）缺乏正确的价值观

没有正确的价值取向，就不会为自己确立阶段性的目标。高中时将考上大学作为自己的价值体现。而进入大学后，思想和时间上的解禁，导致绝大多数学生不能将高中时的价值体现延续。在随波逐流的大学生活中，价值观变得模糊不清。如果把学生比作小鸟，高中是个笼子，那么高中时的目标就是有一天能够飞出这个笼子。可是当这只小鸟离开了高中的笼子，翱翔于大学这片自由的天空时，却不知飞向何处。

（2）忽视职业生涯规划，缺少主观上的认识

在校大学生普遍缺乏职业生涯规划的意识，没有真正理解职业生涯规划，有的将职业生涯规划等同于职业选择，着眼于毕业后的求职行动中，因为"职业"一词的存在，而觉得职业生涯规划离在校生很遥远。有的则急功近利，不根据自身实际情况盲目考证或参加培训，缺乏行之有效的人生目标和学习计划，学习处于盲目和被动状态。

（3）在时间的配置上不会权衡轻重缓急

大学生忽略了将时间用于大学里最重要的七项学习，即学习自修之道、基础知识、实践贯通、培养兴趣、积极主动、掌控时间、为人处世，而是将大量的时间浪费在无益的习惯中。简单来说，就是抓不住重点，看似每天都很忙，也很辛苦，却对未来的发展影响不大。而那些决定我们职业生涯发展的关键因素，却被置之不理，这无疑是对时间的浪费。

5. 基于职业生涯规划的大学生时间管理对策

大学生在校期间的时间管理应从以下几个方面进行：

（1）树立正确的价值观

大学生从大一开始就必须正确树立自己的人生价值观，明确自己的努力方向。价值观在一个人的一生中，不同的时期会有不同的认识和体现。但并不能因为它的变动而不去确立。价值观的养成需要一个过程，而在这个过程中，我们要不断地审视自我，探寻周围的环境，寻找一条通往自己人生目标的正确道路。主动设计人生规划，积极规划大学期间的学业，并将规划分解到每个学年。可以先以自己的专业、志向、兴趣作为人生规划的方向和动力，再根据自己的性格特点和能力进行自我评估和生涯机会评估，找出自身的不足之处，明确定位职业方向，改进和完善计划。只要认真制订、管理、评估和调整自己的人生规划，就会离自己的目标越来越近。

（2）制订学习目标

价值观的养成就是通过目标的制订来实现的，确立了价值观以后，就要制订具体的行动目标。阶段性的目标要紧紧围绕着最终目标，它们是分离的，但同时又共同支撑着最终目标。本着这个原则，我们将最终目标分解到每个学年。再在本学年的学习目标里找出一个核心目标，依照目标排列的重要程度，设定详细的计划，并按照计划执行。在执行过程中，要定期总结，修订目标，使其更加合理化。这一步关键在于坚持，尽自己最大的努力去实现，克服主观和客观上的困难，这样无论目标实现与否，我们都能学会如何应对下一步的计划。

（3）培养属于自己时间管理的方法

上面已经介绍了几种贴近我们实际生活的时间管理办法，但是由于每个人的性格、成长的环境以及价值观各不相同，每个人支配时间的方法也各有不同。只有总结出属于自己的时间管理办法，才能充分地利用自己的时间。只要掌握一种行之有效的时间管理办法便已足够。下面介绍几种常用的时间管理方法：

①记事本和日程表。记录自己的时间，找到时间消耗的地方，看看自己在什么方面花了太多的时间，凡事想要进步，必须先了解现状。然后减少无效工作时间，按事情按轻重缓急进行分类，确定优先顺序，先做在校期间的临考准备、按期完成作业这样"重要且紧急"的事，再做大学里应掌握的综合职业能力这样"重要但

不紧急"的事，然后做接待不速之客、朋友的临时邀请等"不重要但紧急"的事，不做阅读无聊小说、收看无价值的电视节目等"不重要且不紧急"的事。

②运用80%～20%原则。宏观上来讲，这是要将80%的精力和时间投入20%的核心内容上，只要完成这20%的核心内容，就能实现80%的目标。

从微观上讲，人如果利用最高效的时间，只要20%的投入就能产生80%的效率。相对来说，如果使用最低效的时间，80%的时间投入只能产生20%效率。一天头脑最清醒时应该放在最需要专心的工作上。与朋友、家人在一起的时间，不需要头脑那么清楚。我们要把握一天中20%的最高效时间（有些人是早晨，有些人是下午和晚上；除了时间之外，还要看你的心态、情绪），用在最难的科目和最需要思考的学习上。许多同学喜欢熬夜，但是晚睡伤身，所以还是尽量早睡早起。

（4）培养良好的学习和生活习惯

管理好和利用好时间的良好习惯是迈向成功的钥匙。大学生在学校期间应养成一些良好的生活方式和学习习惯：①第一次就做好。开始就把它做到完美，要有时间成本的概念。②专心致志。每天设定一个不被干扰的时间，关掉手机、关闭网络，消除所有可能分心的事专心地学习。要么不做，要么就全力去做。如果你在自己寝室实在无法专心，那就到图书馆去读书，那里既没有影响你的室友，也没有诱惑你的计算机。③自我激励，在书桌或者床头等醒目的位置，贴上自己的奋斗目标或者座右铭，运用视觉的力量刺激潜意识，迫使马上行动，杜绝拖延，当日事须当日毕。④整理和条理。养成东西从哪里拿往哪里放的好习惯，把同类、同时使用的东西放在一起，把文件夹和整理箱贴上标签。尽可能将复杂的事情简单化，简单的事情条理化。⑤学会使用时间碎片。合理利用等车、排队、走路这样的零碎时间做一些背单词等有意义的事。我们还可以将一些学习内容存储在手机或者MP3等电子设备中，利用消遣的时间充实自己。一个良好习惯的养成不是一朝一夕的事情，大多数学生的性格习惯在进入大学之前已基本形成。要想让自己适应大学生活并且充实地度过，不单单要有一个作为原动力的远大目标，更需要坚定的信念来支撑。我们要为自己寻找一个合适的环境，即使没有环境也要创造环境，尽量让自己和敬佩的人在一起，和志同道合的人在一起，在潜移默化中改变自己。

案例 1

　　小刘在大学军训结束后为自己制订了严格的作息时间表。周一至周五，每天早上 6 点起床，进行半个小时的晨练，6:30 吃早餐。7 点准时到达上课教室，完成半个小时的晨读，7:30 预习课上要讲的内容。课上尽最大的努力认真听讲，这样他就无须在课下花费大量的时间和精力消化老师的讲课内容。在剩下的时间里，小刘将时间放在阅读和写作上面。而周六和周日，除了正常休息之外，积极参加自己感兴趣的社团活动。期末考试，小刘取得了全班第二的成绩，而且英语成绩是全班最高分。同时，小刘又通过了演讲与口才协会的面试，顺利进入了该协会。经过一学期的实践，小刘深刻认识到时间管理的重要性，并且为自己下阶段的学习生活制订了更加科学的时间规划。小刘的成功，在于他对时间成功的掌控和把握。他将每天必须做的事情罗列出来，再根据大脑在不同时期的工作效率，将时间分配到这些事情上面，并且严格要求自己必须在规定时间内完成。通过不断坚持，将最初的时间表转化成良好的生活习惯，一旦这种生活习惯养成，小刘便具备了一定的时间管理能力，使自己在生活和学习上达到了理想的效果。

案例 2

　　小郑，2011 年 7 月毕业于某大学计算机科学与技术专业，成功考入香港中文大学，攻读硕士研究生。初入大学时，小郑和所有同学一样，对自己的未来很迷茫。在军训和入学教育期间，小郑通过专业介绍了解到在校期间的课程设置及未来的就业去向。经过短暂的思考后，他为自己设立了阶段性目标。小郑在大一、大二期间，通过对基础课和部分专业课的学习，总结出自己的学习方法，在保证成绩良好的前提下，将剩余时间投入外语学习和参加专业社团。大二结束时，小郑顺利通过了英语四级考试，并且在专业社团的学习过程中意识到了实践的重要性。在大三专业课的学习过程中，小郑积极参加各种专业竞赛，并且取得了优异的成绩。此时，他已明确了自己毕业后的去向——香港中文大学。在最后的一年里，小郑将大多数时间投入在准备英语六级和毕业设计上面，同时积极申请香港中文大学硕士研究生。在申请的过程中，因小郑所在学校声誉不高，无法有力推荐。但是当小郑申请的研究生导师看到他的履历后，最终接受了小郑的申请。当小郑被录取的消息传出以后，无论老师还是同学，都感到无比惊喜，这是在以往绝对不会出现的一种成功，一种超越。小郑之所以成功，是因为他优异的学习成绩和外语能力，还有更重要的一点就是他所取得的竞赛奖励，很多都是省级、国家级的竞赛奖励，其含金量很高。而这份成功的背后离不开小郑对时间的把握和支配。在入学时，他通过短期的观察思考，为自己确立了前期目标，大二、大三结束时，又根据自身情况对努力目标进行调整。在目标确立的前提下，做好时间的分配，将主要精力放在外语、专业课程、竞赛等上面，而这些因素恰恰是小郑开启香港中文大学研究生大门的钥匙。

第四节　人际关系管理

导入案例 1

李明（化名），性格内向，寡言。初入大学，他被分到一个四人寝室。开始时，大家感情融洽，没过多久，李明就被舍友孤立，主要原因是李明的一些不良的生活习惯，诸如不注意个人卫生、喜欢乱动别人东西、说话易得罪人、喜欢计较、疑心重等。舍友最初也是良言相劝，希望他能注意。然而，李明依旧我行我素，渐渐大家都开始不理他。李明也讨厌舍友，有时还故意跟他们作对。后来班干部竞选，因宿舍不和谐的关系影响班里同学对他的看法，李明落选了。李明非常难过，也很气愤，把结果归因于舍友，自此常因心情不好在宿舍发火、讲粗口等，让其他人对他更厌恶。

导入案例 2

万芳（化名），典型的北方姑娘，热情而直率，她喜欢坦诚，总是愿意把自己的想法说出来和大家一起讨论。今年，万芳从人力资源管理专业毕业，经过将近一个月的投简历和面试，在权衡了多种因素后，最终选定了一家研究生产食品添加剂的公司。但是到公司实习一个星期后，万芳就陷入了困境。

原来该公司是典型的小型家族企业，企业中的关键职位基本都由老板的亲属担任，其中充满了各种裙带关系，根本没有管理理念，更不用说人力资源管理理念。但是万芳认为越是这样就越有自己发挥能力的空间，因此在到公司的第五天便拿着自己的建议书走向了直接上级的办公室。万芳开门见山地将自己的意见说了出来，直言不讳地指出了公司存在的问题。经理听后问万芳是否有解决方案，万芳的回答是目前还没有，一点想法而已，但是如果得到了经理的支持，方案会很快出来的。

最终，万芳的建议书石沉大海，经理好像完全不记得建议书的事。由此，万芳陷入了困惑之中，她不知道自己是应该继续和上级沟通还是干脆放弃这份工作，另寻一份有发展空间的工作。

【指导建议】

以上两则案例，一个发生在大学宿舍里，一个发生在入职不久的公司里，恰是一个大学生从积累知识到实践知识的过程，而在这个过程中，我们能充分看到缺乏人际关系管理能力所带来的困惑。

李明的案例很典型。他为何如此不受欢迎？说到底，就是心理和性格存在一些问题，不善于处理人际关系。人际关系的好坏往往是一个人心理健康水平、各种性格与能力的综合体现。李明所面临的问题，不是更换宿舍就能解决的。其问题根源在于李明没意识到导致这一后果的原因，换句话说，李明要摆脱"困境"，先要认识到自身存在的问题，有了这种意识才能采取行动解决问题。

万芳的困惑来自她与经理的沟通目标没有达成一致，沟通信息没有得以准确传递，忽略了信息组织原则。作为到公司才不到一个星期的新员工，以前也没有任何工作经验，在提建议时很容易给同事或上级一种"异想天开、脱离实际、年轻气盛"的感觉。仅仅凭借自己的观察和主观判断就提出问题，却没有针对问题设计出解决问题的方案，万芳在没有任何铺垫的情况下，就亮出了自己的观点，列数公司的管理问题，在某种程度上使经理觉得这更像是一次抱怨的发泄而非建议。大学生作为社会一个特殊群体，无论是在校期间还是毕业求职期间，其人际交往的质量直接影响他们的身心健康。倘若处理得好，能促进自己在学习生活等方面的进步；倘若处理不好，则有可能给自己或他人带来不必要的烦恼甚至伤害。

一、人际交往法则与技巧

1. 白金法则

1987 年，美国学者亚历山大德拉博士和奥康纳博士发表论文阐述白金法则。其内容是"别人希望让你如何对待他，你就如何对待他"，本质是以交往对象为中心，满足其最基本的需求，为其创造价值。白金法则有三个要点：

①行为合法，不能要什么给什么，做人、做事都要有底线。

②交往应以对方为中心，对方需要什么就要尽量满足对方什么。

③对方的需要是基本的标准，而不是说你想干什么就干什么。

根据以上三个要点，我们可以将白金法则的两大重要原则分为摆正位置和端正态度，只有摆正位置，才能全心全意为他人服务；只有端正态度，才能用良好的心态去和他人交往。

满足交往对象的需要是最基本的也是最重要的人际交往原则。要做到这一点，首先需要学会换位思考。每个人都有自己特有的社会地位、家庭背景和文化习惯，因此对于同一件事，不同的人会有不同的看法，我们不应该将自己的思想强加于他人，以自己的思维方式理解他人的需求或者随意评价他人的行为与观点。想象自己处在对方的位置去思考问题，通过切身的体会可能会更容易接受对方的观点，避免不必要的矛盾。

其次，在与人交往时要保持良好的心态，不骄不躁。其实良好的心态是医治病痛的一剂良药，也是高尚情操的一种表现。与人交往时表现出良好的心态可以增加自己的亲和度，让他人感觉到与自己相处很开心很融洽。不患得患失、不乱发脾气、不烦躁、不消极、易于接受他人意见等良好的心态可以赢得对方的信任，给人留下很好的第一印象。带着平和的心态去满足对方的需求，不仅自己觉得轻松自在，也会传递给对方一种愉快的信息，使整个交往过程和谐。

总之，与人交往的过程中要尽量满足对方的需求，这样才能达到双方交往的目的，促成美好的结局。但是这种满足也是在坚持自己的处事原则和合法的情况下执行的。白金法则内容看似简单，执行起来却非常难。把握白金法则的要领，是我们人际交往中必须要做到的。

2. 大学生人际交往十大法则及技巧

（1）尊重他人

无论与你交往的人身份多么卑微、形象多么差、言行举止多么怪异、爱好习惯多么让你难以接受，你始终能尊重他，待他如一个与你平等的人，你就能获得他对你的尊重。这点知易行难，诚然我们不是圣人，不可能彻底摆脱世俗的影响，但是要意识到自己的局限性，提醒自己以平等心待人，就会在人际交往中多些顺畅，少些挫折。

（2）倾听并恰当地给予反馈

在与人交谈时，要专注，积极倾听对方的谈话，不时地给予适当的反馈和提问。倾听表示尊重、理解和接纳，是连接心灵的桥梁。倾听还体现在不随意打断别人的谈话，在别人漫无目的地谈话时，礼貌地转换话题或结束话题。在表达自己的不同看法时，首先要认可当事人的想法，再礼貌地提出自己的看法，这样就会在表明观点的同时避免冲突，不伤及彼此的关系。

（3）不吝啬自己肯定和赞扬的话语，学会真诚地赞美别人

看到其他人身上的优点或者美丽的外在变化时，大胆地给予赞美或认可，会给对方带来欢乐。这种欢乐和谐的氛围会影响其他的人，使人与人之间的关系变得轻松融洽。因为每一个人都希望得到他人的赞美和赏识。赞扬能让人身心愉

悦、精力充沛，还能激发其自豪感，增强自信，有助于更好地了解自己的优点和长处，认识自己的生存价值。但赞美要有的放矢，要真诚和有感而发；赞美绝不等同于恭维，既不是拍马屁，也不是阿谀奉承。赞美时切忌夸大其词、不着边际和虚伪做作，否则，赞美会失去其作用。另外，不能人前一套，人后一套，当面说人好话，背后说人坏话，或传递其他人之间相互指责、诋毁的话，这势必引发他人之间的矛盾。

（4）学会宽容和谅解

"人非圣贤，孰能无过。"看看我们自己，缺点与优点并存，其他人又何尝不是如此？与人交往时，不要总是看到别人的短处，要多想想他人的长处。这个世界上不存在一无是处的人就像不存在完美无缺的人一样。对别人的错误甚至无理取闹，不要揪着不放，得理不饶人，斤斤计较，针尖对麦芒。不宽容对方，以牙还牙或者坚决对立，那么隔阂就会越来越深，人际关系只会越来越紧张，对人对己没有任何益处，只会增添更多的麻烦。可见，苛求他人就是苛求自己，宽容他人就是宽容自己。学会原谅别人，能避免许多烦人的纠纷，路就会越走越宽阔。"水至清则无鱼，人至察则无徒"，说的也是这个道理。容人者，人容之。但原谅不是无原则的忍让，不是好坏不分，软弱可欺。

（5）学会换位思考，切忌以自我为中心，损人利己

我们在人际交往中，往往都会站在自己的角度思考问题，首先维护自己的利益；但同时我们又会非常讨厌那些为了自己利益而不惜牺牲他人利益的人。因此，在争取自己利益的同时，也要不断兼顾他人的利益，才能在人际交往中受人欢迎。切记不要做那些损人利己甚至损人不利己的事。"己所不欲，勿施于人。"学会换位思考，常想如果自己处在他人的位置上会怎样，就能理解他人的反应，也就不会出现强求别人做到连自己也做不到的事情。

（6）遵守所在群体的基本规则

遵守群体规则，即意味着尊重关注他人的需要、习惯。尽可能让自己的行为习惯与大多数人保持一致，不要因为自己影响其他人。承担自己应尽的责任和义务，主动打扫卫生整理内务、打开水等。

（7）关心帮助他人，富有同情心和正义感

每个人都难免有困难，需要他人的帮助。一个不愿意帮助别人的人，很难

要求别人帮助自己。别人需要帮助的时候主动提供支援，当他人遭到困难、挫折时，伸出援助之手，给他人出头露脸或获益的机会。时时能给别人关心、帮助和支持，才能在自己需要的时候得到他人的帮助和支持。

（8）保持独立自主与谦虚的品质

与人交往时要有自己的主见，不要人云亦云、趋炎附势，更不要骄傲自满、目空一切，不要总是与人抬杠。无论是否有理，总要找出依据证明自己如何有理、对方如何无理。若处处事事时时要显示自己高明，自己是胜利者，长此以往，则会让人难以容忍，埋下隔阂与不满。

（9）保持微笑

在与人接触的瞬间，直至一次交往的结束，如能以微笑开道，以含笑结尾，那笑的价值不言而喻。微笑，对交往对象来说，是一种诚意与善良的表征，是愉悦别人的良好形象。而对交往对象来说，是一种比较易于接受的方法，是引起兴趣、好感的源泉。有人曾说，微笑是一纸能取信于人的介绍信。

（10）保持积极乐观的心态

社会是由形形色色的人组成的，人们的性格、爱好、习惯和信仰截然不同，各有各的魅力。每个人都会有自己的喜好，会有自己对人对事的看法，因此，不能用自己的标准去衡量别人。需要避免在没有深入交往的情况下，单凭第一印象或断章取义的某句话就对某人或某事下定论。另外，我们很容易看到一件事情或一个情形的阴暗面，只有挖掘其积极面、实事求是一分为二地看待问题，才能找到贴近现实的解决办法。如果我们在人际交往中，尽量多地按上述原则和技巧行事，就会发现我们原来是颇受人欢迎的。但需要提醒的是，现实生活中，有人喜欢我们，就会有人不喜欢甚至讨厌我们。这就是现实社会，我们不要期望人人都喜欢我们，因为这是根本不可能的。

二、人际关系管理

1.人际关系的定义

人际关系也就是人们常说的"人脉"。人际关系的定义因人们所处的环境、社会地位不同，对其的理解也有所不同，可以将其理解为：人与人之间因交往而发生的一种心理关系。不论是亲密关系、疏远关系，还是敌对关系，统称为人际关系。人际关系实际上又反映了人与人之间心理上的距离。人际关系是人类社会不可缺少的组成部分，人的许多需要都在人际交往中得到满足，它的好坏反映了人们在相互交往中物质和精神需要能否满足的心理状态。

2. 大学生建立良好人际关系的意义

（1）良好的人际关系有利于大学生心理健康发展

首先，良好的人际关系能起到代偿作用。和谐的同学关系、师生关系可以代替补偿其与父母兄弟姐妹的亲情，从而减少或消除失落感与孤独感。其次，良好的人际关系能起到稳定情绪的作用。最后，良好的人际关系有助于大学生自我意识的发展与深化，置身于良好的人际关系，能使大学生感到自己为他人所承认，从而满足自尊心，增强自信心与自豪感。通过人际交往，体现人与人之间的爱护、关怀、信任和友谊，使精神需要得到满足。大学生在彼此的交往过程中，进行情感交流，满足心理、生理上的需要，培养良好的情绪、开朗的性格和乐观的生活态度，促进自己的身心健康。

（2）良好的人际关系能促进大学生的社会化进程

每个人的社会化进程都是在人际交往和建立良好人际关系中进行的，人际交往是社会化的起点，人际关系是人们生存和发展的前提条件。良好的人际关系有助于大学生获得更丰富的信息，保持与社会的密切联系，明确和承担自己的社会责任，从而为将来全面进入社会作准备。

（3）良好的人际关系有助于大学生学习知识、掌握技能

现代社会的发展使信息的获取渠道丰富起来，大学生在交往的过程中获取的信息对学习会起到积极的作用。自己从书本上获取的知识毕竟有限，人际交往是获取新知识的有效途径。每个人都有自己的成功经验，而这种宝贵的经验往往都是通过亲身实践得来的，广泛的交际圈，可以让大学生探索更多成形的实践知识。

（4）良好的人际关系能促进大学生集体主义思想的形成

集体是大学生锻炼成长的大熔炉，团结的集体与良好的人际关系是相统一的。在良好人际关系的影响下，每个人的集体主义思想都会受到良好的培养和锻炼，良好的人际关系会比较顺利地调节和化解个人利益与集体利益间的矛盾，达

到利益上的一致。团结的集体能使学生产生良好的集体归属感和荣誉感，促进集体主义思想的形成和发展。

（5）良好的人际关系有利于大学生的职业发展

俗话说："朋友可以让你拥有世界。"渴求事业成功是每个学生的追求。有人做过研究，个人的成功等于20%的能力加上80%的人际关系。大学时代建立的友谊，是不涉及任何利益的，这种友谊简单而牢固。在毕业求职、事业发展的过程中，朋友的举荐和帮助，会给我们带来意想不到的收获。人类的生存和发展伴随着人与人的交往和人际关系的发展，大学生正处在学习知识和技能、认识社会、探索人生的重要发展阶段，大学生的所有活动都是在与人的交往过程中进行的。良好的人际交往对大学生的成长起着积极的作用。总之，人际交往对当代大学生有着重要的积极意义，人际交往不仅是大学生向社会化转变的基本途径，更是大学生身心健康发展和事业成功的重要保证。

3. 大学生人际交往存在的障碍

（1）缺乏主动交流的心理能力

人际关系作为人们之间的心理活动，是主动的、相互的。部分大学生由于缺乏这种主动交流的心理能力，面对陌生人，尤其是异性，表现出害羞、主动回避、畏缩等现象。

（2）部分学生性格内向

部分学生由于从小性格内向，缺少交往，不善于交际而表现出胆怯、多虑、不合群、上课不敢发言等，除了要好的同学外，与大多数同学很少接触，常常独自活动，远离人群，看到老师绕道而行，尽量回避学校集体活动。通常这些学生的自尊心很强，做事力求绝对有把握才行，不敢冒半点风险，因而受环境和别人的支配，缺乏主动性，久而久之更羞于与他人接触。

（3）部分学生存在自卑心理

自卑，即对自己的知识、能力、才华等作出过低的评价，进而否定自我。部分学生由于相貌、智力、受教育的程度、所处的社会地位等不如他人而产生自卑心理。自卑的人在交往中，虽有良好的愿望，但是总是怕被别人轻视和拒绝，因而对自己没有信心，很想得到别人的肯定，又常常很敏感地把别人的不快归为自己的不当。有自卑感的人往往过分自闭，为了保护自己，常表现得非常强硬，难以让人接近，在人际交往中变得格格不入。

（4）心理承受能力差

现在的大学生，绝大多数都是独生子女，这些学生从小在父母的关怀和爱护下长大，没有学会分享与理解，更少遭受挫折。一旦遇到交往方面的挫折，如初恋失败、当众出丑等，就会变得胆怯怕生、消极被动，甚至对大学生活失去希望。

4. 影响人际交往的主要因素

（1）自我概念

自我概念是指个人对自己的看法，例如，觉得自己是美丽、聪明或是害羞、没有指望的，不论这些看法是否正确，是否与他人的看法一致，都将影响个人以后的行为和生活，也会影响个人和他人的关系。

（2）自我坦诚

人际关系，必须在人与人之间发生关联之后才能产生，因此除了对自己、对别人有一个适当的概念之外，还需进一步开始与人互动，经由彼此的自我坦诚，让对方知道你，让你知道对方。经过自我坦诚，我们才能与别人做有效的沟通。

（3）个人特质

①真诚，人们喜欢以真心待人的人，不喜欢富有心机、欺骗、算计别人的人。

②热情，一个亲切、温和、面带微笑的人，通常比一个冷淡、漠然、面无表情的人更让人乐于亲近。

③能力，人们通常喜欢跟聪明、有能力、有智慧的人在一起，主要是因为跟有能力的人在一起，我们可以学到更多东西。此外，他们还可以帮我们解决问题，想出新点子，让生活更有趣、更容易。

④外表吸引力，研究发现，在其他条件都相等的情况下，一个外表较具吸引力的人，比外表不具吸引力的人，更受人喜爱。

⑤其他令人愉快的人格特质，如拥有开朗、心地善良、不自私、关怀体贴等特质的人，也较令人喜爱。

（4）两人间的情境因素

①接近性，人际关系的发展是以接触为基础的，只有彼此相当接近，才能在

需要的时候适时地提供支持或帮助，维持感情。接近性使人们彼此接触的机会增加，熟悉的可能性增加，因而能相互吸引。

②熟悉性，熟悉可以减少人与人之间的不确定性，使人们的交往更安心。

（5）两人特质之间的关系

①相似性，彼此之间态度、价值观以及人格特质的相似性是影响友谊的重要因素。

②互补性，需求上的互补，即一方所需要的，正是另一方所能提供的，或一方所缺少的正是另一方所具备的，也可能使彼此相互吸引。

5. 大学生如何管理好人际关系

（1）培养良好的人际交往意识

良好的人际交往意识对人际关系的意义非同小可。尽管大学生每天都处在各式各样的交往环境中，但不是每个大学生都有良好的交往意识。不少大学生只是被动地处于交往中，有的大学生甚至远离人群、自我封闭。学校教育要帮助大学生建立起勇于交往、善于交往和树立正确的交往动机的良好交往意识，让大学生认识交往的重要性，有了良好的交往意识，才能积极主动地与人交往。

（2）增强自信，消除自卑

在人际交往中正确地认识自己和别人是一件不容易的事，在错误的自我评价中，对人际关系妨碍最大的，莫过于自卑。一个人一旦失去了自信，他便会在交往中不知所措。大学生在交往中应该热情友好，以诚相待，不卑不亢，端庄而不过于矜持，谦逊而不矫饰作伪，要充分显示自信心。只有树立完全的自信，才能完全放松，从而显得坦然自若、沉着镇定。

（3）学会人际交往的技巧和策略

人际交往能力的欠缺也是影响人际关系的因素之一。在人际交往中，语言的交流是其中一个重要的组成部分。部分大学生由于年轻气盛，在与人进行语言交流时总是滔滔不绝地说个不停，往往忽视了倾听对方的发言，与老师、学校领导、用人单位等交流时，若言语盛气凌人、不注意倾听，造成的后果及给人的印象将是不完美的。一般人在倾听时常常出现以下情况：①很容易打断对方讲话，急切地想表达自己的不同意见。②发出认同对方的声音。较佳的倾听方式是完全没有声音，不打断对方讲话，两眼注视对方，等到对方停止发言后，再发表自己的意见和看法。然而，最理想的情况是让对方不断地发言，越会倾听，你就越握有控制权。

（4）不要过多计较别人的评论，不因一时一事评价人

每个人为人处世受到别人评论是很正常的，不要轻信主观感受，不要浪费时间去揣测别人对自己的态度。人家评论，不论是肯定的，还是否定的，都应看成是对自己的一种促进。同时也不应该以一时一事来评价一个人的好坏，因为"借一斑以窥全豹"并不总是适合所有人和事，个别和局部并不一定能反映全部和整体。在与人交往中应具有宽宏的胸怀，要有"让人不为低，饶人不为痴"的大度量，不因社交中的细小矛盾而斤斤计较。

（5）学会控制自己的情绪

当你在一个陌生的环境里可能紧张、羞怯时，就会引起机体强烈的焦虑，并处于高度紧张的自我防卫状态，使他人觉得你对他有一种不信任的感觉，这样就阻碍了彼此关系的发展。例如，部分新入学的同学，对周围的人和环境都缺乏了解，因而在相当长的一段时间内保持高度紧张的自我防卫状态，直到他们熟悉了周围的环境和同学，才真正放松、真正适应。我们应该学会控制这种意识，努力让自己的心态归于平静，客观理性地对待周围的人和事。

（6）大胆实践，实现人际交往的良性循环

大学生人际交往障碍是可以改变的，大学生可以通过后天的练习和训练来发展自己的人际交往能力。当然，纯粹增加交往技能可以改善个体的人际交往状况，但并不一定能促进个体的人际关系良性发展。大学生人际关系障碍的改善除了有赖于一定的外界环境条件之外，最主要的还是取决于大学生自己主观的努力。

人生的美好是人情的美好，人生的丰富是人际关系的丰富，大学生正处于风华正茂的年龄，我们有充足的时间扩充自己的人际关系，只有学会了建立，并且将之巩固，才会更容易接近理想和事业，人生才会更精彩。只有正确认识和重视人际交往问题，才能够实现自我超越。

最后，我们通过一些案例来巩固人际交往管理的知识，以便更好地应用于实际的生活、工作、学习。

案例 1

　　小马是一名来自农村的大学生，在寝室担任寝室长，最初，他感觉压力很大，因为寝室的其他人都是来自大城市。可是，天性淳朴的他，慢慢地与室友建立了良好的关系。随着时间的推移，寝室的问题也陆续出现，寝室的小王总是不注意保持卫生，经常是他们刚打扫完寝室，小王便扔了一些垃圾，而且从来不打水，都是喝别人的。后来在几次卫生检查过程中，寝室因为小王的不良习惯而被通报批评，作为寝室长的小马还两次被辅导员老师找去谈话。寝室的另外两名同学很是为小马感到不平，对不收拾卫生的小王意见很大。小马心里也很不舒服，心里产生吵架的冲动，但是小马克制住了自己。他冷静地想了想，吵架不是解决办法，只能使问题更严重。考虑到小王是独生子，可能是从小就习惯了这种生活方式，没有集体意识，并不是他故意想这样的。想通了这一点，小马在接下来的日子里，主动接近小王，在交流中将人与人之间要相互理解的道理渗透给他，而且总是负责把他扔在地上的垃圾清理干净。几次过后，小王开始不好意思让小马帮自己打扫卫生了，也意识到自己存在的问题，心里非常惭愧，更加感激小马对他的帮助和理解。与此同时，小马在私下里也建议另外两位对小王有意见的室友对他宽容一些，毕竟都是一个寝室的，大家走到一起不容易。在小马的影响下，这两位同学也原谅了小王。最终，寝室的问题得以圆满解决。在与室友相处的过程中，小马凭借一颗善良、宽容的心，热情地对待身边的人，在遇到问题时，又以积极乐观的心态去面对，换位思考，在尊重别人习惯的前提下，采取了合适的方法和行动，赢得了寝室成员的信任与敬佩。小马不仅对寝室同学是这样，对待班级其他人也是这样，很快，小马便拥有了广泛的群众基础，在班委会选举过程中，以绝对优势被推选为班长。

案例 2

　　大四的小峰因为考研没有成功，只身来到了北京一家公司应聘，应聘结束后，公司给他的答复是等候通知，但是小峰知道，这只是一些客套话，实际上是婉言拒绝了他。怀着失落的心情，小峰拨通了在北京实习的班长的电话，准备中午一起吃个饭，然后返校再做打算。见面后小峰将面试结果告诉了班长，班长想了一会儿说，中午咱们就在公司食堂吃吧。小峰很理解，毕竟班长还在实习期，工资也不高，而且在北京这种高消费的地方，压力更大。在公司食堂，班长不停地环顾四周，小峰很纳闷，就在他莫名其妙的时候，班长带着他来到了另一个座位。原来，班长在得知他面试失败后，便想向公司推荐他，可是苦于自己是刚来不久的实习生，说服力不够，所以一直在思考以什么样的途径引荐。最终，班长选择利用中午吃饭的时间，将小峰推荐给公司的项目经理。结果是意想不到的，在简短的介绍之后，项目经理对小峰很感兴趣。项目经理看过小峰的简历之后，答应和人力资源部商量一下，下午3点，小峰就接到了录用通知。此时的他，感觉像在做梦一样，也明白为什么班长要请他到公司食堂吃饭了。不是因为怕消费，而是想帮自己，小峰不禁从心灵深处感怀这四年的同学情谊。

从小峰的际遇中，我们可以充分看出人际交往的重要性。他之所以能够找到工作，是因为同学的热心帮助。而另一个成功因素就是班长经过深思熟虑，选择了正确的推荐途径。利用午休吃饭的时间，通过聊天的方式将小峰引荐给项目经理，无疑是很聪明的选择。如果他在工作时间直接跑到经理办公室，可能会因为经理很忙而无暇应付他，便不会有小峰和经理见面的机会。由此可见，人际关系和人际交往的技巧对当代大学生的职业生涯发展有着不可忽视的作用。

【思考与讨论】

小明在大二上学期迷恋上了网游，无论在课堂上还是课堂下，脑海里装的全是网络游戏，并且还旷课。临近期末，看到别的同学都在复习，小明也开始着急了，但是一学期基本没怎么听课，导致无从下手。他心里开始焦虑烦躁，情绪不稳定，看到寝室同学讨论复习题，自己感觉压力很大，异常反感，甚至发生不明所以的争吵，使得寝室的同学都远远地避开他。小明也深知问题在自己身上，但就是不知道该如何处理，自己每天陷在焦虑、烦躁的痛苦之中。请阐述小明的问题在哪里，如何通过自我管理（压力管理、情绪管理、时间管理、人际关系管理）来处理上述问题。

附　录　大学生职业生涯规划表

一、×××大学期间生涯规划表（以内容规划为基础的生涯规划表）

×××大学期间生涯规划表（以内容规划为基础的生涯规划表）

		姓名		性别		年龄		政治面貌	
一般情况		就读学校				院、系			
		所学专业				感兴趣的专业			
		起止时限							
		年龄跨度							
认识自我	自我评价	我的气质							
		我的性格							
		我的兴趣							
		我的能力							
		我的职业价值观							
		我的职业理想							
	他人评价	家长对我的评价							
		老师对我的评价							
		同学对我的评价							
		朋友对我的评价							

转变角色	从依赖到独立的转变			
	从被动学习到主动学习的转变			
	从未成年人到成年人的转变			
转变角色	从校园人到社会人的转变			
	从校园人到职业人的转变			
了解毕业后的去向类型	毕业方向		具体出路	出路的 SWOT 分析
	就业	自主就业	去企业工作	
			去事业单位工作	
			考公务员	
		政策性就业	考大学生村官	
			去西部或基层	
			带薪见习（准就业）	
			参军	
	深造	读研	考研	
			保研	
		留学	欧美国家留学	
			澳大利亚留学	
			日韩留学	
	创业	独立创业	创办研发型企业	
			创办生产型企业	
			创办商业型企业	
		合作创业	创办研发型企业	
			创办生产型企业	
			创办商业型企业	
确定毕业出路				

续表

规划主题	规划时段		具体目标				
			1	2	3	4	5
学业规划	大一	上学期					
		下学期					
	大二	上学期					
		下学期					
	大三	上学期					
		下学期					
	大四	上学期					
		下学期					
生活成长规划	大一	上学期					
		下学期					
	大二	上学期					
		下学期					
	大三	上学期					
		下学期					
	大四	上学期					
		下学期					
社会实践规划	大一	上学期					
		下学期					
	大二	上学期					
		下学期					
	大三	上学期					
		下学期					
	大四	上学期					
		下学期					

注：在制订大学期间的规划之后，还要进一步根据规划制订出按学期、月、周、日的实施方案，并在实施过程中，及时进行评估，总结实施的效果，必要时对方案进行修正。

二、×××大学期间生涯规划表（以时间规划为基础的生涯规划表）

×××大学期间生涯规划表（以时间规划为基础的生涯规划表）

		姓名		性别		年龄		政治面貌	
一般情况		就读学校				院、系			
		所学专业			感兴趣的专业				
		起止时限							
		年龄跨度							
认识自我	自我评价	我的气质							
		我的性格							
		我的兴趣							
		我的能力							
		我的职业价值观							
		我的职业理想							
	他人评价	家长对我的评价							
		老师对我的评价							
		同学对我的评价							
		朋友对我的评价							
转变角色		从依赖到独立的转变							
		从被动学习到主动学习的转变							
		从未成年人到成年人的转变							
转变角色		从校园人到社会人的转变							
		从校园人到职业人的转变							

续表

	毕业方向		具体出路	出路的 SWOT 分析
了解毕业后的去向类型	就业	自主就业	去企业工作	
			去事业单位工作	
			考公务员	
		政策性就业	考大学生村官	
			去西部或基层	
			带薪见习（准就业）	
			参军	
	深造	读研	考研	
			保研	
		留学	欧美国家留学	
			澳大利亚留学	
			日韩留学	
	创业	独立创业	创办研发型企业	
			创办生产型企业	
			创办商业型企业	
		合作创业	创办研发型企业	
			创办生产型企业	
			创办商业型企业	
确定毕业出路				

续表

规划主题		规划时段	具体目标				
			1	2	3	4	5
大一	上学期	学业目标规划					
		生活成长规划					
		社会活动规划					
	下学期	学业目标规划					
		生活成长规划					
		社会活动规划					
大二	上学期	学业目标规划					
		生活成长规划					
		社会活动规划					
	下学期	学业目标规划					
		生活成长规划					
		社会活动规划					
大三	上学期	学业目标规划					
		生活成长规划					
		社会活动规划					
	下学期	学业目标规划					
		生活成长规划					
		社会活动规划					
大四	上学期	学业目标规划					
		生活成长规划					
		社会活动规划					
	下学期	学业目标规划					
		生活成长规划					
		社会活动规划					

注：在制订大学期间的规划之后，还要进一步根据规划制订按学期、月、周、日的实施方案，并在实施过程中，及时进行评估，总结实施的效果，必要时对方案进行修正。

三、大学期间生涯规划实施方案

（一）大学四年总实施方案

实施时间		学业方面		生活成长方面		社会实践方面	
		目标	方案	目标	方案	目标	方案
第一学年	上学期						
	下学期						
第二学年	上学期						
	下学期						
第三学年	上学期						
	下学期						
第四学年	上学期						
	下学期						

（二）年度（学期）行动计划

实施时间	学业方面		生活成长方面		社会实践方面	
	目标	方案	目标	方案	目标	方案
1月						
2月						
3月						
4月						
5月						
6月						
7月						
8月						
9月						
10月						
11月						
12月						

（三）月行动计划

实施时间	学业方面		生活成长方面		社会实践方面	
	目标	方案	目标	方案	目标	方案
第 1 周						
第 2 周						
第 3 周						
第 4 周						

（四）周行动计划

实施时间	学业方面		生活成长方面		社会实践方面	
	目标	方案	目标	方案	目标	方案
星期一						
星期二						
星期三						
星期四						
星期五						
星期六						
星期日						

（五）日行动计划

实施时间	学业方面		生活成长方面		社会实践方面	
	目标	方案	目标	方案	目标	方案
6:00 — 7:00						
7:00 — 8:00						
8:00 — 12:00						

续表

实施时间	学业方面		生活成长方面		社会实践方面	
	目标	方案	目标	方案	目标	方案
12:00 — 14:00						
14:00 — 17:00						
17:00 — 18:00						
18:00 — 19:00						
19:00 — 21:00						
21:00 — 22:00						
22:00 — 6:00						

四、大学期间生涯规划评估修正表

大学期间生涯规划评估修正表

实施时间	阶段目标（预计结果）	实施后的结果	评估差距	分析差距产生原因	修正措施

注：评估修正表要结合具体的行动计划才能运用，如日计划、周计划、月计划、学期计划、学年计划，评估修正只能从小到大运用，即评估的顺序为日、周、月、学期、学年等，因为只有在具体的行动中或之后，才能对手段和结果有具体的量化和体验。

五、大学生毕业后职业生涯规划表

大学生毕业后职业生涯规划表

		姓名		性别		年龄		政治面貌	
一般情况		最高学历				婚姻状况			
		所学专业				感兴趣的专业			
		起止时限							
		年龄跨度							
规划总目标									
职业方向		职业方向一							
		职业方向二							
		职业方向三							
自我分析（包括现状分析与潜力测评的发展潜能）	认识自我	我的气质							
		我的性格							
		我的能力							
		我的兴趣							
		我的职业价值观							
		我心中理想职业							
环境因素分析		社会环境分析							
		职业环境分析							
		行业发展趋势与就业环境分析							
		企业分析							
		国家相关政策法规、经济形势分析							

续表

我的现状与规划成功标准之间的匹配分析	我的优势		
	我的不足		
征求意见	家长建议		
	老师建议		
	同事建议		
	朋友建议		
大学生毕业后职业生涯规划目标分解	阶段一的目标（ 年— 年）		
	阶段二的目标（ 年— 年）		
	阶段三的目标（ 年— 年）		
	阶段四的目标（ 年— 年）		
大学生毕业后职业生涯规划目标组合	人生目标	职业目标	
		财富目标	
		家庭目标	
		社会价值目标	

续表

大学生毕业后职业生涯规划目标组合	长期目标	职业目标	
		财富目标	
		家庭目标	
		社会价值目标	
	中期目标	职业目标	
		财富目标	
		家庭目标	
		社会价值目标	
大学生毕业后职业生涯规划成功标准	职业目标成功标准		
	家庭目标成功标准		
	财富目标成功标准		
	社会价值成功标准		
找出差距			
缩小差距的方案			

注：在制订大学毕业后的职业生涯规划之后，还要参考大学生在校期间生涯规划的步骤，进一步根据规划制订出按年、月、周、日的实施方案，并在实施过程中，及时进行评估，总结实施的效果，必要时对方案进行修正。

REFERENCES / 参考文献

［1］申荷永.社会心理学原理与应用［M］.广州：暨南大学出版社，1999.

［2］陈国荣.职业人士修养［M］.南京：东南大学出版社，2006.

［3］刘建新，等.大学生生涯辅导［M］.上海：上海交通大学出版社，2006.

［4］郭志文，BEATRICE I J，M.范·德·赫登.无边界职业生涯时代的就业能力：一种新的心理契约［J］.心理科学，2006，29（2）：231-232.

［5］康永明.职业道德修养［M］.北京：现代教育出版社，2006.

［6］中国就业培训技术指导中心.职业道德［M］.北京：中央广播电视大学出版社，2007.

［7］谢元锡.大学生职业素质修养与就业指导［M］.北京：清华大学出版社，2007.

［8］蒋嵘涛.大学生职业生涯规划与高等教育人才培养模式改革的思考［J］.湘潭大学学报：哲学社会科学版，2004，28（3）：139-142.

［9］陈绵水，高海生.大学生职业生涯规划教程［M］.北京：清华大学出版社，2007.

［10］和向群.潜能开发策略［M］.北京：中国民航出版社，2001.

［11］柳建营，许德宽，郭宝亮.职业生涯规划与指导［M］.北京：北京工业大学出版社，2004.

［12］崔景贵.知识经济挑战与大学生心理潜能开发［J］.青年探索，2000（1）：38-41.

［13］杨敬东.怎样开发你的潜能［M］.北京：北京科学技术出版社，2003.

［14］李永捷，路遥，李杰.我国劳动力市场影响因素分析［J］.中国人力资

源开发，2007（9）：77-79.

［15］胡瑞文 . 高校毕业生供求形势与高等教育结构调整分析［N］. 中国教育报，
2008-01-28.

［16］肖建中 . 职业规划与就业指导［M］. 北京：北京大学出版社，2006.

［17］高桥，葛海燕 . 大学生涯与职业规划［M］. 北京：清华大学出版社，2007.

［18］李开复 . 做最好的自己［M］. 北京：人民出版社，2005.

［19］周其洪，王兴权 . 起航：大学生就业指导［M］. 北京：中国国际广播出版
社，2008.

［20］周其洪，王兴权 . 扬帆：大学生职业生涯与发展规划［M］. 北京：中国国
际广播出版社，2008.

［21］杨一波 . 战胜职场：大学生就业指导［M］. 北京：清华大学出版社，2007.

［22］钟谷兰，杨开 . 大学生职业生涯发展与规划［M］. 上海：华东师范大学
出版社，2010.

［23］乔刚，等 . 大学生职业生涯规划与管理［M］. 上海：复旦大学出版社，
2010.

［24］彭贤，马恩 . 大学生职业生涯规划活动教程［M］. 北京：清华大学出版社，
2010.

［25］苟朝莉，等 . 走向成功：大学生职业生涯规划与就业指导［M］. 北京：高
等教育出版社，2009.

［26］周明星，咸桂彩 . 现代职业生涯设计［M］. 北京：清华大学出版社，北京
交通大学出版社，2007.

［27］罗双平 . 职业选择与事业导航：职业生涯规划技术［M］. 北京：机械工业
出版社，2008.

［28］肖利哲 . 大学生职业生涯规划理论与设计［M］. 北京：科学出版社，2011.

［29］阳毅，等 . 大学生职业生涯规划［M］. 北京：气象出版社，2010.

［30］韩景旺，沈双生，田必琴.我的生涯我做主：大学生职业生涯规划与就业指导［M］.保定：河北大学出版社，2008.

［31］丁仁鲜，李旭莲，段晓辉.大学生职业生涯规划指导教程［M］.长沙：中南大学出版社，2007.

［32］闫继臣.大学生职业生涯规划［M］.北京：中国劳动社会保障出版社，2007.

［33］赖晓桦.大学生就业与创业指导［M］.大连：大连理工大学出版社，2007.

［34］陈凯元.你在为谁工作［M］.北京：机械工业出版社，2007.

［35］Reardon，等.职业生涯发展与规划［M］.侯志瑾，译.北京：高等教育出版社，2005.

［36］Vernon G Zunker.生涯发展的理论与实务［M］.吴芝仪，译.台北：扬智文化事业股份有限公司，1999.

［37］金树人.生涯咨询与辅导［M］.北京：高等教育出版社，2007.

［38］王满元.大学生职业生涯规划实用教程［M］.长春：吉林大学出版社，2009.

［39］尹忠泽.大学生职业生涯规划［M］.长春：吉林大学出版社，2007.

［40］石建勋，等.职业规划与创业管理［M］.北京：机械工业出版社，2006.

［41］王今朝，郝春禄.大学生职业发展与就业指导［M］.沈阳：辽宁教育出版社，2010.

［42］高桂娟.对大学生职业生涯规划的分析与思考［J］.中国高等教育，2007（7）：47-48.

［43］朱光.壹百度2：人生可以走直线［M］.南京：江苏文艺出版社，2010.

［44］谭兆麟.情绪软体操［M］.深圳：海天出版社，2005.

［45］吴娟瑜.不做情绪的奴隶［M］.北京：北京大学出版社，2007.

［46］李玲 . 管理好你的情绪［M］. 北京：中国水利水电出版社，2011.

［47］史广政 . 大学生职业生涯规划［M］. 长春：吉林大学出版社，2009.

［48］胡月 . 大学生心理发展辅导与实践［M］. 大连：大连理工大学出版社，
　　 2010.

［49］邓志军 . 大学生心理健康教育［M］. 北京：北京理工大学出版社，2010.

［50］沃特·谢弗尔 . 压力管理心理学［M］. 方双虎，译 . 北京：中国人民大学出
　　 版社，2009.

［51］黄天中 . 生涯规划：理论与实践［M］. 北京：高等教育出版社，2007.

［52］刘和平 . 用人高手［M］. 珠海：珠海出版社，2000.

［53］刘珊 . 卓有成效的自我管理［M］. 北京：中国华侨出版社，2010.

［54］王洁丽 . 我的时间，我掌握［M］. 北京：海潮出版社，2005.

［55］郑日昌 . 情绪管理压力应对［M］. 北京：机械工业出版社，2008.

［56］段鑫星，孟莉 . 职业生涯规划：许我一个明天［M］. 北京：科学出版社，
　　 2008.

［57］蒋爱丽 . 伴随你成长：大学生就业咨询实录［M］. 北京：机械工业出版社，
　　 2008.

［58］霍尔，等 . 荣格心理学入门［M］. 冯川，译 . 北京：生活·读书·新知三联
　　 书店，1987.

［59］埃德加·施恩 . 职业锚：发现你的真正价值［M］. 北森测评网，译 . 北京：中
　　 国财政经济出版社，2004.

［60］戴安·萨克尼克，威廉·班达特，丽莎·若夫门 . 职业指导——职业生涯
　　 规划教程［M］.7 版 . 中国就业培训技术指导中心，北京大学学生就业指导
　　 服务中心，译 . 北京：中国劳动社会保障出版社，2005.

［61］沈之菲 . 生涯心理辅导［M］. 上海：上海教育出版社，2000.